这就是文史

【成吉思汗卷】

一生历经60余场战争几无败绩的东方战神

清隐／著

中國華僑出版社

图书在版编目(CIP)数据

这就是元史 / 清隐著.—北京:中国华侨出版社，2009.10
ISBN 978-7-5113-0121-5

Ⅰ.①这… Ⅱ.①清… Ⅲ.①中国-古代史-元代-通俗读物 Ⅳ.①K247.09

中国版本图书馆CIP数据核字（2009）第185554号

●这就是元史

作　　者 / 清　隐
责任编辑 / 文　蕾
装帧设计 / 孙希前
责任校对 / 胡首一
经　　销 / 新华书店
开　　本 / 710×1000毫米　1/16　印张 / 17.75　字数 / 210千字
印　　刷 / 北京忠信诚胶印厂
版　　次 / 2010年2月第1版　2010年2月第1次印刷
书　　号 / ISBN 978-7-5113-0121-5
定　　价 / 30.00元

中国华侨出版社　北京市安定路20号院3号楼305室　邮编:100029
法律顾问:陈鹰律师事务所
编 辑 部:(010)64443056　64443979
发 行 部:(010)64446051　传真:(010)64439708
网　　址:www.oveaschin.com
e-mail:oveaschin@sina.com

序言

我读元史，有时候会莫名生出一种感受。同为中国二十四部正史，感觉元史很陌生，如果说汉唐明清史的研究已经深入细致到纳米级了，元史却还停滞于粗浅的千米级。有时候觉得元朝离我们那么遥远，仿佛比春秋战国时代还要遥远。真有一点儿姥姥不亲、舅舅不疼的失落感。

当我怀着美好而朦胧的梦想离开内蒙古偏远的小城到北京上大学时，我选择了英语专业。花了整整四年的时间只懂得了一个道理：选专业如同选对象一样都是强求不得的。既不能强求对方，也不应该勉强自己。我一相情愿地喜欢英语专业，她却并不垂青于我。待在她身边只有一种感觉——痛苦，于是我毅然离开她去寻找属于自己的一万种可能。

事倍功半地苦读了四年不喜欢我的专业，我决定改学一个与自己两情相悦的专业——历史。我知道陪在她身边就必须耐得住清贫与寂寞，但我深信只要有她相伴自己会很快乐。几十年来，历史学在我国十大冷门专业排行榜上都稳居前列，毕业后在就业压力下我不得不回到了家乡。

背井离乡七年，我又回到了起点。为了求学我曾跑遍了半个中国，我到家乡才发现众里寻她千百度，蓦然回首，伊人却在灯火阑珊处。原来这些年自己一直在苦苦找寻的她就在家乡静静地等待着，等待着一颗浮躁的心有一天会静下来发现她。元史并不起眼，只有靠近她，了解她，才能品出滋味。其实她也很精彩，绝不比任何一个朝代逊色！我深信她是值得用一辈子去真心对待的。

在此还想真诚感谢元史大师朱耀廷先生《成吉思汗传》一书对我的启发，盼望先生有更多大作问世，造福于民。

本书讲述了从铁木真出生前夜到统一草原这段历史时期的人和事。在坚持史实的基础上，我尽力将故事讲得更亲切有趣些，但愿大家读后能有所收获。

由于本人水平有限，时间仓促，书中难免有疏漏之处，欢迎诸位批评指正。

作者

2009 年 10 月

目录

第一章

顶天立地一好汉

大龄光棍

讲元史，必然要从铁木真讲起。讲铁木真就不得不先讲一个人。

因为这个人抢了一位美若天仙的姑娘（确切地讲应该是抢了一位貌美如花的小媳妇儿）然后与她生出了一位将会影响世界、改变历史的小宝宝；因为这个人，我们的主人公，那个光着屁股、躺在襁褓中手脚乱扑棱、哇哇啼哭的婴儿，有了一个被后世无数次提起的名字——铁木真；因为这个人，铁木真刚过门儿不久的娇妻被人掳走并被霸占了九个月之久；因为这个人的死，铁木真从小吃尽了人间的苦难、过足了颠沛流离的日子……

那么这个人究竟是谁呢？没错，正如诸位心中所想，他就是铁木真的父亲——也速该。

那么这位对铁木真产生过如此深远影响的也速该到底是个什么样的人呢？

有句俗语叫"老子英雄儿好汉"。铁木真是一位旷世英雄（当然啦，也有不少人说他是残暴冷血的恶魔。在后文中我还会就此问题详细探讨，不过大多数人认为他是英雄，而且是举世无双的大英雄。我们按照少数服从多数的民主原则，暂称其为英雄）。那么"儿子英雄爹好汉"这个命题能否成立呢？

我认为成立，也速该确实是顶天立地一好汉。

蒙古部可汗有好几个儿子，但是却选了他的侄子也速该做自己的汗位继承人。并不是因为他的这些儿子们都不中用，没有一个堪当大汗的，而是因为也速该这个小伙子实在是太出色了、太有能力了、太招可汗喜爱了，所以他才宁肯不传位给自己的亲生儿子，却将汗位传给了年轻有为、屡立战功的也速该。据《史集》记载，也速该颇为英勇，曾多次与其他蒙古部落，其中包括塔塔儿部落作战，同时也与乞台的异密和军队作过战。有关他的传闻遍及于四周，他的名声很高，受到所有人们的承认和尊敬。

草原上的男人满十二岁就可以结亲了，然而也速该都二十八岁了，却还光棍一条，换个文雅一点儿的说法就是仍像一只孤雁寂寞地单飞。读至此处，有些人心里就犯嘀咕了："哎，像也速该这样一位年轻有为、战功赫赫、受人尊敬、声名远播于大草原的青年首领应该是众多姑娘挤破头、争先恐后疯狂追求的白马王子才正常呀？"

正如一首歌词所唱：

十个男人
七个傻
八个呆
九个坏
还有一个人人爱
姐妹们跳出来
就算甜言蜜语
把他骗过来
好好爱
不再让他离开

也速该就应该是人见人爱、花见花开，姑娘们甜言蜜语、想方设法想骗到手好好疼爱的那一种小伙子才对呀，可是为什么他这么大一把年纪了，还讨不到媳妇呢？

其实原因很简单。主要是他年轻气傲、眼光太刁，没有看得上眼的好姑娘。于是他奉行宁缺勿滥的原则，等待着某一天天上掉下个“林妹妹”来。这一等，眼看着就“奔三”的人啦。

除此之外，还有一个原因亦很重要。当时草原各部实行族外婚，年轻人找妻子总要经过一番周折，要跋山涉水、翻山越岭，经很长很长的时间，走很远很远的路，到没有血缘关系的其他氏族去求婚。颇有些兔子不啃窝边草的味道，正所谓“路漫漫其修远兮，吾将上下而求妻”。

当时蒙古部与居住在呼伦贝尔湖东面的弘吉剌部互相通婚，结成了密切的姻亲关系。弘吉剌部是个盛产美女的部落，草原人都以能够娶到一个弘吉剌美女为荣。有诗为凭：

俺翁吉剌惕百姓，自古来，
以甥之貌，以女之颜，而非争国者也。
将我美貌之女，
俾乘汝合罕者巨辇。
驾黑驼而颠去，

并居于后后之位焉。
俺非争国争百姓者也，
育我淑姿之女，
俾乘具前座之帐舆。
驾紫驼而起去，
傍陪起居之高位焉。
俺翁吉剌惕百姓，自古来，
有持团牌之后纪，
有奉奏事之仕女，
俺以甥之貌，以女之颜者也，
生男以守营地也，
生女以逞颜色也。

弘吉剌部盛产美女的事儿，居然都写进歌词儿里了，岂能有假？（有人质疑了：“写进歌词里的就不能有假了吗？现在的虚假广告不是漫天飞舞吗？况且俗话说得好：尽信歌词不如无歌词。”）也速该之前的很多可汗、首领娶的妻子都是弘吉剌部美眉。从小受到熏陶的也速该立下誓言：非高贵而美丽的弘吉剌部美女不娶。不巧的是当时草原上部落林立、连年混战，要想到弘吉剌部去必须经过塔塔儿人的营地。塔塔儿人与蒙古人之间可以说是有不共戴天的血海深仇，双方连年征战，死掐不已。所以蒙古人东去弘吉剌部的道路被隔断了，也速该的爱情宣言便被长期搁置，迟迟不能兑现。（也速该手中紧紧攥着一张皱皱巴巴的旧船票，每天翘首东顾，望眼欲穿，一遍遍深情地低声吟唱着：“我这张旧船票，能否登上你的客船？……”）

唉！日子，对于大龄光棍来说，好像小乌龟在慢吞吞地爬行，总是显得那样漫长，那样难以煎熬；而岁数却好像是芝麻开花节节高，一晃便又长了一岁。转眼间又到了金秋季节——“金秋结籽”，恰是草原人谈婚论嫁的时节。又有一对对新相好的青年情侣骑着一匹匹骏马情意绵绵地在大草原上漫步。

也速该这位孤家寡人依旧是左手牵着右手，觉得实在是无聊透顶，想要将名字改为“独孤求偶”以明心志，这名字虽然挺有气势，不辱大侠风范，但终觉太过生猛，没好意思用。他惆怅地仰天长叹一声，干脆擎着鹰到斡难河畔去遛达遛达散散心。没想到就在他放鹰的时候，忽觉眼前一亮，心中涌起一阵狂喜，接下来发生的事情，不仅改变了蒙古史、草原史、中国史，甚至间接地改变了整个世界的历史。那么究竟是什么事儿能有这么深远的影响力呢？

抢个美眉当媳妇

也速该远远地望见一个骑着马的小伙子伴着一个乘着马车的姑娘谈笑风生地走着，顿觉眼前一亮，心中一阵狂喜："唉呀，这个小妮子实在是太美了，简直就是仙女下凡呀！她不正是我连做梦都盼着得到的媳妇儿吗？"他三步并作两步迎上前去，殷勤地（无事献殷勤，肚子里怕是没有什么好水儿）问道："你们是哪个部落的？来这儿干什么？"那个小后生怯生生地回答道："我是蔑儿乞人，名叫赤列都。"也速该指了指美女，问道："她是你的什么人？"（在查户口吗？）小后生答道："我媳妇儿，才过门十天。"也速该微微点了点头，笑着对小后生说道："我有要紧的话要对你说，你稍微等一下，我去去就回来！"小后生心里纳闷：咦？我与此人非亲非故、素不相识，他有什么要紧的话急着要对我说呢？正欲问他缘故，也速该已恋恋不舍地深情凝视了伊人一眼，飞也似的跑了。

也速该究竟有什么要紧的话急着要对这个素昧平生的小后生说呢？为什么话音未落，他便急不可待地跑了呢？

话说草原上有个叫蔑儿乞的部落，首领的族弟叫赤列都。今年这小子可交上桃花运了，娶到了一个弘吉剌美女诃额仑。说曹操，曹操到。这不，满面春风、欢喜得连嘴都合不拢的新郎官正迎娶新娘子往家返呢。遥想公瑾当年，小乔初嫁了，心情或当如是。

不幸的是有句古语叫做"乐极生悲"。红光满面的赤列都在不幸的时间、不幸的地点、碰到了不该碰到的人，于是不幸的事儿便不可避免地发生了。

那么也速该究竟乐得屁颠屁颠地跑去干什么去了？

跑去找帮凶去了！不一会儿，他就着急忙慌地率着两个壮汉疾奔而来。这两个壮汉一个是他哥，另一个是他弟弟——答里台。

赤列都望见三个凶神恶煞的彪形大汉气势汹汹地朝他们狂奔而来，心知不妙，顿时上下牙齿打战、双腿发抖，用颤巍巍的声音对新媳妇说道："大事……不好啦！……恐怕……凶多吉……少！……"新媳妇看了丈夫一眼，放下马车帘子，少顷，又掀开帘子，送出一件内衣（我还以为是要变魔术，原来是在脱内衣），含着悲愤的眼泪说："赤列都，我知道你是个好丈夫，这十天里，你给了我足够的爱心和温情，可惜你不是一个草原巴特尔（英雄）。这是我穿过的贴身内衣，你留作纪念吧。唉，你快去逃命吧！只要你保全了性命，哪个车辕上没有姑娘？哪个车篷内没有夫人？"

"我的好诃额仑！"赤列都的热泪滴洒在他妻子柔软而温热的亵衣上。

"如果你还依恋曾经与你同挤过一个被窝的可怜女人诃额仑，就给你再娶的妻子改个名字叫诃额仑吧！"

赤列都捧衣服的手颤抖着："诃额仑！委屈你了……"

"你快逃命去吧！带着我的温馨逃走吧！"诃额仑庄严地走下车来。

眼看着三名壮汉步步逼近，赤列都恋恋不舍地凝视了娇妻最后一眼，拔马就逃。也速该让弟弟看守着这位抢来的准妻子，与哥哥狂追那小厮去了。不料赤列都逃得比兔子还快，追出了七个山头，愣是没撵上。（唉，这样一位天才运动员没去参加奥运会赛马比赛真是可惜了！赤列都在赛马方面的过人特长，历时八百余载居然没有被前人发现、提及，怎能不让人感喟"千里马常有，而伯乐不常有"呢？）

也速该对那位准奥运健儿望尘莫及，只得望洋兴叹，回来携着新缴获的特殊"战利品"凯旋。

眼瞅着刚才还与自己如胶似漆、温存体贴的丈夫一溜烟儿逃得无影无踪了。长这么大从来没出过远门的小媳妇，只身一人被抛弃在陌生的地方，处境恰似一只误入狼群的小羊羔。想想前途未卜、恐怕凶多吉少，心里一阵恐惧，忍不住放声悲泣起来。

也速该见"天仙妹妹"梨花带雨、楚楚可怜、哭得跟个泪人儿似的，心中顿时溢满了柔情蜜意，无比体贴地关怀道："亲爱的、小心肝儿、小宝贝儿……别哭了，啊，心疼死人啦！……我轰跑了你那个不中用的懦夫，赔你一个英勇威猛的丈夫还不行吗？……"

也速该是条好汉，好汉向来是说到做到的。于是当夜他便兑现了诺言，把自己这个勇武威猛的男人赔给"天仙妹妹"做丈夫了。

后来她被他征服了，死心塌地地跟了他。浑身洋溢着阳刚之气的也速该与浑身蕴涵着阴柔之灵的诃额仑创造性地孕育出叱咤风云的一代天骄。

（也速该着急地插嘴道："哎，等等，我看你这个行文架势怎么像是要过渡到我儿子铁木真那儿去了。再多花些笔墨写写我吧，说句心里话，我南征北战、杀敌无数、威名远播、英勇无比，可是，自从我那个臭小子成为千古风云人物之后，唉，提起来就伤心，从此我便生活在他所发出的耀眼光辉之中了。其实，我也是很了不起的人物，快写写我的那些丰功伟绩吧。就从我那次一举击败该死的塔塔儿部，生擒其首领铁木真兀格那事儿写起吧。”

“可是俗话说，好汉不提当年勇啊？”

“呃，没错！我自己的确是不太适合提当年勇，不过别人可以提呀，热烈欢迎大家提我的当年勇，来者不拒、多多益善，多多益善！”

“好吧，在讲天之骄子之前，那咱还是继续讲讲他爹的英勇事迹吧。”）

分娩前的大战

铁木真诞生前蒙古草原可以说是部落林立、参差不齐、矛盾交织、连年混战。

当时草原上部落林立，主要有五大部落：蒙古部、克烈部、塔塔儿部、蔑儿乞部、乃蛮部，与五大部落并存的还有几十个部落和氏族。

草原各部社会经济水平、政治、文化情况参差不齐。

其中有森林狩猎民族，称为“林木中百姓”、有草原游牧民族，称为“有毡帐的百姓”、有临近汉地的部落，已过上定居生活。从社会形态来看，蒙古草原各部有的尚处于原始氏族公社阶段，有的正处于从原始氏族公社向奴隶社会转化阶段，有的已经进入了奴隶社会。

汉人把这些草原部族划分为“白鞑靼”、“黑鞑靼”、“生鞑靼”、“熟鞑靼”。那么，划分的依据是什么呢？

“白鞑靼”、“黑鞑靼”是依据他们的肤色划分的吗？“生鞑靼”、“熟鞑靼”又是依据什么划分的呢？

其实，汉人是依据这些部族汉化程度的高低来划分的。邻汉地近、汉化程度较深的被称为“白鞑靼”或“熟鞑靼”。离汉地远、受汉族影响较少的则称为“黑鞑靼”或“生鞑靼”。

比如盛产美女的弘吉剌部紧邻汉境，已经开始过定居生活了，是一个较先进部落，即被称为“白鞑靼”；而蒙古部以游牧为主、狩猎为辅，离汉地较远，比较贫穷，比较落后，被汉人称为“黑鞑靼”；至于再靠近北边的“林木中百姓”主要从事森林狩猎业，更贫穷、更落后，恐怕要被汉人称为“黑油亮黑油亮鞑靼”了。

当时草原上有几十个部落和氏族，难免会出现张三偷了李四的马，王五家的牛踩踏了赵六家的牧草，刘大家的狗偷吃了董七家的小鸡，老郑家的小子非礼了老周家的闺女……所以彼此之间你恩我怨，纠缠不清，连年混战，乱成了一锅粥。经过几百年的以怨报怨、仇上加仇，至于谁是正义的谁是不义的到最后谁也搞不清楚了，反正每个部落都认为别人都是蛮横不讲道理的奸诈小人，只有自己才永远是理直气壮的。整个12世纪，漠北各部一直处于激烈的互相征战之中。不仅部与部之间，就是在同一部内的各家贵族之间也展开了极为激烈的争夺。他们斗争的目的在于争夺财富、牧地、牧民和属民。草原诸部就好像一群狗在打群架，法则只有恃强凌弱、优胜劣汰，没有所谓的正义和道义，反正是狗咬狗两嘴毛。

1162年秋，也速该发动了一场对塔塔儿部的战争。当时，蒙古部与塔塔儿部的战争已经进行了三代，双方经过了十几次较量。这一次到底是第几次出征，谁也记不清楚了；究竟是胜是败，也速该也没有确实的把握。恰在此时，他的妻子诃额仑怀胎十月，即将分娩。也速该为什么偏偏在这个节骨眼儿上发动一场胜负难料、生死莫测的战争呢？难道他体会不到爱妻希望在第一次经受生育之苦时有他陪在身旁吗？难道他就不想亲眼看着自己的儿女出生，享受一点儿天伦之乐吗？

当然不是，也速该并非一个冷酷无情的人，他有他的无奈。

我国元史大师朱耀廷先生认为也速该身为蒙古部军事首领肩负着打击敌人、进行自卫、为掠夺和复仇而战争的使命。也速该是一位性情豪爽、恩仇必报的巴特尔（勇士），是一位像张飞、李逵一样大口吃肉、大碗喝酒、性情粗犷、率性而为的好汉，怎么会为了儿女私情而推迟整个部落的复仇战争呢？

况且在历次战役中死去了亲人的族众渴望向敌人讨还血债，年轻气盛的勇士们希望能够在战争中大显身手，掠获奴隶、美女、战马和财物。复仇的怒火与蠢蠢欲动的欲望致使战争仿佛箭在弦上不得不发，因此讨伐塔塔儿部势在必行。

对于游牧民族而言，战争、狩猎、掠夺、屠杀，是生活的组成部分。当时草原诸部正处于一个“以征服战争为职业”的阶段，所以战争对他们来说好似家常便饭不足为奇。逐水草而居的游牧民族生活在马背上，过着极不安定的生活，不得不承受颠沛流离和连年混战之苦，作为蒙古女子，在每次战争进行时都会变得提心吊胆、惴惴不安，因为她迎来的可能是满载而归、兴高采烈的亲人（感谢长生天，幸亏不是牵回一位美貌的女战俘），也可能是一句足以令人精神崩溃的噩耗。（诸位女同胞请闭上眼睛设想一下，假如您所深爱的人生龙活虎地奔赴战场，却如吹过草原的风儿一般再也没有回到您的身边来，这是一件多么令人悲痛的事情啊？而身为草原民族的女子们过得是怎样的一种日子？）

诃额仑在这种提心吊胆和焦躁不安的复杂心情中，生下了一个男婴。

这天太阳公公刚懒洋洋地爬出山坡的时候，旗开得胜的蒙古人兴高采烈地回来了。他们重创了仇敌塔塔儿人，而且活捉了他们的首领铁木真兀格。这场胜利使他们忘记了这次战争中自己人也流了许多血，更想不到这次捉到铁木真兀格会给塔塔儿人心里埋下多少仇恨的种子，而在下一次塔塔儿人的报复当中自己将会付出多大的代价。他们不愿意费神去想将来的事儿，只想尽情陶醉在此刻胜利的狂喜之中。

胜利和得子双喜临门的也速该见到自己的儿子喜出望外，将小家伙抱在怀里爱不释手。诃额仑看着丈夫被战争的硝烟熏得黑黑的脸，眼睛里涌着幸福的泪水说："你给儿子起个名字吧！"

也速该沉思了一会儿，不知道该给小家伙起个什么名字好（这事儿确实是挺难为这位目不识丁的大老粗的）。突然他看到勒勒车上木笼里囚着的铁木真兀格，顿时来了灵感。（通常在考试中作弊的考生看到别人的卷子后，也会激发出这种灵感。）

也速该若有所思地说道："嗯，小家伙是在老子活捉了铁木真兀格时降生的。那厮打仗挺英勇的，名字也不错，'铁木真'是铁之变化的意思。我看就让咱们的儿子叫铁木真吧！只有咱们的儿子才配叫铁木真，名副其实的铁木真！"

然后他大手一挥，下令道："把那个假冒伪劣的铁木真兀格的脑袋砍下来！世界上只有一个铁木真，他就是我的儿子——独一无二的铁木真！"

从此之后，每当有人喊儿子名字的时候，也速该便会情不自禁地咧开大嘴笑，因为他总是会忆起1162年秋天自己重创塔塔儿部、活捉铁木真兀格的那段光荣历史。

（如果铁木真兀格他爹泉下有知的话，他老人家一定会暴跳如雷地大喊："臭不要脸的强盗！居然公开盗用老子绞尽脑汁才琢磨出来的'知名商标'。这个好名字，老子可是挖空心思苦苦思索了好几天才想到的，却被你这不劳而获的无耻歹人顺口一说便窃用了。绿草地也，你不分好歹何为地！长生天也，你错勘贤愚枉做天！"）

定上一门娃娃亲（1）

1170年秋天，诃额仑在给也速该生了四个秃头小子之后，又给他生了个丫头。

诃额仑头缠青布，怀抱婴儿。也速该侧坐在她身旁。她苦笑着，说道：“这回生了个女孩。”

也速该笑着说：“女孩就女孩吧。”他指着铁木真等娃娃说：“九年里你给我生了四个儿子了。”又指着别妻和两个儿子说：“她也给我生了两个儿子，已经六个了嘛！”

诃额仑对铁木真说道：“铁木真，不要动你妹妹。”她又转头对也速该说：“你不是说过要十个儿子吗？”

也速该说道：“往后你们俩都可着劲儿给我生儿子，那还不快？”

他哈哈大笑，把女孩吓哭了。铁木真拍拍小女婴，哄道：“不哭，小妹妹不哭。”诃额仑与别妻赶紧哄孩子。

也速该看着在摇篮边哄小妹妹的铁木真，对诃额仑眨眨眼睛，调笑道：“看看咱小子，那样子多像个爸爸！”老二哈撒儿朝弟弟们做了个鬼脸鹦鹉学舌道：“看看咱小子，那样子多像个爸爸！”嫩生生的声音引得孩子们哄堂大笑，也速该笑得更响了。

诃额仑嗔道：“你再这么笑就出去吧！”（当着这么多孩子的面还没个正经。铁木真连牙还没长齐呢，怎么会像个爸爸？）

也速该止住笑，若有所思地说：“啊，不笑了，不笑了。我还要跟你商量一件大事呢！”

“什么事？”

“给铁木真娶媳妇儿！”（原来开玩笑说铁木真像个爸爸，早就别有用意。）

“什么？”诃额仑莫名诧异，怀疑自己的耳朵听错了。

也速该重音强调道：“给小子定亲！娶媳妇儿！”

“天哪，他还是个孩子啊！”她觉得难以置信。

“在母亲眼里他永远是一个长不大的孩子。”

“可他才九岁！”（实际上才八周岁。）

“九岁不小了！”也速该拉过铁木真拍拍这儿拍拍那儿，说：“你看看咱这儿子比草原上的公马还健壮，好箭法，好武艺，骑上马能追上风，已经是个男子汉大丈夫了！”

“可是做一个丈夫他还不行！”（毕竟有句俗话说：嘴上没毛，办事儿不牢嘛。）

铁木真挺挺胸脯，大声说道：“我行！”

也速该哈哈大笑。

诃额仑却不笑，用手指戳了儿子脑门一下，说：“你着什么急嘛！”

也速该有自己的考虑：“趁眼下草原太平，去呼仑贝尔找他舅舅，定一门弘吉剌的亲事，再过几年就可以完婚，我们就儿孙满堂了！”

诃额仑还是不愿意，因为按照草原上的习惯，假如铁木真定了亲，就得留在未婚妻家，她可真是舍不得。想到这里诃额仑抽泣起来。也速该将她搂到怀里柔声安慰道：“看你，快别哭了。我不怕刀光剑影，不怕流血死亡，就怕你流泪。好诃额仑，你的泪好像是从我心里流出来的，你再哭就会把我的血流干的！”（没想到这样一位豪放粗犷的彪形大汉居然也会用甜言蜜语哄自己的媳妇。）

诃额仑抹干眼泪，笑着说：“好啦，我再也不哭了。”

也速该继续说服着妻子：“雏鹰只有自己去飞，翅膀才会变硬；孩子只有离开爹娘才能学会生活。让铁木真离开我们吧，这对他、对我们都有好处。”（动之以情之后，又开始晓之以理了。）

诃额仑抹抹眼泪：“好吧！就依你好了！”（这么通情达理的乖媳妇上哪儿找啊？）

也速该最了解大龄光棍汉的苦楚，为了避免儿子将来像自己一样愣是拖到二十八岁了还娶不上媳妇，他从自己的失误中吸取教训，领着九岁的儿子到弘吉剌部去定一门娃娃亲。

弘吉剌部居住在呼伦贝尔湖东面，从三河源头的蒙古乞颜部到那儿要走很远很远的路。这还不算什么，最令人惴惴不安的是途中要经过塔塔儿部驻牧的呼伦、贝尔草原。这塔塔儿部的前任首领欠也速该一个很大的人情。什么人情呢？也速该帮过他一个大忙。什么忙呢？帮他的脑袋搬过家。不仅如此，为了纪念这位打仗能手，也速该还用他的名字给自己的儿子命名。所以说塔塔儿部众盼星星盼月亮、望眼欲穿地盼望着也速该从他们的领地经过，礼尚往来，也好略尽地主之谊，报答报答他对塔塔儿部的恩情。

幸运的是，父子俩顺利地越过了龙潭虎穴，抵达了富庶的弘吉剌部，碰到了一位叫德薛禅的人。（所谓“薛禅”即智者、贤者之意。比如说易中天先生就可以尊称为“易薛禅”、余秋雨先生就可以尊称为“余薛禅”。）德薛禅遇到也速该便上前亲切地打招呼：“亲家，你这是要去哪啊？”（估计诃额仑与德薛禅多少沾点儿亲。）

也速该开门见山地直说了本次来意。德薛禅上上下下把铁木真打量了好一阵子，兴奋地说道：“您这娃儿两眼炯炯有神，满面红光，正应了我昨夜做的梦。我梦见一只海东青带着日月落入我的手掌中这不正预示着您带儿子来求亲吗？”

实不相瞒，说出来不怕诸位笑话。可能是在下生性愚钝，翻来覆去怎么都看不出来这梦是在预告这爷俩的到来。不过这也不奇怪，毕竟咱不是薛禅，没有人家德薛禅那么丰富的联想能力。不过我却想起来一则小故事。

某师见一喜爱的学生趴在课桌上昼寝，不禁赞曰：“呜呼，多用功的学生啊，睡觉时还不忘看书”；少顷，又见一厌恶的学生趴在课桌上昼寝，不禁怒骂曰：“呜呼哀哉，真是朽木不可雕也，粪土之墙不可圬也，多么懒惰的学生啊，一看书就睡觉！”同样是昼寝这件事，却得到了截然相反的评价，原因无它，喜好爱憎不同耳。德薛禅一见到小真真便联想到昨夜做的好梦，可见他对这个小后生相当中意。

梦中提及海东青，在此顺带介绍一下。海东青又叫海青，是一种雕，出产自肃慎地（古东北），其颜色不一，以纯白色、天蓝色、纯黑色为上品。海东青很聪明，很会捕捉鱼、虾、野鸭、野兔等水禽和小兽。驯服之后，可成为珍贵的狩猎工具。它代表着勇敢、智慧、坚忍、正直、永不放弃的精神。传说中十万只神鹰才出一只海东青，有“万鹰之神”的美誉。辽代，皇帝春天打猎总喜欢带上海东青，让它捕捉天鹅。可是辽地并不出产海东青，便经常命女真地区进贡。结果把女真人搞得相当恼火，成为其反抗辽压迫的原因之一。金元时，女真、蒙古贵族也有用海东青捕猎的风俗。海东青飞得很迅疾，因此元代以此来命名驿站。比如，《元史》载：从燕京至济南，置海青驿，凡八所。

咱们言归正传。德薛禅主动提议道：“亲家，请临我家，我有小女初长成，亲家请观之。”

也速该到他家一看，小丫头十岁，比铁木真大一岁，名叫孛儿帖，生得健壮美丽，心里很是喜欢。

诸位看官请注意对孛儿帖的描写是“健壮美丽”，健壮放在首位，可见草原人对此颇为关注。像纤腰细腿、弱不禁风的中原美女，比如赵飞燕小姐、林黛玉小姐，恐怕会被淘汰出局，像以肥为美的杨玉环小姐怕也不能入围。

定上一门娃娃亲（2）

既然双方都看对眼儿了，也速该便向德薛禅提婚。德薛禅说：“多求而与之不见得崇敬，少求而与之不见得低贱。女子之命，不可老于生身之门，就将我闺女嫁给您的小子吧！”不愧为薛禅，果然是聪明人。不像有些不开窍的人心里明明愿意，却偏要故作矜持装出一副不情愿的样子，还要推三阻四假客气一番，以为多求而与之方显高贵。若是碰上也速该这种直爽痛快的人恐怕正在你假意推托之际，他便拍案而起：“去你个直娘贼，老子不跟你结亲家了！走，小真真，咱换一家，两条腿的骏马没有，两条腿的好闺女到处都是！”

德薛禅认准了这门亲事并爽快地应允了，也速该大悦。于是留下一匹从马作聘礼，并按照当时草原上的习俗，把小真真留在未婚妻家准备让他待一年。临行前嘱咐说：“我家小真真善惊狗也，亲家休令小真真惊狗。”《元朝秘史》解释说小真真怕狗，别让狗吓着他。电视剧《成吉思汗》干脆拍摄了以下场景。

> 一只黑毛牧羊犬摇着尾巴跑过来呼抽着鼻子嗅小真真。小家伙一下子蹦起来，孛儿帖不知发生了什么事，也坐了起来。
>
> 小真真躲到孛儿帖身后，声音发颤地说：“快，快让你家的狗走开！”
>
> 孛儿帖将狗抱在怀里：“它不会咬你的。”
>
> 小真真后退着：“你，你最好还是让它离我远一点吧！”
>
> 孛儿帖：“怎么？你还怕狗？胆小鬼。”
>
> 小真真脖子一梗，说：“我不怕豺狼虎豹！”然后又不好意思地一笑，说：“就是从小怕狗，因为我被狗咬过一次！”

我觉得这种理解是错误的。大家不妨想一想，小真真这么勇敢调皮的小男孩怎么可能怕狗呢？正确的解释应该是：小真真这孩子太调皮捣蛋，很擅长在狗意想不到的时候给它制造一点点小惊喜，比如说在它的尾巴上拴一挂鞭炮，点爆“噼里啪啦”地吓唬吓唬它，欣赏它屁滚尿流、惊慌乱窜的窘相。抑或在它的鼻子上撒点儿胡椒面娱乐娱乐它，观赏它喷嚏连连、涕泪纵横的尊容。也速该的话“我家小真真善惊狗也，亲家休令小真真惊狗”就是说，我这臭小子太顽劣，经常搞得人家鸡犬不宁，在你家的一年中难免会惹些麻烦，捅些娄子，还希望亲家翁多多包涵、多多管束。

也速该走后，小真真每天同孛儿帖捉捉蚂蚁、玩玩尿泥，日子过得倒也挺快乐。

还没过几天，蒙力克叔叔（也速该的下属兼朋友）就风尘仆仆地来到了德薛禅家，说也速该想小真真，好生心疼，派他来赶紧接他回蒙古部不儿罕山营地。

这番话破绽百出，怕是连鬼也骗不了。也速该那样豪爽豁达的汉子怎么会婆婆妈妈，几天不见儿子就想得好生心疼？怎么可能说好了留儿子在亲家家里住一年，可还没过几天便出尔反尔派人来接？也速该是那种宁肯断头也不肯爽约食言的人，那么他为什么会突然派人要立即接儿子回家呢？莫非家中发生了什么十万火急的大事？蒙力克真的是他派来的吗？

铁木真家确实出大事啦！

他爹死了，刚进家门便死了。临终前他把蒙力克叫到跟前，说："我在为儿子求亲的路上被塔塔儿人毒害了。留下孤儿、寡母还求你多多关照。请你快马加鞭到弘吉剌部去将我儿铁木真带回来。"说完便急匆匆地赶去见长生天去了。

咱们回顾一下也速该被害的经过。话说也速该顺利地为儿子定下了一门如意的亲事，哼着小曲儿高高兴兴地回奔三河源头。途经塔塔儿部驻地，恰好他们正在饮酒欢宴。根据蒙古人的习惯，骑马经过正在进餐者之旁，要下马，未等主人许可就应一同就餐。主人也不应拒绝，而应以饮食相待。这既是客人对主人表示应有的敬意，也是主人殷勤待客的一种表现。

也速该风尘仆仆，一路上饥餐渴饮，累得够呛，本身爱凑热闹、贪饮几杯马奶酒的他心中痒痒的。性情豪爽耿直的他想：战场上的仇敌也不妨坐下来同桌共饮，况且他们未必就能认出我是谁来。于是我们的好汉兄大大咧咧地坐了下来，大口大口喝酒，大口大口啃肉，尽享欢宴之乐。

可惜，我们的好汉哥勇敢过剩智慧稍乏，实在是低估了自己的知名度，虽然当时没有电视、报纸、互联网，但是还没有几个年长的曾见过他的人吗？你砍了人家首领的脑袋，然后大大咧咧不当回事儿，可人家也能大大咧咧不当回事儿吗？（因此我认为也速该同志应谥"好汉"而非"英雄"。）

天下没有不散的宴席，也速该喝了个痛快，乘着酒兴一边引吭高歌，一边纵马继续往回走。没走多远就感到头昏眼花，腹内一阵阵剧痛，这时他才意识到自己被塔塔儿人毒害了。他伏在马背上艰难地前进，煎熬了三天三夜终于回到了家，心中充满悔恨和仇怒地让诃额仑转告铁木真：长大后一定要替爹报仇，击垮塔塔儿，将那些高过车轮的男子统统杀光！

小真真流着泪默默地将爹的遗言记在心间。

也速该小档案：

父亲：把儿坛

母亲：巴儿忽氏

安答（拜把子兄弟）：王汗

血统：金光神人的后裔，纯洁的黄金家族

生卒年代：1134——1170年

享年：36岁

追谥：烈祖神元皇帝

学历：目不识丁，待扫盲

最风光：抢了一位貌美如花的小媳妇为妻

最得意：俘虏仇敌塔塔儿部首领铁木真兀格

最具眼光的投资：援助了王汗并与之结为安答

最佳创意：以突发奇想的方式给儿子起了个很有个性的名字

最遗憾：不是没有料到酒中可能有毒，只是没有料到这种可能性变成了事实

最放心不下：幼小的孤儿们和娇美的小寡妇

最意外：自己放心不下的臭小子后来居然成了征服世界的一代天骄

最恼火：老子一生杀敌无数，竟被一个刚有车轮高的小畜牲弄死了

最感激的人：忽图剌可汗（自己有那么多儿子却偏偏传位给侄子我，真是看得起我！）

最鄙视的人：塔里忽台（特赠其雅号：乞邻秃黑，意即吝啬而贪婪的家伙）

情敌：赤列都（窝囊废一个，不过逃跑方面的天赋令人佩服得五体投地）

最喜欢：听别人喊儿子的名字（每每听到臭小子的名字被唤，便情不自禁地忆起当年活捉敌首铁木真兀格的光荣战绩）

第二章

铁木真的人格魅力

一个坏坏的洋妞

铁木真发动了人类历史上规模最大的战争，征服了七百二十多个民族，创建了世界上版图最大的帝国（准确地讲是他的子孙创建的，但基础是他奠定的。）其疆域东起朝鲜半岛，西抵波兰、匈牙利，南达爪哇中南半岛，北至西伯利亚，达三千万平方公里。

拿破仑在军事天才方面堪称是欧洲夜空上一颗光辉的明星，然而他在成吉思汗面前却显得黯然失色。亚历山大、凯撒这些不可一世的伟大帝王，在成吉思汗面前都得恭恭敬敬地低下头，乖乖地当小弟。

甚至连毛泽东他老人家都曾兴冲冲地作词称颂过他，原话记不太清楚了，大意如是:“成吉思汗是一个难得的好同志，尤其是当他蹲马步，拉满弓、搭上箭，摆出朝天射雕的POSE时，更是帅得一发不可收拾！”（详情请参阅毛泽东大作《沁园春·雪》。）

然而就在无数人将成吉思汗捧上神坛，虔诚地顶礼膜拜的同时，却有成千上万人声嘶力竭地摇旗呐喊，说他是残忍冷血的暴君、杀人不眨眼的恶魔。那么真实的成吉思汗究竟是一个什么样的人呢？

成吉思汗是一位英勇、坚韧、机智、大度、深沉、深情……算了，他身上的优点实在是太多了，在此罗列上十几页也是不成问题的。作为一位能网罗天下英才的君主，我觉得他身上必然具备一种气质——非凡的人格魅力。正是这种人格魅力将几十个部族和国家的杰出人才吸引到了他的身边，死心塌地地为他出谋划策、攻城略地。打个比方吧，如果说成吉思汗是太阳而他的追随者们是卫星的话，那么二者之间的吸引力即成吉思汗的人格魅力。（诸位不妨闭目冥想一下，这种人格魅力有多大？）

一个拥有非凡人格魅力的人，绝不会是一位整天绷着面孔、说话严肃古板打着官腔、动不动就指手画脚给下属讲大道理听、正襟危坐爱摆架子、不苟言笑冷冰冰地待人的人。（有的人心里就纳闷了:咦？奇怪！你所描述的这个反面形象，我觉得好熟悉！简直是呼之欲出！唉，当然觉得熟悉啦，因为在你的脑海中情不自禁地浮现出了你们上司的形象。）

成吉思汗是一位亲切随和、平易近人、没事儿的时候喜欢开开玩笑的君主。

在一次战役之后，与蒙古部作对的三个敌对首领大败，逃到了乃蛮部。乃蛮部是草原西部的一个大国，国王是太阳汗。在他爹上天堂之后他不仅继承了他爹的王位而且继承了他爹的小媳妇儿——古儿别速妃。太阳汗非常宠爱这个尤物，对她是极力讨好言听计从，疼爱的疯狂程度不啻于周幽王之于褒姒。

当这三位前来归附的首领来到金殿，跪倒参拜之时，古儿别速妃突发奇想凑到太阳汗耳边嘀咕了一句，太阳汗哈哈大笑，接着从宝座上走了下来，贴近三人跟前绕了一圈，像猎犬般呼抽着鼻子嗅了又嗅，然后乐得屁颠屁颠地回到宝座上。

古儿别速妃急忙探过身来，猴急地问道："怎么样？他们蒙古人身上是不是有一股难闻的膻味儿？"

太阳汗笑望着神机妙算的爱妃，瘪着嘴乐道："嗯，果然不错！"

两旁的文武官员欣赏着三个蒙古人的窘相，乐得捧腹大笑。

后来，此事传到了蒙古国，众将领觉得受到了奇耻大辱，怒火冲天、咬牙切齿地要将乃蛮国踏平。面对这种种族歧视和难堪的侮辱，铁木真却用一个玩笑将其化解了。

有一次众将领在大帐中议事。铁木真嗅了嗅自己身上的衣服，笑着调侃道："太阳汗从他老子那里继承的小妈古儿别速妃说，咱们蒙古人身上有一股难闻的膻味儿，我怎么没闻出来呢？啊？"

众将被逗乐了，哈哈大笑。

者勒蔑（请大家记住此人，后文中他将频频出场）起哄说："我有一个主意，等咱们把那只狐狸精活捉回来的时候，将她送给身上膻味儿最大的人做小老婆，怎么样？"

众人又是一阵大笑。

铁木真问豁儿赤（成吉思汗的开国元勋，封万户，曾答应他可以娶三十个老婆）："豁爱卿，你膻味大不大呀？三十个美女里算她一个怎么样？"

豁儿赤眼珠子一转，心想：太阳汗五十多岁了，那妖姬原先是他爹的小老婆，恐怕现在已经是资深美女了吧？（资深美女即大龄美女。）我费尽口舌好不容易才从大汗那儿讨到三十个老婆编制，哪能就这样白白的浪费一个名额呢？于是他急忙摆手推辞道："我不行，我不行！"为了避免意外收编，赶忙指着身边的术赤台，力荐道："术赤台叔叔身上的膻味最大，不信你们闻一闻！"说着便凑上鼻子，夸张地嗅了起来。

不善言辞的术赤台直往后退，铁木真笑道："好吧，古儿别速妃就是术赤台叔父的了！"

大家看着术赤台低头害臊的样子，又是一通哄堂大笑。

当别人用恶毒的言语嘲讽、挖苦、侮辱我们时，应对的方法不是一定要咬牙切齿、怒火冲天、暴跳如雷地抄起家伙去找人家拼命，或许我们也能学大汗那样一笑了之。

后来，蒙古灭了乃蛮，活捉了千娇百媚的古儿别速妃。她笑嘻嘻地主动献媚请求侍寝大汗，大汗却笑嘻嘻地拒绝了她。而术赤台叔叔得到了一位娇艳妩媚的洋妞做小老婆。唉，以好色为己任的豁儿赤肠子都悔青了。

这个玩笑开大了

由于铁木真他爹曾经抢了蔑儿乞人赤列都的娇妻，蔑儿乞人觉得受到了莫大侮辱，于是便趁铁木真羽翼尚未丰满之时夺了他刚迎娶进门还不满一个月的娇妻。后来铁木真势力越来越大，就在他春风得意之时，有一次他去参加同盟克烈部举办的一次PARTY。在宴会上，他的手下败将一位蔑儿乞小头目凑上前来敬酒，满脸堆笑地恭维道："大汗南征北讨，所向披靡，堪称盖世英豪，我一向仰慕大汗的威名……"

铁木真笑着反问道："也包括我妻子被你们掳走的那个时候吗？"

小头目不好意思地苦笑起来，铁木真却豪爽地大笑起来。

若干年后，小头目成了铁木真的老外父，他的女儿就是铁木真最宠爱的妃子——忽兰妃。

成吉思汗还曾与敌国金国皇帝开了一次大玩笑，把人家吓得够呛，自己却免费观看了一次军事演习。

当成吉思汗第一次伐金大获全胜，准备回师草原之时，金国派使臣左谏议大夫张行信前来议和。

成吉思汗坐在宝座上，两边分列着威仪的列队，问道："张大人，上次我派人去开封觐见你们那个叫完颜守绪的皇帝，提出了议和的条件，你这次来，是想给我一个满意的答复了？"

张行信不卑不亢地回答道："当今圣上以为贵国议和条款过于苛刻了，恕我国不能接受。"

"那你还来干什么？！"成吉思汗生气地问道。

"来表达我国求和的诚意。"

"哦？"成吉思汗哂笑，"我倒要看看你们的诚意怎么表达？"

张行信示意，副使放下捧着的盒子，打开盒盖，取出一套衣冠，盖上盒子，将衣冠放在盒盖上。

大帐里所有的人都注目凝视着那盒子上的衣冠。张行信闪过一旁说："这是敝国保存多年的贵国先祖俺巴孩汗的遗物，现在归还大汗！"

成吉思汗马上站起，走下来，众将领也站立其身后，庄严肃穆地行大礼参拜，而后各回原位。

成吉思汗并没有坐下，不怒而威道："张行信，据我所知，你们保存蒙古先祖俺巴孩汗的衣冠，是为了经常炫耀你们的所谓天威和武功，这是对我蒙古不可容忍的羞辱！"

"所以敝国皇上才派下官远道而来专程奉还。"

成吉思汗大手一挥，气势磅礴地说："不必了！你将俺巴孩汗的衣冠带回去，给我供奉起来，过几天我自己会带兵到开封去取！"

张行信冷笑："可以，只怕你的战马过不了黄河！"

成吉思汗拍案大怒："你等着，看看什么天堑可以挡得住我蒙古的铁骑？"

"如此说来，我只好回去禀告皇上说成吉思汗不想议和了？"张行信试探性地问。

"想！条件是他必须答应把山东、河北我还没来得及攻打的州县割让给我。"

张行信不快地问："说完了？"

"没有。你们的那个小皇帝，必须去掉皇帝的称号，我封他当河南王！"

张行信冷笑两声："大汗不觉得太无礼了吗？"

"无礼？十八年前你们的丞相完颜襄只封我一个札兀惕忽里，比牛粪值不了多少银子的小官儿，我一张嘴就封他一个河南王，比我的兄弟、儿子们领地还要大，够慷慨的啦！啊？哈哈哈哈……"

众将领也跟着大笑起来。

张行信示意惊慌失措的副使收起衣冠，拿起盒子，对成吉思汗说："好吧，既然大汗无意讲和，我就只好在黄河南岸恭候您的铁骑了！"

张行信一拱手转身走出大帐，两个副使慌忙跟上。

张行信回到金国将这次出使情况汇报之后，皇帝吓得大惊失色，饭也吃不香、觉也睡不安稳，朝廷中文武百官心惊胆战、惴惴不安，整个金国人心惶惶，弥漫在一片白色恐怖之中，金国匆匆忙忙地集结军队，火急火燎地赶赴黄河南岸，部署防御，准备硬着头皮迎战骁勇野蛮的蒙古人。一直等到花儿都谢了，却连蒙古人的鬼影子都没见到，最后才反应过来是被铁木真当猴儿耍了，瞎忙乎了半天，白白地虚惊了一场。

原本就准备回师草原根本就没打算去攻打金国的大汗，此时却悠闲自在地躺在大草原的金顶大帐中，兴致勃勃地笑看着手忙脚乱的金国军队，恰似饶有兴味地笑看着暴风雨来临前忙乱着搬家的蚁群。

看不起女人的下场

成吉思汗连敌人的玩笑都开得潇洒自如，与自己的爱将在一起时更是笑口常开。

有一次，大汗、忽兰妃、中军诸将在一起宴饮，喝的是自酿的葡萄酒。

成吉思汗品了一口，问道："怎么样？这葡萄酒比马奶酒怎么样？"

耶律楚材称赞道："好，口感香醇，韵味悠远。"

者勒蔑笑道："算了吧，长胡子，甜不啦叽的，没劲儿。"

者勒蔑的弟弟速不台（成吉思汗的爱将，"四勇"之一。）开玩笑说："这玩意儿太没劲儿，给老娘们儿喝着玩玩还差不多，哈哈……"

忽兰妃生气了，瞧不起女人那还能行？"谁冒犯了女人谁就应该穿不上衣服，吃不上肉，喝不上马奶而且断子绝孙。"（你瞅瞅，女人生起气来有多么可怕？不仅不让吃饭喝水，而且动辄让你断子绝孙！）

成吉思汗感慨道："忽兰妃说得对极了。蒙古女人们平时比男人多付出一倍的辛苦，战时承担后方全部的压力。我们应当真心地感激她们，而不是挖苦她们。"于是他对两员爱将进行了惩罚。

大家猜猜他是怎样惩罚他们的呢？

拖出去扒掉裤子朝屁股蛋子上每人打二十大板？每人罚五十个金币？

成吉思汗是很爱搞发明创造的，他罚二人表演百戏赎罪。他指着者勒蔑说："你表演海东青，速不台表演河里的鱼。"

众人欢呼，者勒蔑展开双臂，模仿着老鹰飞翔的样子，上下扑棱着双手，阴阳怪气地叫道："啊，我是辽东名鹰海东青，在蓝天上展翅翱翔……"

速不台把手背在屁股后面，摇头摆尾地瞎扑棱着学鱼儿游水的样子："我是一条快乐的黄河鲤鱼、在水中自由自在地游戏……"

众将哄堂大笑，忽兰妃也忍俊不禁莞尔一笑。

试问您愿不愿意到铁木真这样一位随和可亲、平易近人、没事儿时喜欢开开玩笑的老板麾下效力呢？这样轻松愉悦、气氛和谐的工作环境是不是挺有吸引力的?

或许下回您家孩子犯了小错，您也不妨撂下戒尺、放下震怒，罚他表演一个百戏赎罪。

说到教育孩子，咱不妨插叙一段真哥教子的小故事。

有一次，真哥的两个儿子在摔跤。二儿子察合台虽然年龄小，但很凶狠，被哥哥术赤一次次摔倒，却一次次地扑上来。孩儿他娘从蒙古包里出来，看到两个小家伙龇牙咧嘴地扭打在一起，责备道:“孩儿他爹，你还笑!快拉开察合台。你没见他都急红眼了么!”

铁木真哈哈大笑道:“好，好!”(哪儿有这样当爹的，自己的两个娃子扭打到一起，他非但不劝阻，反而给他们鼓劲儿、呐喊助威。)

孩儿他娘急了:“你看你，你还笑!哪儿有这样当爹的?”

铁木真答道:“闲暇嬉戏的时候要像婴儿、像马驹、像三岁的牛犊一般欢乐，同敌人对阵的时候，要像饥饿的老虎、愤怒的鹫鸟一样。”

察合台又一次被摔倒了，摔了个四脚朝天的造型(洋文叫抛姿，POSE)。大家都知道四脚朝天通常是用来形容什么动物的?(乌龟!)对察合台而言这岂不是很丢脸吗?更过分的是……大家不妨想一想四脚朝天的小朋友穿着开裆裤，那岂非相当献丑(献宝)吗?察合台小朋友觉得受到了很大的侮辱(从旁观者指着他的小雀儿哈哈大笑的神情中体会出来的)，这次他没爬起来，而是一把抱住术赤的腿狠狠咬了一口。

术赤痛得哇哇大叫，哭了起来:“你耍奸!咬人!你是狼么?”

铁木真更响亮地笑起来。

孩儿他娘把术赤拉到怀里，对铁木真嗔道:“去，去，去吧!你怎么这么当父亲!”

术赤委屈地问道:“父汗!你为什么不管弟弟!你偏心眼儿!”

铁木真收敛脸上的笑容，拉过术赤语重心长地说道:“术赤，你要记住。不要指望有人会保护你，不要乞求有人会替你主持公道!我这辈子注定了要靠自己!你也一样。在明亮的白昼要像雄狼一样深沉细心。在黑暗的夜里要像乌鸦一样有坚强的忍耐力。只有学会了靠自己的力量活下来，你才算是真正的蒙古人!才是任何人都打不落马的蒙古人!”

同志们，后来铁木真的四个儿子都出人头地了(都当了国王)，可见从小就培养孩子的独立精神是多么的重要啊!(有读者就反驳了:不对，他的四个儿子都当了国王，是靠他老子才当上的。我说:人家有背景的家庭，还那么重视培养孩子的独立精神，咱这没靠山的普通老百姓，就更应独立自主、自强不息了！）

怕妈妈打屁股的老头子

在蒙古大草原以北，西起叶尼塞河，东至贝加尔湖周围，当时森林密布。居住在这些地区的部族被称为“林木中百姓”。他们大多尚处于原始社会，住在白桦树皮覆盖的棚屋里，穿着兽皮缝制的衣服，以桦树汁当饮料，靠狩猎和打鱼为生。（有的读者朋友不无羡慕地说林木中百姓真酷！）

1207年，成吉思汗派长子术赤率右手军北伐，征讨这些部族。术赤的军队一到，其中有一个部族的首领忽都合自知抵抗无益立即投降，主动充当了蒙古军的向导，在贝加尔湖一带四处奔走招降他的同胞和邻人。众部落皆感觉与蒙古国实力悬殊太甚，纷纷投降归附。

1211年，北伐军凯旋归来。以忽都合为首的林木中百姓倾心归附，同术赤一起到斡难河畔来拜见大汗。成吉思汗龙颜大悦，命令大摆酒宴。酒过三巡之时，他高兴地说：“各位首领，今后我们就都是一家人了，到了家里总不能空手回去。秋天我从中原带回来了许多绫罗绸缎、金银珠宝，还有许多瓷器茶叶，全都赏赐给你们吧！”

众首领何曾见过这么多新鲜物什，乐得心中开了花，跪下磕头齐声谢恩道：“谢成吉思汗隆恩！”

成吉思汗赶忙阻拦忽都合，绷紧面孔，冷冰冰地说：“哎，你先别急着谢恩，这些赏赐压根儿就没有你的份儿。”

顿时所有的人都愣住了，大帐中变得鸦雀无声。大汗喝酒了吗？不像呀？看样子挺清醒的嘛。这回林木中百姓争先恐后地归顺，忽都合这只带头羊的功劳可是最大的呀？大汗的哪根筋抽住了？怎么赏赐了众首领，却偏偏没忽都合的份儿呢？

忽都合跪在地上，面如土色，汗水顺着脸颊直往下淌，大气儿都不敢出，头也不敢抬，攥着满手汗紧张地等待着将要发生的事儿。去他娘的！反正是福不是祸，是祸躲不过。要来的终归要来，老子反正是死猪躺在案板上了，还怕你用开水烫？老子大不了一死了之，十八年后又是一条好汉！

成吉思汗亲手将他搀扶起来，爽朗地大笑道：“这次由于忽都合率先归附，又不辞辛苦地劝服其他各部才使得术赤不费一兵一卒，顺利地完成了平定北方的任务。忽都合为蒙古国立了大功，金钱、骏马都不足为报。我愿意将小女延安公主和孙女火雷公主许配给你的两个儿子！亲家翁，快快请起吧!”（下回火雷公主再见到她姑姑延安公主之时，怕是得改口叫“嫂子”了。）

虚惊一场的忽都合受宠若惊，赶忙跪拜谢恩，从此对大汗死心塌地、忠心耿耿。

顺便提一句，当时蒙古人结亲更多地是考虑年纪相当和岁数相仿，并不怎么在乎辈分。今后行文中，还会有许多这种差辈分结姻缘的事例。

大约在1215年——1216年之间，成吉思汗攻克金国中都（北京），在城中停留之际，位于阿姆河下游的中亚大国花剌子模使团不远万里来到中都。成吉思汗热情友好地接待了这批外国使者，希望双方能建立和平友好的关系，鼓励两国商人自由往来。他听说花剌子模国王是一位很有作为的君主，号称“世界征服者”。

“‘苏丹’，多奇怪的名字啊?”成吉思汗好奇地自言自语着，“他为什么不叫‘可汗’呢?”

众人被他逗乐了，忍不住哈哈大笑。

“我是东方的世界征服者，有机会到倒想认识认识这位西方的世界征服者，看能不能和他交个朋友。”成吉思汗真心实意地沉吟道。

于是他派出了一支450人组成的商队，载着大量金银珠宝，跟随花剌子模商人到苏丹的国家去进行友好商贸，换取当地的土产珍品。出人意料的是在花剌子模的讹答剌城，城主贪图财物抢劫了商队并全歼了商人。仅有一人逃回来报信，成吉思汗莫名惊诧，怕双方之间存在什么误会，立即派使者前去质询。结果不久之后，他收到了苏丹寄来的一个“挂号快递邮包”，打开一看正是使者的项上人头从国外旅游归来了，可是身子却独自留在了异域他乡。成吉思汗勃然大怒、暴跳如雷，发誓要为死去的商人和使者报仇。他独自登上一座山头，跪在地上，不吃不喝祈祷了三天三夜。后来成吉思汗率领二十万大军进攻花剌子模，把苏丹打得到处逃窜，当攻到旧都玉龙杰赤之时，他忽然扑哧一声笑了，众人不解，疑惑地问他心中有何乐事如此开心。

他解释道:“只要拿下这座最大最古老的皇太后居住的城市，我们的胜利就算捏在手中了。据说那个自诩世界征服者的苏丹，快五十岁的人了，白胡子都一大把了，还惧怕他妈妈。因为这个脾气乖戾的老太太后边有个强大的钦察氏族，如果苏丹不听话、不乖的话，老太太就会打他的屁股。”

众人听了失声大笑。

诸位看官不妨设想一下：一位60岁的老头子在笑话一位50岁的老头子怕他妈妈打屁股是怎样的一种情景。老小孩儿，老小孩儿，人老了真的会变得跟小孩子似的吗？

文盲先生推动文化大发展

身为蒙古黄金家族的铁木真是金光神人的后裔，可谓出身名门、血统高贵，但他却是一个目不识丁的大老粗，确切地说不仅他是，就连他爸、他爷爷、他太爷爷都是……一言蔽之，他们全家族的人无一例外皆为文盲。（这个有点儿不太……）铁木真金戈铁马、纵横疆场、喜欢用马刀跟人说话、用铁蹄教人做事，然而这个武功盖世的文盲却非常尊师重教，甚至对蒙古文化的发展起到了巨大的推动作用。

1204年，铁木真击溃乃蛮部，杀死国王太阳汗，在新归降的原乃蛮掌玺官塔塔统阿的陪同下，步入富丽堂皇的王宫。

铁木真手中调戏着太阳汗的玉玺，看了又看。塔塔统阿垂首侍立在一边。

四养子和四子走进来参拜大汗。

铁木真站起来，对塔塔统阿招招手客气地说："塔塔统阿，你到这里来坐。"

塔塔统阿本能地后退："不，那是太阳汗的宝座。"

铁木真劝道："先生，我叫你坐，你就坐嘛！"

塔塔统阿怯生生地走到宝座旁，侧着身子象征性地用小半个屁股坐了上去。

铁木真对八个子弟说："听着，从现在起，你们不要领兵打仗了。"

博尔忽（诃额仑四养子之一、四杰之一。）说："可是还有那么多四处鼠窜的残敌没有抓到呢！"

长子术赤急忙说："父汗，可不能再让他们跑了！"

铁木真严厉地说道："我说了，不要你们管，你们八个人现在头等要紧的事，就是要跟这位有学问的老师学畏兀儿文字，还不快拜老师！"

术赤诧异，其余的人已跪下叩头，他却张大了嘴："啊！学那个有什么用？"

铁木真喝道："跪下！"

术赤不情愿地跪下拜了师。

后来，塔老师的临时讲习班越来越红火了，连铁木真四兄弟也成了他的学生。通过开展扫盲活动，黄金家族的人就成了有文化、有知识的人。后来，铁木真又请塔老师创造了一种用畏兀儿文字拼写蒙古语的文字，也就是元朝人所说的"畏兀儿字书"。虽然在铁木真的孙子忽必烈时曾命国师八思巴创制“蒙古新字”，但元朝灭亡后就基本不再使用了，而“畏兀儿字书”经过14 世纪初年的改革，更趋完善，一直沿用至今。

在蒙古族创制文字之前，只靠结绳刻木记事。

对于古代人来说，这些大大小小的结是他们用来回忆过去的唯一线索。时至今日，已没有人再用这种原始的方法来记事了，当然多愁善感的诗人除外。清新温婉的蒙古族女诗人席慕蓉有一首以此为题的诗：

结绳记事

有些心情，一如那远古的初民
绳结一个又一个的好好系起
这样就可以
独自在暗夜的洞穴里
反复触摸回溯
那些对我曾经非常重要的线索

落日之前才忽然发现
我与初民之间的相同
清晨时为你打上的那一个结
到了此刻仍然
温柔地横梗在
因为生活而逐渐粗糙了的心中

诗歌是很浪漫的，现实却是很残酷的。只靠结绳刻木记事显然是很不方便的，很容易产生误会的，是有很大的空子可钻的。比如说，奴隶主甲想要巴结奴隶主乙，于是忍痛割爱、精挑细选了10 个美女，派奴仆进献给乙，当然了同时也要给他一根系着10 个疙瘩的绳子。没想到奴仆是一个贪心的坏人（或者干脆就像武侠小说中编造的那样与甲有不共戴天之仇），那么他就会觉得很为难。因为条条大路都能通罗马，不知该选哪一条好？人在面临着太多太多选择的时候，也是会很困惑的。

方案一：滥竽充数型。将10 个美女送回自己的蒙古包，另外随便找10 个女人献给乙。当然了同时也要给他那根系着10 个疙瘩的绳子。

方案二：偷梁换柱型。将10 个美女送回自己的蒙古包，另外随便找10 头母猪献给乙。当然了同时也要给他那根系着 10 个疙瘩的绳子。

方案三：顺手牵羊型。将绳子上的疙瘩随手解开 2 个。将 2 个最娇美的美女送回自己的蒙古包，另外 8 个美女献给乙。当然了同时也要给他那根系着 8 个疙瘩的绳子。（此方案可灵活运用，解几个疙瘩随当时的心情而定。）

方案四：挑拨离间型。将 10 个美女送回自己的蒙古包，空手去见乙。拿出那根系着 10 个疙瘩的绳子给他看，问他讨要 10 个美女。（此方案可灵活运用，亦可向他讨要 10 箱黄金，随个人爱好而定。）

方案五：厚颜无耻型。将 10 个绝色美女送回自己的蒙古包，另外恶意找 10 个奇形怪状、丑得极具杀伤力的食肉类恐龙妹献给乙。当然了同时也要给他那根系着 10 个疙瘩的绳子。（不过，为了保险起见，最好是把绳子解开，重新系上 10 个疙瘩疤弯的疙瘩。）

方案六：太损了！还是不说的好……

唉，实在是太卑鄙，太恶劣啦！虽然那根无辜的绳子相当老实质朴，可是世界上的坏人比夏天的蚊蝇还多，坏的招数也太五光十色了！显然靠结绳刻木记事是很不方便的，很容易产生误会的，奸诈之徒是有机可乘的。

所以说成吉思汗命塔塔统阿创制的“畏兀儿字书”意义重大。正是由于有了这种文字，铁木真才有可能颁布成文法和青册，而在他死后不久成书的第一部蒙古民族古代史——《蒙古秘史》自然也是用他创制的畏兀儿字书写成的。

懂得感恩的人

铁木真不仅是一位随和可亲、平易近人的人，还是个懂得感恩的人。

他的父亲也速该被塔塔儿人毒死后，附属于他家的百姓在泰赤乌部（蒙古部的一个分支）首领塔里忽台的威逼下，纷纷离开了他们。只有蒙力克一家人没有离开他们。在草原上牧民是结成部族聚众生活的，离开了部众生活异常艰难。单独的一户人家很难抵御大风暴、狼群的袭击、牲畜瘟疫等各种困难。两年后，蒙力克一家实在坚持不下去了，终于也满怀歉意地离开了铁木真家。当蒙力克领着老婆孩子赶着消瘦的牛离开之后，铁木真的弟弟不满地抱怨道：“这个蒙力克，连他也不辞而别了！铁木真还管他叫蒙力克父亲，他根本就不配！”

铁木真不愿听他非议蒙力克，反驳说：“蒙力克父亲是最后一户离开咱们家的，就凭这一点他也值得尊敬，而不是受抱怨！”（怎么样，真总这种老板你愿不愿追随？）

“可他到底是抛弃了我们！早离开晚离开有什么区别！”

铁木真情真意切地辩解道：“当然有区别！他为了咱们，自己的牛、羊、马、骆驼都丢失了！苦苦陪咱们过了整整两年漫长而艰苦的日子，咱们怎能忘记他的恩泽，反而说他的坏话呢？”（真总这样的老板上哪儿找啊？）

还不满12岁的铁木真便懂得了设身处地替别人着想，最难能可贵的是，拥有了一颗感恩的心。

铁木真23岁称汗。曾与他三次结义的安答（拜把子兄弟）札木合称霸草原的利益受到了损害，于是同他分道扬镳了，甚至颇有几分反目成仇的冲动。

铁木真的众将领对札木合的所作所为甚是不满，情绪激动地骂札木合不够哥们儿，不讲义气，甚至有人捋起袖子，嚷嚷着要与札木合大干一场，一决雌雄！（说句实话，此时铁木真的力量尚显单薄，还不是札木合的对手，如果执意蛮打，非要一决雌雄的话，他们极有可能会是失败的一方。）

铁木真思索着说：“我想，无论如何札木合曾经在我们最困难的时候扶植过我，这份恩德我是不该忘记的。我当然希望他能成为我重振祖业的盟友，最不愿意的就是他变成我的敌人。退一步说，即使真的有一天我与札木合要刀兵相见，也宁愿让他先砍我一刀！”（怎么样，真哥这样的朋友值不值得交？）

热脸往人家冷屁股上贴

对于统治着中国北方的金朝来说，蒙古部本是一个弱小的部落。金朝曾经将蒙古部首领俺巴孩汗钉死在木驴上。

提及木驴咱就稍作介绍一下，这是一种像一头小毛驴似的刑具（也可以说是像一把椅子，不过没有靠背而是延伸出“V”字型的两根木条），木架下装有轮轴，载罪犯游街示众，待其丢尽人现足眼之后再处死。元代的关汉卿《窦娥冤》第四折：“押赴市曹，钉上木驴，剐一百二十刀处死。”就是用的这种手段来折磨犯人威慑众人；还有一种堪称是中国古代史上最残酷的女子刑罚——骑木驴。也许很多人都有所耳闻我国古代有一种针对女性的宫刑叫做幽闭。此术始于秦汉，现在已经不大搞得清楚其确切实施方法了。

俺巴孩被钉死在“V”字架上激起了广大蒙古牧民的仇恨。恨也没有用！人家金国实在是太强大了，人家就明着欺负你，欺负的就是你，反正不欺负白不欺负，欺负了也白欺负，你能怎么着？人家金国是一片汪洋大海，你蒙古部只不过是一掬细沙而已。在弱肉强食的年代中，强者就要欺负弱者，要不然怎能体现出人家的强大来呢？忍气吞声吧，逆来顺受吧！心里淌着血与泪脸上挂着笑与媚，让草原上的牛羊马载着岁币进贡给大金国。你违心献媚、献钱、献美女，热脸往人家冷屁股上贴，人家一边骂你是窝囊废，一边扬起皮鞭狠狠抽打你，不仅仅是打屁股，连脸面也不放过。蒙古人心血来潮时，跨上马去猎兽。金国人心血来潮时，骑上马来猎人。猎得草原人，掳为奴隶脖子上箍个铁链牵至市场，头上斜插一株枯草，待价而沽。

为了避免草原诸国庞大起来，金国专门出台了控制草原人口的政策——“减丁”之策。此政策与今日中国所推行的计划生育政策有异曲同工之效，皆是为了控制人口数量。可是实施办法却天差地别，后者是通过有计划地生育来控制人口数量，而前者却是通过每三五年遣兵到草原上进行一次大围杀来控制人口数量。

一百多年来，十几代草原人就是在以欺凌弱小为己任的金国压迫、剥削下苟且偷生着。一百多年来，无数草原人试图反抗金国的强暴统治，可是无数次的血泪实践却证明了一条颠扑不破的真理：金国是无比强大的，是坚不可摧的，胆敢与大金为敌无异于以卵击石。

满肚子都是羊杂碎

随着蒙古国势力的不断壮大，成吉思汗心中萌生了一个挑战神话的念头：南下伐金报仇雪恨。其实这种念头像一粒种子早就植根于他的内心深处了。亦曾植根于他的爷爷、爷爷的爷爷、爷爷的爷爷的爷爷的内心深处过。可是这一粒粒种子每次刚刚破土露头便被金国无情地摧残掉了。一百多年来，这种念想犹如飘飞于草原蓝天上的七彩泡沫虽然美好却免不了破灭的定局。

这一回，成吉思汗心中萌发了想法，接下来自然要破土而出。不过在冒着被扼杀于萌芽状态的危险破土而出之前，谨慎的他决定先试探试探金国的实力。于是他亲自率部到边疆净州去给大金国进贡。

金国皇帝完颜麻达葛晚年抱着一种“花开堪折直须折，莫待无花空折枝”的破罐子破摔心态，终日花天酒地、不理朝政，举朝上下干脆也抱着一种“今朝有酒今朝醉、莫使金樽空对月”的得过且过心态苟且偷安。大家都难得糊涂，稀里糊涂地混日子，结果大金国内外矛盾重重，政局不稳。皇帝怕自己的几个叔叔篡夺皇位，先后杀死了郑王永蹈和赵王永中，唯独比较信任叔叔卫王永济。那么卫王有什么过人之处使他赢得了金章宗的信任呢？

《金史》中记载卫王永济是一个“柔弱鲜智能”的人。意即一个窝囊废兼无头脑的人。这种不中用的家伙有一个好处，就是不会对皇帝构成威胁。同时他又是一个长相很帅气的人，身材高大魁梧、白白净净、长着柔顺飘逸的美髯须，形象比较好，所以很受皇帝喜爱。

这次金国派来接纳岁币的钦差大臣正是这位出了名的绣花枕头卫王永济。

净州衙署内，卫王永济正堂高坐，两个秀美小宫女为他打着扇子。

明安将军（契丹人，后来成为成吉思汗手下名将）高声喊道：“卫王有旨，宣蒙古部首领铁木真进见。”

堂下多米诺骨牌般依次传呼。

府衙外成吉思汗拾级上台阶，穿过御林军的刀枪阵走进大堂。

卫王眯着眼睛傲慢地看了成吉思汗一眼，端起扣碗懒洋洋地吹着茶水上漂浮的碎沫子。

成吉思汗瞟了一眼卫王，拱手道：“大蒙古国成吉思汗参见卫王殿下。”然后走向侧座坐了下去。

卫王眼皮都没抬，跟蚊子唱歌似的哼了一声：“平身，赐坐。”（反应迟钝）

明安将军故意咳了一声。卫王抬眼才发觉阶下无人下跪，成吉思汗已然安坐一旁，用一种鸠占鹊巢的眼神打量着他。被这种眼神侮辱之后，卫王心里觉得很不舒服，野地里来的灰毛驴，本该是老子用那种眼神藐视你才对！思想一开小差，茶水烫了卫王的嘴，嘴上以迅雷不及掩耳之势如雨后春笋般烫起一个大燎泡，他“哎呦”一声，手一晃水洒出来烫了手，茶碗落地摔了个稀巴烂。小宫女赶忙上前收拾打扫干净。

明安将军赶忙打圆场，呈上折子：“殿下，这是蒙古部今年进献的岁币清单！”

卫王捂着嘴，哼哼唧唧地摆摆手：“让他们去馆驿休息吧！”

成吉思汗站起，又一拱手：“大蒙古国成吉思汗告退！”说罢雄赳赳气昂昂地大步走出堂去。

这时，卫王蓦地站起，怒道：“什么大蒙古国？谁封他的成吉思汗？！这清单上粪巴牛牛爬过似的尽是些什么玩意儿？”（反应迟钝，估计是CPU运转迟缓。）

明安将军答道：“据说是铁木真新创制的文字。（畏兀儿字书）”

卫王越思量越生气，拍案怒骂道：“他见了本王为什么不下跪？嗯？！”

明安将军躬身后退：“殿下方才就应该指责他的傲慢无理。”

卫王："哼，我回中都就要奏明皇上，征付这头该死的蒙古野驴！"（动不动就喜欢给上级打小报告的卑鄙家伙着实令人厌恶！）

卫王一回国便添油加醋地讲了成吉思汗一大堆坏话，可惜整天沉溺于肉林酒池、单龙戏群凤的金章宗身体过度透支亏空，累成了一个病秧子，哪还有工夫去教训蒙古人？

通过亲自走访调研成吉思汗了解到卫王永济当之无愧是一个名副其实的绣花枕头，徒有一副好皮囊，可满脑子都是糠，用草原人的话来说就是满肚子都是羊杂碎。卫王永济黔驴技穷、金国上下腐败无能，使他认识到：这些人都是纸老虎，看似强大、唬人，实际上却是不堪一击的空架子。他深刻地意识到打破一百多年来草原上流传的金国不可战胜之神话的时机即将来临了。

让暴风雨来得更猛烈些吧！

怎样对付披着人皮的恶狼

1208年11月，金章宗病死，新君即位。金国使者向蒙古告即位，命铁木真十里之外跪迎诏书。

金国的使团来到蒙古草原。旗幡伞盖簇拥着金朝使者明安将军。盔明甲亮的护兵威风凛凛。

成吉思汗的那可儿（侍从）者勒蔑见状："哟，好威风，早知道这样，咱们也多带点怯薛军（近卫兵）来，也亮一亮咱们好看的翎毛啊！"

成吉思汗一笑，说："他越瞧不起咱们，才越是咱们的福分呢！"（成大事者往往很低调。）

马到近前，成吉思汗等下了马。

明安正帽振衣手捧诏书高声朗诵道："蒙古部首领铁木真下跪接旨。"

成吉思汗："请问上国使臣，皇上死了？"

明安答道："大行皇帝驾崩，谥号章宗。"

成吉思汗关切地问："这一回是谁当了新君呢？"

"章宗无后嗣，群臣奉遗诏，共立皇叔卫王永济为新君。"

"谁?!"成吉思汗一怔。

"卫王永济。"明安回答。

"那个绣花枕头？"成吉思汗仰天大笑，"我以为中原皇帝一定是天上人方能做得，原来是这样的庸懦之辈！"说罢又仰天大笑。

明安喝道:“休得放肆，下跪接旨!”

成吉思汗止住笑:“呸!”地唾了一口，在者勒蔑等人的笑声中上马而去，留下一团扬沙飞尘给金国使团回味。(快哉!长久以来压抑于草原人民心中的怨气终得一舒!看来扬眉吐气的日子不会太久远了)

金国副使愤愤地:“明安将军，这个铁木真怎么这么粗鲁?这么胆大妄为?”

明安莞尔一笑:“天之骄子!”(很有见识!)

副使没听清:“你说什么?”(凡夫俗子)

明安:“回中都!”(见识非凡的人往往不爱多说话，对牛弹琴倒也罢了，被别人骂作疯人疯语可是自讨苦吃。)

金国使臣回去将当时情形报告给永济，永济大发雷霆，暗作谋划企图等到成吉思汗下次进金献贡品之时将他擒获，钉死在木驴之上。小算盘打得挺好吧!

可是不承认不行，美男子皇帝的大脑确实不太好使，人家都当着大伙儿的面啐了你派去的使团，当时你若在场的话必定免不了啐你，请问人家把事情做到这个份儿上了，还会来献媚献岁币吗?

果然成吉思汗下次进金之时非但没有给他进献贡品，反而结结实实地给他进献了一顿拳打脚踢，打得他一听到成吉思汗的名字便吓得浑身瘫软、心惊胆战。

一掬细沙填平了浩瀚的大海，成吉思汗彻底击碎了金国不可战胜的神话。一百多年来，十几代草原人被金人任意欺凌的历史终于结束了。

其实在我们生活中难免也会遇到一两个贪得无厌、媚上欺下、无论你对它怎样好它都一如既往地算计你、永远都喂不饱、披着人皮的恶狼。遇到这种畜牲很不幸、很倒霉、很无奈、很痛苦。善良而有涵养的你一定会劝自己冤家宜解不宜结，小不忍则乱大谋，算了吧，不跟这种人一般见识。不幸的是，当你一相情愿地一次次谦和退让，希望与狼人友好而和睦相处之时，张牙舞爪的它却不会如你这般心慈手软。快醒醒吧，否则你会像东郭先生一样，葬身其腹。在这种狼心狗肺的人面前，千万别奢望退一步会海阔天空，他可是会不遗余力地得寸进尺、步步紧逼，不到把你逼入死角，无路可遁，然后扑上来将你生吞活剥了(其风格自然是吃了你连骨头都不吐)，绝不会罢休!对付这种人的办法有且仅有一个。

想起一个禅理很强的经典对白。古时候有两个得道高僧，一位名叫寒山，另一位名叫拾得。有一天，寒山就问:“世间谤我、欺我、辱我、笑我、轻我、贱我、恶我、骗我，如何处治乎？”拾得微微一笑，答道：“只是忍他、让他、由他、避他、耐他、敬他、不要理他，再待几年你且看他。”

无论这只狼有多么强大、多么凶悍、多么狂妄、多么狡诈、多么嚣张，你都无需畏惧。你只需要默默地忍耐、静静地等待，绝不是无所事事的空等，更不是以泪洗面、忍气吞声的逆来顺受，而是积极地等待，等待有一天接受过千锤百炼的你变得比它更加强大的时候，像一掬细沙填平汪洋大海。毕竟在弱肉强食的社会竞争中，不想被披着人皮的恶狼撕扯生吞的办法有且只有一个，那就是不断地提升自己的能力，使自己变得越来越强。假如你是一只狸猫，别人心情不好的时候，踹你两脚拿你来出出气，你有什么脾气？假如你是一头猛虎，别人心情不好的时候，敢拿你来出气吗？如果有人敢的话，那么对不起了，在下虽然吃得很饱，肚皮都快要撑破了，不过并不在意再加一餐，盛情难却嘛！

露头就打

身上透着一股霸气的人往往会目空一切、骄傲自大，可铁木真却是一个很小心谨慎的人。

1196年，铁木真联合克烈部帮助金国大败塔塔儿部，被金国丞相封为一个五品芝麻官。他正在大帐中打瞌睡，侍从禀报有人求见。

一个帽子压得很低的人走进大帐。铁木真认出是金国使臣耶律阿海。

耶律阿海扑通跪倒：“可汗！二臣（官员对异国君主表示尊敬，自称为二臣）耶律阿海求见可汗代雪旧国之耻！”

“快快请起！”铁木真赶忙扶起他，和颜悦色地说，“有话坐下来慢慢说嘛！”

耶律阿海动情地述说起来：“臣原本是契丹人，祖上一直是在大辽国居官。后来，国败家亡屈膝事仇，忍辱含愤以待时机。前次出使蒙古，见可汗雄才大略，将来定会成为天下共主。特来投奔，求可汗收留！”

铁木真哈哈大笑道：“耶律阿海，你何必这样？”

耶律阿海愕然。

铁木真：“是完颜丞相派你来的吧？”

“可汗。”耶律阿海站起。

铁木真说：“我已经从先祖俺巴孩汗和今天塔塔儿人败亡的下场中领略到了大金国的天威！以后一定俯首贴耳地听命于完颜丞相。哈哈，将来我还要靠他老人家提拔呢！”

耶律阿海莫名惊诧：“大汗想与虎谋皮吗？！完颜襄这次隐瞒了他被塔塔儿人打败被掠的真相，利用可汗消灭了蔑兀真笑里徒（塔塔儿部首领）；又隐匿了大汗的战功，自己向皇上邀功请赏了！”

铁木真微笑摇头，耶律阿海急了：“你不相信？大汗，完颜襄对可汗早存戒心，可汗如果疏于防范，今天倒下的是蔑兀真笑里徒，明天要收拾的就是可汗！……”

铁木真大喝一声打断慷慨陈词、滔滔不绝的耶律阿海，“来人，将这厮给我提溜出去！”

两名军士应声而入，架起耶律阿海就往外拖。耶律阿海咬牙切齿地怒骂道（他挖空心思斟酌好演讲稿，在家对着铜镜苦练了好几天，将台词背得滚瓜烂熟，配合以极具说服力的面部表情，什么时候笑得自然，微笑的时候恰到好处的露出四颗牙齿，什么时候应当皱眉头，什么时候语调应当痛心疾首、什么时候语气应当不共戴天，本打算用自己情真意切和口若悬河的雄辩术将铁木真感动了，不料自己加班熬夜辛辛苦苦准备的演讲正待渐入佳境之际，却被听者粗鲁地打断了，还让两名呆头呆脑的士兵将自己拉拉扯扯架着像丢一条野狗似的抛了出去，换作是谁能不生气？）：“铁木真，我看错了你，我把你当成一代雄主，不料你却是鼠目寸光的匹夫！”

士兵掴了他一记响亮的耳光，将撒泼打滚的他扔得老远。

耶律阿海嘴角流血，气得呼呼牛喘，遥指铁木真的帐篷，跳着脚大骂：“铁木真，你不听我的劝告，早晚被女真人钉死在木驴上！你当了那么一个五品芝麻官就满足了，那不过是完颜襄扔给哈巴狗的一块肉骨头！然后他要宰了你，剥了你的皮抽了你的筋！……”

铁木真不是以求贤若渴闻名于世的吗？请问不让人才说话，恨不得在他嘴巴上贴张狗皮膏药，指使士兵将他像拖一条病狗般远远地丢入垃圾堆中，这种待人礼遇就是传说中大汗礼贤下士的手段吗？

先别急，咱们回过镜头来再看看咱们的大汗。其实大汗心里也不好受啊！耶律阿海的声音被帐帘隔断了，铁木真睁大的眼睛里涌出了热泪。只好委屈你了耶律爱卿，现在我还没有力量打金国这只猛虎啊！

那么为什么恨不得网尽天下英才的铁木真执意要将耶律阿海这位恨不得剖开肚皮挖出红心捧给他看的忠诚义士拒之门外呢？

原因很简单，因为无论他是不是真心实意地前来投诚，都绝不能收留他。

如果阿海是金国派来试探自己的奸细，收留了他的话，金国就有了攻打蒙古的借口；如果他是真心实意来投奔的话，也不能收留他，那样会过早的暴露自己反金的意图。金国的策略是：露头就打！

在自己羽翼尚未丰满、力量还不够强大的时候，千万不要过早地暴露自己，不自量力地强出头瞎逞能的后果只能是被强敌扼杀于萌芽状态。有诗为戒：小荷才露尖尖角，早有蜻蜓立上头。

这一回由于形势所迫，铁木真表面上没有接纳耶律阿海，甚至对他很粗暴、很不客气，但是在他心中却已经接纳了他，并且牢牢地记住了这个口出狂言的忠义之士。后来终究将这个人才收录到自己账下，而且对他宠信有加。

第三章

任人欺凌的日子

孤儿寡母

铁木真机智英勇、坚韧顽强、求贤若渴、身先士卒、深沉稳重、深谋远虑、宽容大度、以诚待人、以理教人、以情感人、以德服人、以法慑人、豁达豪爽、风趣随和，同时他对敌人甚至是敌方无辜百姓却诡谲狡诈、残忍无情、草菅人命。铁木真实在是一个极为丰富、多面，极具个性，令人捉摸不透谜一般的人物。

接下来，我将在讲述他生平经历的过程中，对他的性格进行具体分析。

也速该死后，蒙古部孛儿只斤家族失势，泰赤乌家族成为实力最强者。真可谓山中无老虎，猴子称大王哪！泰赤乌家族的首领不是别人，正是原蒙古部著名首领俺巴孩汗的嫡孙——塔里忽台。虽然这厮的爷爷深受蒙古人爱戴、威望极高，可这厮的名声却臭气熏天，蒙古人称他为“乞邻秃黑”（吝啬而贪婪的家伙）。这么不雅的绰号令他很没面子，很恼火，而这个外号的赠送者正是铁木真他爹。他爹得罪了小人之后，两眼一翻，一命呜呼了，不幸的是被他爹羞辱了的塔里忽台掌控了实权，这下子小真真一家孤儿寡母的日子可就水深火热了！所以说做人要谦和忍让，未被逼到迫不得已的地步最好不要轻易得罪别人，尤其是不能得罪奸诈小人，否则那些畜牲会不遗余力不择手段地陷害你、暗算你。小真真一家人时时被排挤、处处受打压，过着极其压抑极其辛酸的日子。

转眼间也速该去世半年了，又到了春暖花开的季节。有一天，诃额仑领着小孤儿们去望祭孩儿他爹。望祭是蒙古人缅怀已故亲人的一种仪式，并不一定非要在亡故者的坟前，也可以在山前向亲人祭奠。诃额仑焚香烧纸祈福诉苦。孤儿寡母憋了半年的苦啊，那可真不得了！不诉则已，一诉而不可收拾。起先是气愤地讲邻居家铁蛋儿兄弟几个抢了小真真刚从树上掏来的小雀儿，这不明摆着是欺负人嘛！其次是恼火地讲王麻子半夜偷了咱家新下的小羊羔子熬汤喝了，真是欺人太甚！再次又生气地怒骂了老孙头老不正经心怀歹意多次出言调戏挑逗，是可忍孰不可忍？然后又黯然神伤地哭诉说小寡妇，好可怜，没人疼，没人爱，长夜漫漫，孤枕难眠，你怎么狠心在我们最需要你的时候就去了呢？接着又流着泪委屈地悲泣塔里忽台满肚子坏水，想尽方法羞辱、欺负，百般刁难，这种以泪洗面的日子，何时才能熬到尽头啊？……

受委屈的小寡妇领着一群孤儿越思量越伤心，越诉苦越悲痛，呜呜咽咽抱成一团低声悲泣。泪水，一股一股冒着，像从地底涌出的泉水，像从心脏泣出的血；哭声，不是歇斯底里发泄出来，而是在震颤，哆哆嗦嗦，重重压抑着的哭声。

正当大家哭得昏天黑地、酣畅淋漓之时，老仆人豁阿黑臣（豁阿意即美女）火急火燎地朝他们跑过来，慌慌张张地大喊着："夫人，不好了，出大事儿了！"

两个寡妇的对决

豁阿黑臣火燎眉毛似的跑来，气喘吁吁地报告说："夫人，不好了，泰赤乌家族的长辈斡儿伯（俺巴孩汗的遗孀）不等您回去就开始祭祖了，你们快回去吧，晚了恐怕连供品都分不上了！"

诃额仑一听脸色骤变，立即止住啼哭，拽着哭哭啼啼的孩儿们稀稀拉拉地朝回跑。（有些看官心中就纳闷了：不就是分不上贡品嘛，至于这样像饿死鬼似的猴急着跑回去争吗？）

若想理解她此时为何会这么急切地想要赶回去分供品，就必须先了解蒙古族当时祭祖的风俗。根据当时的习惯，祭祖的供品要分给所有的同族人，即便没有参加祭祖大典的人也有权获得应得的一份。如果不分给谁供品，就等于开除了他的族籍。这可不是随便弄得玩儿的事情！草原人自古以来就结成氏族和部落，离开了氏族和部落几乎是不可能独自存活下来的。这比被学校开除被单位辞退之类的事儿要严重得多得多，这等于是被整个社会抛弃了，此后只能靠自己单薄的力量与恶劣的环境、凶残的兽群、蛮暴的异族、不可抵御的天灾人祸相抗争，只能凄凄惨惨地自生自灭了。

诃额仑心急如焚地冲入祭祀大帐，心中只觉咯噔一下，晚矣，大势已去矣。大帐中香烟氤氲，空无一人，供品早已被瓜分殆尽。诃额仑急忙跑去找泰赤乌家族的长辈斡儿伯，"婶祖母，我们应得的那份贡品呢？"

斡儿伯皮笑肉不笑地哼道："你们来晚了。"说罢便欲转身离开。哼，快滚开！懒得搭理你这个碍眼的小寡妇！

诃额仑急忙追上去扯住老女人的衣角，争辩道："等一等，婶祖母，也速该虽然死了，难道我的儿子们将来就不能长大成人了吗？祭祖的供品人人有份，凭什么不分给我们？如今他尸骨未寒，你是不是就已经不把我们看做是乞颜部的人了？"

斡儿伯针锋相对道："这半年来，你们母子什么活儿都不干，饭来张口水来张嘴，我们亏待过你们么？可祭祀祖先这么神圣的大事儿，你们却迟迟不到，好大的架子呦！难道要大伙儿吹着喇叭，扛着八抬大轿去接你们吗？既然你们眼里没有祖先，还有什么资格分享祭祖的供品呢？"

"你?!这是什么意思？我丈夫可是替你男人报仇，才与塔塔儿人结怨而遇害的。要不是我们家汉子（也速该，大牌）死得早，你敢这样对待我们吗？"

"哼，也速该的死也许是因为抢了你这个倒霉的女人吧？要不是我们家汉子（俺巴孩汗，扛硬人物、超级大牌！是也速该的爷爷辈老领导）死得早，你敢这么粗鲁嚣张地对我胡搅蛮缠吗？"

斡儿伯说完欲走，诃额仑还欲上前争辩，肥仔一把拦住她，阴阳怪气地说："你那活宝男人没死的时候，嫉妒我的才华，诬蔑我为'乞邻秃黑'，他的死也许还是诬蔑我的报应呢！哈哈哈……"

泪水在诃额仑眼里不停地打转儿，委屈地哽咽道："眼看着茶饭不与了，是不是他日移营时也想抛下我们孤儿寡母？"

好主意！既然诃额仑主动要求要在移营时留下来，那么咱就充分发扬民主风格，尊重她的个人意愿，全力配合以满足她的这一请求，下回移营时特意将她们一家留下来吧，我看就这么定了吧！哎，等等，事不宜迟，干脆明天太阳一出来，咱就全体总动员大迁徙移营搬家吧！

倔强的坚持

为了草场的可持续循环使用，需要通过休牧来恢复草场的载畜力，因此逐水草而居的草原人随着季节变化而迁移牧场。大伙儿都像辛勤的小蜜蜂似的在为迁徙忙得不亦乐乎。有时候忙碌一点儿也是一种快乐，为何这样说呢？瞅瞅这一家子眼神中流露出的茫然无助、惶恐失落、焦躁不安便可深刻感受到其中的真味了。小寡妇手足无措地呆望着乱哄哄纷纷离去的人群，她身后几个毛孩子睁大眼睛好奇而不解地望着离散的百姓。

"阿妈，大伙儿都忙着搬家，咱们不跟大伙儿一起走吗？"一个童稚的声音嫩生生地问道。

诃额仑没有回答，只是微笑着轻轻摇了摇头。几粒晶莹的泪珠缓缓流入浅浅的酒窝中，映照着初阳的朝晖。

泰赤乌首领肥仔没有威望号召其他氏族追随他一起走，却有武力保证没有人敢收容小真真一家。于是蒙古部各个氏族分道扬镳，各奔前程了。

肥仔怕有人会偷偷地收留小真真一家，专门派也速该的前那可儿（近侍）泰赤乌人脱朵用马鞭驱赶慢吞吞的人们赶紧搬家。快行动些！别一个个的都像是上磨的懒驴似的磨磨唧唧的！

老子通过花钱送礼托关系好不容易才当上了一把手也速该的那可儿，尽力服侍、卖力讨好，本以为前程似锦。谁料那厮见了酒比见了他媳妇儿还亲，愣是抢着喝了仇人的毒酒翻白眼吐白沫死翘翘了。他死了不打紧，可我却倒了大霉了，我的政治前途也随之陪葬了！幸亏肥哥（塔里忽台）不计前嫌，对我宠信有加，相当器重。脱朵越思量越得意，举着马鞭呼喊着到处驱赶百姓，趾高气扬的神情酷似威风凛凛的大将军挥舞着马鞭指点江山。

突然有一位老汉一把握住了他的马鞭，指着他的鼻子跳脚斥责道："脱朵，你身为也速该的近侍随从，他的尸骨未寒，你怎能为虎作伥，帮助肥仔抛弃他的寡妻幼子呢？"

或许是因为今天天气不错的缘故吧，脱朵的心情也不错。他笑容可掬地劝说道："哎，这不是察剌合老大爷吗？您活这么一大把年纪了，有一个相当浅显的道理您老不会不明白吧？'深水已涸矣，明石已碎矣。'也速该已经死了，好比河水已经干涸了，巨石已经破碎了。水干了就养不住鱼虾，石头碎了就失去了靠山。听我一句劝，您老也赶快收拾收拾行李追随咱们英明伟大的塔里忽台首领去吧！"

察剌合（蒙力克父）拉着马缰不放，苦劝道："脱朵，人不是鱼虾，与人相处也不应只是为了寻找靠山。铁木真母子需要帮助，求你留下来吧！"

脱朵冷笑着说："凭什么让我帮助他们？连他的伯父、叔叔都扔下他们走得没影儿了！"他回身对跟随的人马车辆挥挥手："快走！"又对察剌合说："你快不要瞎摆忽了，收拾收拾，趁早走吧！"

察剌合老人死拽着马笼头，倔巴巴地说："我偏不走，你小子也甭想走！"

脱朵挣脱不开死缠烂打的老汉，大伙儿纷纷投来了怪异的眼神，看得他心里直发毛，"老不死的家伙，快松手！"他厉喝威胁着试图甩脱这双饱经风霜的手，却怎么也不能摆脱。

"你这个忘恩负义的东西，老子决不松手！除非你砍断老子的手臂！"

远处极不耐烦的塔里忽台骂骂咧咧地催道："脱朵，快点儿跟上来！真是磨叽，屁大点儿事儿都搞不定，活脱脱一头蠢驴！"

脱朵急了，咬牙切齿地瞪着老头威胁道："你个老不死的朽骨头，快松手！"

察剌合是王八吃了秤砣铁了心了，不管说什么愣是梗着脖子死活不松手。

情急之下，脱朵回马一枪，一道秀美的弧线划过天空，察剌合老人脊背中枪直挺挺地仆倒于地，鲜血从老人的脊背汩汩喷涌而出。脱朵早已策马追随塔里忽台而去了，风中只留下淡淡的一句："老东西，你自己留下吧，敢挡老子的路，死！！！"

一个幼小的身躯静静地看着眼前所发生的一切。那一枪的风情深深刺痛了他稚嫩的心灵，察剌合爷爷高大的身躯像一座大山轰然崩倒了，可是他高大的形象、顽强的精神却在一个幼童心中霍然树立起来。我一辈子都不会忘记你，在所有人都落井下石抛弃我们孤儿寡母的时候，只有你奋不顾身挺身而出帮助我们。你那倔强的坚持，给我冰冷的心灵带来了无尽的温暖和感动。

欲悲闻鬼叫，我哭豺狼笑。受了多少委屈、多少凌辱，我咬紧牙关硬是没有落一滴泪。在你冲上前来紧紧握住脱朵马鞭的那一刻，我的泪水却冲溃了心中大堤不可抑制地奔涌而出。当你轰然倒地的一刹那，我擦干眼泪，握紧了拳头，在心中默默许下一个宏愿。

伤了你的心的我的心好伤心

现在小真真一家孤儿寡母被抛弃在荒原上，他们靠采集野果、捞鱼和逮土拨鼠糊口。此时小真真心中只有一个愿望：为父亲报仇！咱们来分析一下这个愿望，为父亲报仇就必须干掉毒死也速该的仇敌塔塔儿部首领，想要干掉塔塔儿部首领有两种方法：其一像荆轲一样偷偷摸摸地搞刺杀活动，风险巨大、成功率极低、存活率更低、不够风光、不符合黄金家族高贵的血统，不到迫不得已不予采取；其二重整父亲往日雄风，收聚离散的百姓，成为蒙古部的首领，然后带领部众击垮该死的塔塔儿人，将其首领的脑袋漫不经心地扔在父亲坟前，风光、快意、连做梦梦到都会笑醒。可惜笑醒之后，茫茫然环顾四周，怅然若失，忍不住掩面痛哭！唉，现实总是太残忍，一无所有的我、还不满十岁的我、每天吃不饱肚子饿得头晕眼花的我，猴年马月才能成为蒙古部首领？不，就是拼了这条小命，我也一定要成为蒙古部的首领！为了受尽侮辱的慈母、为了被奸贼毒死的父亲、为了尝尽苦难的弟弟妹妹们、为了那些欺负我们、害过我们、雪上加霜、落井下石的人，我对长生天发誓：无论如何一定要成为蒙古部首领！

理想和现实间的差距有多大，心怀理想的人所需承受的压力就有多大，压力有多大有志者的动力就有多大。为了实现心中的宏愿，任何拦路虎都会被这股呼啸而过的强大动力碾得粉碎！小真真这样一个不满十岁、一无所有、连肚子都喂不饱的小娃子，却立志要成为蒙古部的首领，用痴人说梦来形容不为过吧！远大理想和残酷现实间的巨大反差，几乎要将他幼小的身躯压垮，可是他硬是用顽强的心志扛住了巨压，并将这股压得人透不过气来的重负转化成了巨大的动力。有一天有一只小拦路虎横在了小真真的面前，于是转瞬间他被呼啸而过的巨大动力碾成了粉末。

同诃额仑母子生活在一起的还有也速该的小老婆与她的两个儿子：别克帖儿和别勒古台。小真真是全家最大的男人，从小诃额仑便培养他的权威意识，让全家人将他视为首领，必须绝对服从他的命令。庶出长子别克帖儿对此极为不满，经常故意与他对着干。小真真说往东走，他偏偏往北溜达。小真真派他去逮只土拨鼠回来，他偏偏捏几只小爬虫回来。小真真说屁股底下骑着的是只马，他偏偏说是一只鹿。指马为鹿倒也罢了，别克帖儿还经常趁小真真不在的时候，抢他弟弟妹妹刚从河里捞出的鱼、刚从树上掏来的鸟儿。哼，我干不过你，难道还摆平不了那几个小毛孩儿吗？

有一天，铁木真看到弟弟妹妹们在地上撒泼打滚、号啕大哭，赶忙询问缘由。果不其然，他们费了九牛二虎之力，连裤子都被树杈挂破了，甚至连脑袋上还被鸟妈妈屙了泡鸟屎，刚刚从树上掏下来一只毛茸茸的小鸟，小朋友们手捧可爱的小雀儿，乐得在地上直蹦。为什么人生中的喜悦总是那么短暂，悲伤却似滔滔江水连绵不绝？一个幽灵，一个孛儿只斤家族的幽灵，在草原上游荡，他以一记响亮的耳光公平交换到一只可爱的雏雀儿，然后乐呵呵地跑去找他弟弟别勒古台分享快乐去了。看来他深谙独乐乐众乐愈乐的道理。

居然敢将他们的快乐建立在我们的痛苦之上。小真真龙颜大怒，挎上弓箭，喊上帮凶（二弟哈撒儿），去找两个小兔崽子算账，但见二人正蹲在地上兴致勃勃地调戏小雏雀儿耍，废话不说搭弓放箭，响矢贯胸，当场毙命。

不满十岁的小真真射杀了同父异母弟这件事儿该怎样解释？史学家众说纷纭，有些人说胡儿野蛮未开化手足相戕害，有些人说铁木真生性残忍冷血，有些人说小娃娃懵懂未开，稀里糊涂地犯下了大错。

我读元史，有时候会莫名生出一种感受。同为中国二十四部正史，感觉元史好陌生，如果说汉唐明清史的研究已经深入细致到纳米级了，元史却还停滞于粗浅的千米级。有时候觉得元朝离我们那么遥远，仿佛比春秋战国时代还要遥远。真有一点儿姥姥不亲、舅舅不疼的失落感。

小真真射杀了同父异母弟这件事儿用胡儿野蛮未开化手足相戕害来解释，我觉得过于牵强，手足相戕害在其他民族史书中屡见不鲜，怎么到了蒙元这里就变成胡儿野蛮未开化的证据了呢？怕是戴着有色眼镜的评论结果吧；说铁木真生性残忍冷血，亦流于肤浅，有些事儿铁木真做得确实异常残酷、相当绝，但是他绝非一个生性残忍冷血的人，相反他却极其热血，或许有时候是热血太甚反而看起来让人觉得冷血；说小娃娃懵懂未开，稀里糊涂地犯下了大错。敝人不敢苟同。如果说他不够老谋深算、办事儿不老道，我举双手赞同，但是说他懵懂未开，稀里糊涂，我坚决反对。我深信小真真清清楚楚地知道自己在做什么，虽然那年他还不满十岁。

姥姥不亲、舅舅不疼没关系，最重要的是还有妈妈倾注全部心血心疼他、关心他。我敢说如果小真真听到世上只有妈妈好这首歌一定会泪流满面。可是这一次，他却伤透了自己最不愿意伤的人的心，诃额仑心里拔凉拔凉的。

她扬起皮鞭狠狠地朝小真真抽去，恨不能将他活活打死！蒙古秘史记载，她一边打一边怒不可遏地骂：你这自咬胞衣的哈撒儿狗、冲崖子的猛兽、忍不得怒气的狮子、活吞物的蟒蛇、自冲其影的海青、噤声吞物的大鱼、咬自羔儿的风驼、凶残的狼、自食其子的鸳鸯、护窠的豺狼、残暴的虎、妄冲物的禽兽！（一口气用了十二种禽兽来比拟自己的儿子，无异于骂了他十二次畜牲、孽障！可见母亲已气极！）

小真真伤心地哭了，因为他知道自己彻底让最心疼自己的人伤透了心。在众人的劝拦下，诃额仑伤心地扔下了血迹斑斑的皮鞭，头也不回地进了蒙古包，她的心在泣血，此时自己多么想不顾一切紧紧抱住儿子的头，母子俩痛痛快快地大哭一场啊！可是她知道此时绝不能这样做，她心中牵挂着伤痕累累的爱子却头也不回地走进了蒙古包。小真真趴在地上，任凭泪水混着泥沙伤痛地哭个不休，妈妈，我真的错了！求求你再爱我一次，好吗？

小真真你错在哪里？

我错在不应该让妈妈伤心！

那你射杀了同父异母弟弟这件事没错吗？

我不在乎！好汉做事好汉当，要杀要剐随便来，大不了杀人偿命！在这个冰冷的世界上我只在乎那些关心我、疼爱我、为我心痛的人，我发誓再也不会让你们受到任何伤害、任何欺负！对不起，妈妈！求求你再爱我一次，好吗？

那一夜，我擦干泪痕，仰望夜空，想了很多很多！

随波逐流

肥仔塔里忽台听说了小真真射杀了弟弟，作为负责任的长辈他有义务教育教育这个自食胞衣的豺虎，教育的方式很简单：杀死！不过杀死之前，他非要显摆显摆，给小真真戴上木枷，从一个营地押到另一个营地，敲锣打鼓到处巡游示众。每到晚上，便由各家各户轮流看守。

肥哥，夜长梦多不如快刀斩乱麻直接宰了这小子算了，干嘛要押着他作不卖票的巡回演出？肥哥仰天狂啸，竖子之见！哈哈哈，在老子的地盘上那个小崽子插上翅膀也逃不了！

“报——报告首领！”一个士兵跌跌撞撞地跑来，结结巴巴地禀报道：“铁木真，他，他不见了！”

肥仔张大嘴巴、瞠目结舌地发愣了半晌才大喊道：“快！快去追！翻遍了草原也要给我将那小杂种逮回来！”

既然插上翅膀也逃不了，那小真真是怎样逃走的呢？他是背着沉重的木枷逃走的。那一夜，看守小真真的是一个反应迟钝的瘦弱小后生，这厮细胳膊瘦腿的估计不难制服。小真真先是佯装熟睡，轻轻地扯着鼾声。等到外面那些酒足饭饱的醉鬼们一个个回到毡包睡下之后，小真真借鉴了父亲对赤列都用过的那招，他冲小后生殷情而神秘地笑道：“小帅哥，我有要紧的话要对你说，你稍微靠过来一点点儿。”咦？我与这歹人非亲非故、素不相识，他有什么要紧的话急着要对我说呢？小后生好奇地将脑袋朝小真真嘴边凑过来，希望听到一个重要的小秘密。小真真盯着贴近自己的那颗全神贯注的大脑袋，心里不觉一阵好笑。双手捧着木枷，对准榆木疙瘩狠狠砸下去，那个好奇心极强的小后生没来得及哼一声，便翻白眼昏厥于地了。小真真趁机蹑手蹑脚地溜出了毡房。

是夜月光如画，树影婆娑，银辉泼地，亮如白昼。肥仔命令全民总动员牵着肥硕的猎犬漫山遍野搜寻小真真。死娃子已被折磨多日又戴着笨重的木枷，定然跑不远的，跑也白跑，用不了多久，就将你像提留小兔崽子一般提留回来。肥仔信心十足地想。

可是他又一次失算了，派出一拨拨人牵着一群群狗众里寻他千百度，找遍了草原、树林、山野、小河边、牧民毡房，连个鬼影子都没找到。那么铁木真这个捉迷藏顶级高手究竟藏身何处呢？此刻他正背负着木枷仰面躺在斡难河水中顺流漂荡。斡难河水啊，你要将这幼小的身躯带至何处？

他能躲到哪儿去呢？小崽子背着沉重的木枷怎么就从人间蒸发了？眉头拧成疙瘩的肥仔托腮苦想，猛地一拍脑袋！哎呀！猪头！我怎么早没想起来，他一定是在河水里漂着！快来人啊，快牵上恶犬沿着小河给我仔细搜查！

可惜，肥仔又晚了一步。小真真在水中泡了一天之后，肚子饿得咕咕叫，天黑后爬上岸，循着桐马乳的声音摸进了锁儿罕失剌的营帐。锁儿罕失剌何许人也？小真真为何要去找他呢？等待在他前面的将会是什么呢？

君子有所不为

几天前，小真真被押解着在各营巡回展览时，夜晚曾被监护在锁儿罕失剌家。他有两个儿子，沈白（后成为成吉思汗名臣）、赤老温（后成为成吉思汗四杰）和一个女儿合答安。他们同情小真真的不幸遭遇，晚上偷偷地给他取掉木枷，让他舒舒服服地睡了一夜。

你知道吗？夜深时，我曾起来小便，毡包外夜色如水，我的心中却澎湃难安，我渴望自由，星空般宁静的自由，我真的不想死，我才活了十年出点儿头，有太多的美好事物还没来得及尝试，我绝对不能死，我肩负着报仇雪恨、重振父业的艰巨重任。此时天赐良机不逃之夭夭更待何时？机不可失，时不再来！干嘛还犹犹豫豫的，快跑吧！

我在夜色中呆立了片刻，毅然走回毡包内，在安安静静酣睡着的善良人儿身边静静地躺下，听着你们均匀的呼吸声安安稳稳地睡了一宿。

今儿个白天，小真真躺在水中随波逐流之时，被锁儿罕失剌发现了，他走过来说：正因为你有这般见识，泰赤乌兄弟们才妒害你，你只管小心地藏着吧，我不会告诉别人的，说完便走了。

小真真在水中泡了一天之后，肚子饿得咕咕叫，心想：锁儿罕失剌一家人一定不会将我拒之门外的。锁儿罕失剌是泰赤乌部的部落奴隶，他们一家的任务是替泰赤乌贵族桐马乳，即把生马乳制成熟马乳，作饮料，因此往往需要通宵达旦地工作。天黑后爬上岸，循着桐马乳的声音摸进了他家的营帐。锁儿罕失剌见到他大惊失色，急道：“我不是叫你寻母亲兄弟去，怎么又回来了？”弄不好要掉脑袋的事儿谁能心平气和？不仅自己的脑袋搬家，就连老婆孩子兄弟姐妹朋友邻居的脑袋通通要飘移。沈白、赤老温劝道：“雀儿被苍鹰赶进草丛，丛草还能救它性命。我们父子三人难道连草木都不如吗？”他们立刻替他卸掉木枷，丢入火中烧成灰烬。

不对劲儿哪？小崽子居然不在河水中？他总不可能平白无故地从人间蒸发了吧？他背着木枷，饿了好几天了……眉头拧成疙瘩的肥仔苦思冥想，猛地一拍肉脑袋！哎呀！肥猪头！小崽子一定是窝藏在某个叛贼家中了！快来人呀，立即给我挨家挨户仔细搜查！

农历四月中旬正午的阳光炙烤着无遮无掩的草原，四脚蛇、小黑牛牛早已躲入洞穴中不敢露头，狗躺在阴凉地耷拉着舌头呼哧呼哧喘着粗气，人们躲在家中不愿意出来，小真真皮肤晒得躁红，浑身直淌水，却不得不藏在热烘烘的羊毛堆中。白晃晃耀眼的烈日当空烧烤，躲在羊毛堆中的他仿佛穿着鄂尔多斯纯毛内衣裤、裹着羊皮大袄、躺在厚厚的羊毛褥子上，盖上厚重的羊皮被子。他身上出的汗像水洗一样，张大嘴，喘息不止。没过多久，他就喘不上气来了，不顾一切地从羊毛堆里拱出来。

正在蒙古包外收拾牛肉干的合答安看见，大惊失色地四下望望，赶紧跑了过来，说："小主人，千万不要出来呀！让人看见就没命了！"

"不行了。我热得要死啦！"说着还要往外钻。

合答安摁住他，说了声"你等着！"跑回蒙古包。少顷她拿出一皮囊水来，他大口大口地驴饮而尽。

纯真少女满怀关切地询问："怎么样？好一些了么？"

"里边又闷又热，连气都透不过来！"

不知大家有这样的体会没？当你独自一人品尝痛苦和不幸的时候，那真是煎熬难耐。但是当你发现周围有其他人也在经受着同你一样的痛苦和不幸的时候，你就会感觉好受得多了。

合答安想了想，红着脸说："你用点力，把羊毛往上推着点儿。"

铁木真照着做了。她像一条滑溜溜的鱼儿似的钻进羊毛里，用自己的身子将羊毛拱出一个空隙："小主人，快缩进来！"

铁木真乖乖地缩了进来。两个人的中间有了一点空隙。

她天真无邪地柔声问："好一点儿么？"

他感动地说："好是好一点儿了，可是你怎么受得了？"

她莞尔一笑："你好一点就成，不要管我。"

一帮人呼啸着骑马奔来，把锁儿罕失剌的蒙古包翻了个底儿朝天，他们嚷嚷着走出包来，他妈的！那个小崽子究竟躲到哪儿去了？活不见人死不见尸！害得咱兄弟们顶着烈日挥汗如雨。"哎，二棒浪（这位仁兄是个虚构人物)，你去翻翻那堆羊毛！发什么愣，脑袋进水啦？快去！”怎么又是我？一个干瘦干瘦的半大小子嘴噘得老高、悻悻地朝羊毛堆走去，满脸不情愿地搜查了起来。

“哎，二棒浪，他们怎么老是像大爷一样指手画脚地指挥你干活啊？连我都觉得不公平！”赤老温捧上一碗清水，小声说道。

“哼！公平？天底下哪还有什么狗屁公平？那帮家伙仗着自己有背景，整天颐指气使，活儿全我干，有危险我上、有黑锅我背、好事儿从来没我的份儿……”

“哎呀，就是就是！我早就看出来了，就数你干活最多、兢兢业业、任劳任怨，可是功劳尽被那帮孙子窃取了！自古以来老实人总是吃亏！”

“二棒浪，搜完没？磨磨唧唧的，比懒驴上磨还磨唧！纯属一废物，求也孛不成！搜完就赶快走吧！”

“哎，来了！”二棒浪大声应道，然后无奈地摇着头，将碗递还给赤老温，叹息道：“那帮傻瓜等不耐烦了，我得赶快跟上去了。以前真没发现，咱哥俩这么投缘，有空咱整两盅好好叙叙！”

夕阳西下，羊毛堆中冒出个小脑袋来。“哎呀，闷死我了！”合答安用力拱开了羊毛，坐起来喘息，健美的小胸脯激烈地起伏着，“小主人，我该回包里给你弄吃的了。”

铁木真深情凝注着与自己耳鬓厮磨依偎了好几个时辰的纯洁少女，心中涌起一阵莫名的冲动，极其疯狂地一把抱住她。

她的小心肝“扑通扑通”跳得飞快：“小主人？！你要干什……唔……”铁木真抱得更紧了，用唇压住她的樱唇。

羊毛堆中像是有两只好斗的公羊在顶架，搅得羊毛翻云覆雨般晃动不休。

良久，再度风平浪静。情窦初开的合答安眼睛中噙着晶莹的泪水，柔情满怀地问：“小主人，你不会忘了我吧？”

“我怎么会呢？难道我能忘了这次磨难吗？那么我就忘不了患难之中把温情和熨贴给了我的合答安。他年我若为青帝，报与桃花一处开！”

“可你已经订过婚了。”(女孩子是很在意的)

“嗯，是弘吉剌部的孛儿帖。”

“她好吗？”(务请想好之后认真作答，否则你会伤害情窦初开的女孩子那颗多愁善感的心)

“好！和你一样的好。”

“不，她是高贵的弘吉拉人，我是个泰赤乌的奴隶。”

“合答安！”

“我只有一个心愿。”一双天真纯净的明眸痴痴地盯着他。

“你说吧，无论什么我都答应你！”

“将来你真有了出头之日，让我做一个奴婢，侍候你一辈子吧！”

“合答安，我的好人！我一定要娶你！”

两个人紧紧拥抱在一起。

射雕英雄

小真真辞别锁儿罕失剌一家，马不停蹄，日夜兼程，逃出了泰赤乌人领地，与家人团聚。全家人抱在一起，又哭又笑，过了好一阵子才平静下来，立即赶着马车卷起铺盖搬家转移。

安稳日子没过不久，新的不幸又向小真真一家袭来。由于当时蒙古部没有推举出众人皆服的首领，各部宛若一盘散沙，社会秩序比较混乱。各部之间动不动就火拼群殴，还有许多人趁火打劫、干着强盗、窃贼、强奸犯的勾当。这天一大清早老仆妇豁阿黑臣慌慌张张的惊叫声吵醒了睡梦中的一家，原来家中的八匹银合马全都被盗马贼偷走了。

马匹是蒙古人的财富，是“草原的靴履”。草原人天天骑马放牧，马是他们的交通工具、运输工具、战斗工具。草原人的生活怎能片刻离开马匹呢？家里的八匹银合马全被贼人偷走了，实在是欺人太甚，这无异于骑在咱脖子上屙屎！小真真龙颜大怒，咆哮一声，徒步狂追，追了几步觉得徒步追宝马难度忒大了点儿，毕竟自己身处历史小说之中比不得武侠小说中的段大侠会施展凌波微步，脚步自然慢下来，心中却是极为不甘。正发愁间，恰好别勒古台骑着那匹从锁儿罕失剌家骑回来的秃尾巴瘦马打猎回来了。他兴高采烈地炫耀道：“哥哥，今天真是太幸运了！看！我逮了三只又肥又大的土拨鼠！”说着举起三只大肥老鼠晃晃给他看。小真真气不打一处来，幸运个狗屁！咱家的马都被人偷走了！拽下弟弟跨上秃尾巴瘦马便循着马蹄印狂追而去，只留下别勒古台手提三只肥老鼠呆呆地立于原地。

小真真骑着羸弱的瘦马晃晃悠悠地追赶，恰好遇上这匹马又是个慢性子，心中干着急没用。只觉得自己是在高速公路上开着小 QQ 追赶奔驰宝马，真个是欲哭无泪，心有余而力不足。

就这样奔波了三天三夜，瘦马累得够呛（体力方面），小真真也累得够呛（心力方面），可是连盗马贼的鬼影子还未曾见到。唉，你说这叫啥子事儿嘛！

第四天早晨，心情急躁的他骑着这匹心平气和的瘦马，继续晃晃悠悠梦游似的在梦境般的现实中漫步。（有位女看官嗲声嗲气地尖叫道：好浪漫呦！）突然看到一个英俊伶俐的少年在挤马乳。小帅哥，见到八匹银合马从这儿经过没？少年伸手遥知远方，你来好生艰难，男子的艰难都一般，前方的路虽然很凄迷，我愿意陪你一起走！少年牵过一匹黑脊白马让小真真换乘，自己则跃上一匹甘草黄快马，二人快马加鞭循着踪迹急驰而去。这少年名叫博尔术（后成为成吉思汗四杰之首），是纳忽伯颜（“伯颜”意即富裕的贵族）的独生子，攀起来小真真与他还是远房亲戚。

二人追了三天三夜。第六天夕阳快要落山时，他们来到一个营地旁边，见到八匹可爱的银合马（失去了你，才蓦然发觉：原来你是这样的美丽，原来我是这样的在意！）正在大营旁悠闲自得地啃草。臭马儿！我为你翻山越岭却无心看风景，你们倒好，在这儿悠哉游哉地吃草。小真真噙着泪花遥望着日思夜想的马儿。

伏在草丛中的两个小娃娃盯着不远处七八个虎背熊腰的彪形大汉。

“你怕不？”沉默了良久，博尔术底虚地怯问。

“怕也不行，马是我们的命！”小真真心中也挺害怕，却给小弟弟打气说。

“那咱们冲上去把马抢回来吧！”话音未落，博尔术冲动地起身就欲朝大汉直冲而去。幸亏小真真一把将他拽了回来，摁到草丛里。

好险！真没料到这孩子如此冲动，差一点儿就偷米不成反蚀一只鸡。试想一下，一个十三岁的小朋友同一个十六岁的小朋友，咬牙切齿地怒吼着冲向七八个强健野蛮的强盗要跟人家拼命。其结果会怎样？换算成现代的话，一个刚上五年级的小学生同一个刚上初二的初中生，疯狂地冲上来要跟一个专门从事打砸抢偷奸淫掳掠的黑社会流氓分子拼命，其结果会怎样？我想会给这帮流氓无聊的生活增添些许生趣。他们会嘻嘻哈哈地摁着两个小毛孩儿的脑袋像传球一样推来搡去，你传给我，我传给他，他又传给我，哈哈煞是有趣！就像一群猫儿在戏耍两只可怜的小老鼠，直到折磨得它们精疲力竭，再将其撕扯得粉碎。可是这位上初二的初中生却绝非普通人，在他上小学二年级的时候杀死一个孩子，那孩子太小连上学前班的年龄都未到就被他的同父异母小哥哥射死了。

小真真同博尔术等到夜深人静强盗们都在睡大觉的时候，偷偷赶着马群往回走。

翌日，众贼（主儿乞人，亦属蒙古族分支）追来，小真真取弓箭："博尔术兄弟，赶快离开，我来掩护。"

博尔术也取下弓箭："不，在困难的时候扔下朋友，不是草原人的习惯。"（微斯人，吾谁与归？）

铁木真："他们人多势众，又都是大人！"

博尔术："他们心虚，贪心贼人都是怕死鬼！"

两个人同时勒住马，开弓放箭。

两个主儿乞人中箭。一人落马身亡，一人伏在鞍上跑了几步也滑下鞍来。

一个小头目拍着胸脯理直气壮地质问道："啊，臭小子，讲不讲道理？偷了我们的马，还敢伤人？天理何在！"

小真真气得够呛："臭不要脸的盗马贼，还有把别人的财物据为己有，反倒说别人是贼的人更厚颜无耻的吗？"

文斗不及改用武斗。"兄弟们，冲啊！给我捉住这两个恬不知耻的小王八羔子！"

铁木真大喝一声："别过来！"在众贼人怔神的工夫，搭弓在手，朝上瞄准。

众人仰首望去但见一只大雕在高高的天空盘旋。

小真真一箭射去，正贯穿大雕的脖颈，大雕应声而落。

"啊，射雕英雄！啊，他是射雕英雄！"一个小喽啰情不自禁地拍手叫好。

一贼惊慌失措地带头拔马便逃"快逃啊！"从者也都惊慌地逃之夭夭，转瞬间一帮乌合之众消失得无影无踪。

这一射的风情，给小真真（不，你已经长大了，是时候该改口叫你铁木真了）赢得了射雕英雄的美誉；这一射的风情，引得毛泽东他老人家欣羡不已；这一射的风情，激启了金大侠一部划时代的武侠大作。

两个小后生兴高采烈地赶着一大群马回到博尔术家，一进帐便看见他老爹低头闷坐，鼻涕一把泪一把在那儿哭鼻子呢。纳忽伯颜就这么一根独苗，连着六天没见到儿子的影子了，料定凶多吉少，心里自然火烧火燎揪心地焦急。忽然发现宝贝儿子回来了，他先是吃惊地看着，然后一边哭，一边怒斥其不告而别。（这个宝贝独苗不跟他爹打招呼就出远门，急得他爹哭鼻子抹眼泪的情况将来还会频频发生，请大家不必太介怀，习以为常就好了。）

博尔术宰了一只"帖勒羔羊"，热情地款待铁木真。注意，不是所有的羔羊都可称为“帖勒羔羊”的，蒙古人为了让羔羊肥壮鲜美，让一只羔羊吃两只母羊的奶，制成一种高级食品，即“帖勒羔羊”。

铁木真辞别博尔术父子，赶着八匹银合马回了家。望眼欲穿的母亲和弟妹盼回了他，心中的石头落了地，心中好生喜欢。

新婚初体验

树枝上长出了绿芽，我们知道春天来了。铁木真嘴上长出了绒毛，他妈妈知道该给傻小子迎娶媳妇了。铁木真和庶弟别勒古台到弘吉剌部将定了娃娃亲的孛儿帖迎娶了回来。

孛儿帖家相当有钱，带来一件珍贵的嫁妆——黑貂端罩，即用黑貂皮做的短大衣。这件黑貂端罩被蒙古人视为珍宝。万人仰慕的忽图剌可汗（也速该就是这位老领导一手提拔起来的）逝世三周年时，蒙古人特意立了一座九尺高的纪念金杯（即位者也速该还算有良心）。当时蒙古部没有文字，请弘吉剌部的德薛禅刻写祭文。（当时也速该正是蒙古部的一把手，读至此处无意中发现原来也速该早与德薛禅认识了，怪不得去相亲的时候德老对他那么热情）德薛禅花了九天九夜，刻下了九十九个契丹字的祭文。为了酬谢德薛禅，忽图剌可汗的妃子们将他的遗物——九张黑貂皮缝制的红面战袍赠给了德薛禅（看来当时知识分子也挺吃得开的）。

现在这件暖融融的战袍捧在铁木真手中。这件黑貂皮大衣多好啊！那当然啦，这可是英勇的忽图剌可汗的战袍，他穿着这件威风凛凛的战袍打过无数次胜仗呢！弟弟妹妹们围着貂皮大衣左看右看、爱不释手。哥哥，你披上这件战袍一定很威风！就从这儿起步吧，干出一番轰轰烈烈的事业来！

铁木真若有所思地摇了摇头，望着诃额仑询问道：“阿妈，我想将这件珍宝送给王罕，您看可以吗？”诃额仑吃了一惊，然后肯定地点了点头。大伙儿困惑不解地嘀咕起来，这么好的宝贝干嘛要给那个老东西啊？阿爸在世时，帮过他多少忙啊？可阿爸去世后，他却从来连一丁点儿忙都没帮过咱们啊！这种忘恩负义的家伙根本就不配穿这件战袍！给他还不如烧成灰来得痛快！

咱先简单介绍一下这位被孩子们痛骂的王罕吧。早在也速该执掌蒙古部大权之时，王罕继承了克烈部的汗位。这哥们儿有些疑心病，总怀疑有人想要篡夺权位，于是就无缘无故地将有可能威胁汗权的叔叔和弟弟们统统杀掉了。其中有一个叔叔眼看着亲戚一个个被害死，自己成了秃子头上的虱子，下一个迫害对象毫无悬念就是自己了。与其躺在砧板上任人宰割，倒不如起兵反他娘的了！兔子被逼急了还会红着眼咬人哩，何况老子是亲王！结果王罕被他叔叔打败，只带了一百多人灰溜溜地流窜入合剌温山隘。王罕想从山隘中逃出来，不料每次刚刚一露头就遭到他叔叔的攻击，只得像缩头乌龟般龟缩回来。在困境中，终于找了个机会溜出来一位使者，可怜巴巴地哭求也速该救援。也速该将他叔叔赶到西夏去了，然后又帮王罕恢复了统治并帮他召回流散的百姓。王罕感激得涕泪横流，与也速该磕头点香拜把子，结成了安答。可是等也速该死后，就没了他的消息。甚至连逢年过节都不来象征性地慰问一下。

铁木真力排众议，怀着最糟也不过是肉包子打狗的心情，到土兀剌河的黑林（王罕的大本营）将黑貂皮战袍献给义父。

哎呀，我儿铁木真都长这么大了？你来看我，我就很高兴了，干嘛还要送这么贵重的礼物啊？这次就算了，下不为例啊！唉……我的好安答被害后，我很痛心哪！（长叹一声，作心痛状）听说你们母子日子过得很苦，我一直挂念着你们弟兄几个，只是平日里工作实在是太忙了（忙于多喝两盅酒多听两首曲儿多睡两个妞儿），没顾上照顾你们，我心惭愧呀！今后你有什么困难尽管跟义父讲！

不得不佩服铁木真是很有政治眼光的，他这次送礼送得立竿见影，成效极佳，用一本万利来形容毫不夸张。从长远发展看来，咬咬牙给掌管实权的领导送份厚礼还是很划算的事儿！

铁木真白天尽干繁重的体力活儿，苦重着呢！人干了额外透支的活儿，在心理上总会有自我慰藉的补偿需求的。比方说，今天我加班加点干活干得筋疲力尽，那我就渴望在完工后大吃一餐好好补偿补偿自己。对不起谁，也不能对不起自己，对吧？于是在晚上铁木真的补偿需求自然而然地就由新媳妇儿孛儿帖来协助完成。

小夫妻俩每天晚上挤在一个被窝里，紧搂在一起，打情骂俏说悄悄话。我猜大概内容如下：

“老公，你真好！”

“老婆，你更好！”

“你会不会永远都对我这么好？”

“当然了，我发誓一辈子都好好疼你、宠你、爱你，全心全意地保护你不受一丁点儿伤害！”

谁也没有料到在后半夜一只魔爪伸向了新媳妇儿，深深地伤害了她，一生一世。

殊途同归

搂着新媳妇儿幸福得像花儿一样酣睡的铁木真万万没有预料到乐极又要生悲了。深更半夜，一阵兵荒马乱的喊杀声惊醒了睡梦中的铁木真一家，大家手忙脚乱地穿上衣服，跨上马便狂逃而去。

翌日天空渐渐露出曙光，清点人数发现昨夜混乱中失散了三个人：新媳妇儿孛儿帖、庶母、老仆妇豁阿黑臣。

大家初步认定昨夜偷袭咱们的一定是卑鄙下流的肥仔他们（蒙古部泰赤乌人），后来才知道竟是蔑儿乞人。哎呀呀，完蛋了！怎么竟是这个冤家啊？看来这回新媳妇儿凶多吉少啦！唉，都怪老爹当年欠下的风流债，老子虽已死了好多年，可这笔账却未一笔勾销，只得由儿子来偿还了！也速该曾经抢了蔑儿乞首领的族弟赤列都的新婚娇妻诃额仑，二十年后蔑儿乞人以其人之道还治其人之身抢了也速该儿子的新婚娇妻。应验了黑道的那句老话：出来混，迟早是要还的。有人就感慨了：蔑儿乞人还真沉得住气啊！充分发扬了“君子报仇，十年不晚”的高尚风格，埋头苦等，一等就是二十年，愣是等到夺妻仇人的儿子娶了媳妇儿才让他也来品味已方业已反复咀嚼过的夺妻耻辱。其实蔑儿乞人可没有这么好的耐性，曾经在也速该去世后不久，他们就绑架过小真真一回（这可怜的孩子还真是多灾多难哪！），好在被诃额仑凑钱赎了回来。

冤家宜解不宜结，此时也速该与赤列都两位当事人都已经作了古，可是旁人却放不下这段冤仇。三姓蔑儿乞部首领脱黑脱阿将掳来的新媳妇孛儿帖分给了赤列都的胞弟赤勒格儿，将铁木真的小妈分给了合阿台，估计是老仆妇豁阿黑臣太老了没有将她配人（有人说不如分给蔑儿乞部老鳏夫作老伴儿算了，也算是资源充分利用吧），仍让她继续照顾孛儿帖。

三姓蔑儿乞首领之一合阿台（另两姓首领分别是脱黑脱阿与答亦儿兀孙）喝得醉醺醺的回到毡包，一双惺忪的醉眼色迷迷地盯住躲在角落里倒缚双手的也速该别妻，淫笑起来：“啊，果然还有几分成熟女人的风骚。哈哈哈……”

他抽出短刀走上前来，一把提起她，将她的绳子割断。

他猛得一下将她横抱起来，她像死了一样地瘫软……

赤勒格儿身为首领的族弟，有权有势，不知哪方面的原因都快四十岁的人了，仍是钻石王老五。突然赐给他一个活生生的如花似玉的新媳妇儿，真还不知道该怎样用她。赤勒格儿没有效法合阿台采用那种暴风骤雨、雷厉风行、霸王硬上弓的手段来化解困难，他干脆任性而为采用了避其锋芒、趁其不备、生米煮成熟饭的方式使得问题迎刃而解。

看来真是条条大路通罗马，不得不谓殊途同归哪！

婚姻大事儿慎之又慎（1）

婚姻大事，那可是一辈子的大事儿。劝君慎之又慎，切不可拿自己的幸福当儿戏。下面举几个对待婚姻不大慎重从而付出惨痛代价的反面案例，希冀大家引以为戒。

负面案例一：很久很久以前，有一个美丽的小处女她的名字叫玛丽亚，她被圣父选中，生了一位圣婴叫耶稣。大家是否留意到：有时候历史是会重演的。在蒙古史中，有一个美丽的小媳妇儿她的名字叫阿兰豁阿（“豁阿”意即美女）。红颜总是薄命，她青年丧夫，踏上了漫漫守寡路。出人意外的是丈夫死后，她又连续生了三个儿子。与丈夫生的两个儿子渐渐长大成人，听到了一些风言风语，就对母亲的操守产生了怀疑。

阿兰豁阿将五子叫到一起，每人发给一支箭，让他们折断。五子轻而易举地将箭折断了。阿兰母亲望着趾高气扬的儿子们，心说，孩儿们，别高兴得太早了，再来一次！她把另五支箭杆绑在一起，让其折断，五个小子轮流发功，结果大伙儿连吃奶的劲儿都使上了，箭杆却安然无恙。（下面引发的说教，想必大家不看亦知，忙人同志，可跳过。）于是阿兰娘娘语重心长地教育道：“孩儿们，你们五个都是从我肚皮里生出来的。恰似这五支箭杆，各自一支，容易折断；兄弟同心，束在一处，岂能轻易折断？团结就是力量啊！”五子纷纷点头。这个故事叫做“阿兰娘娘折箭教子”，在蒙古族中家喻户晓，一旦有兄弟不和睦的苗头出现，父母就会引用此典故来教导子女。当时，小真真兄弟与异母弟弟别克帖儿闹矛盾，诃额仑也曾给他们讲过这个故事。不过仅是说教讲道理多少有些空洞，不像阿兰娘娘让孩子们自己动手做折箭实验体验那么深刻，所以小真真他们没有领悟小故事中的大道理，不过实验他们却偷偷地做了：不是破坏性地折箭，而是常规性地射箭。结果箭杆躲过一劫，小弟弟却一命呜呼。

接着，阿兰娘娘又解释道："我的三个小儿子，是在你们父亲去世后才陆续来到人世的，大家心中有疑惑亦不足为奇。你们不知道，每天夜里都会有黄白色人，藉着天窗和门额上露天地方的光，进到帐里来，爱抚我的肚皮……（此处少儿不宜，从略）出去的时候，藉着日月的光，宛如黄狗一般摇摇摆摆地飘升着出去了。"读至此处，大家或许会想起，史书上记载过吞燕子蛋而怀孕、踩了巨人脚印而受孕等很多传说故事，这些故事的目的无非是要预告大家：即将有出身非凡的伟大圣人登台表演了。

阿兰豁阿的两个大儿子是男人和女人共同努力的结果，自然是普通人；三个小儿子却是夜晚爬进来的金光神人的劳动成果，被称为"纯洁出生的蒙古人"。

那么夜晚悄悄地来清晨悄悄地走的金光神人致使受孕传说，所预示的那位伟大圣人究竟是谁呢？

婚姻大事儿慎之又慎（2）

这个雷人就是第五子孛端察儿。成吉思汗所在的孛儿只斤氏就是从他的十世祖孛端察儿开始兴盛的。孛端察儿并非本名（本名：蒙合黑），而是一种尊称，意即始祖。孛端察儿这么受尊崇，又是金光神人的后代，想必一定是才智过人、过目不忘，从小就鹤立鸡群，处处高人一等的天才神童吧？哈哈，咱们来看看《元史·太祖纪》所载："孛端察儿状貌奇异，沉默寡言，家人谓之痴。"真没想到这样一位开天辟地的始祖级大腕儿居然长得奇形怪状（有兴趣可参照孛端察儿同志画像），八棒子打不出个屁来，连自家人都说他是呆痴愚笨，外人的评论更是惨不忍听。（诚致极个别敬爱的朋友：相貌丑得出奇，别怕！你还有成为大人物的机会；脑子笨得出奇，别怕！你也还有成为大人物的机会。）阿兰娘娘死后，四个大儿子没有遵守母亲折箭时的教诲，他们只把孛端察儿当白痴对待，而不把他当兄弟看待。分家产时，啥都没给他。（可见像我一样一贫如洗的穷人，也不必妄自菲薄，咱们也有翻身的机会。）枯藤老树昏鸦，小桥流水人家，孛端察儿骑着匹瘦马，搭个草棚住了下来。解释一下，这匹马属于无人收留的流浪马，黑色的脊背上生着疮、青白色的杂毛、屁股后面无精打采地耷拉着秃毛尾巴。他通过打猎和吃狼群剩下的残食为生，日子过得凄凄惨惨。河边住着一群牧人，他常常去找他们讨酸奶喝。

转眼间几个月过去了，他的一个哥哥突然良心发现沿着斡难河来接傻弟弟回家。回家的路上，孛端察儿骑在那匹很可怜的病马上，边走边不住气地重复说："人的身子有头呵好，衣裳有领呵好。"人的身子有脑袋，哎呀，太好啦；衣裳有领子，哎呀，太好啦！

他哥哥直摇脑袋，唉声叹气地自言自语道："唉，我这个弟弟又傻又愣，疯疯癫癫的，一句废话颠来倒去没完没了说个不休，真是太可怜啦！"

孛端察儿终于笑了，鄙夷地笑了。小麻雀安知鸿鹄之志哉？哥哥，经过我长期观察，河边的这群百姓，没有一个首领来统一管束，恰似身无首、衣无领，如同一盘散沙，容易对付，咱可以征服他们。

孛端察儿引领着四个哥哥和本族中的一批壮丁将那群百姓征服了。从此之后他们弟兄五人摇身一变成了奴隶主，那几十户百姓成了他们的部落奴隶。

忽有朋友惊奇地意识道："咦？你跑题了！不是说要举几个对待婚姻不大慎重从而付出惨痛代价的反面案例吗？絮絮叨叨了老半天，尽扯些不相关的闲话。"

跑题，我是故意的。咱这就言归正传。在抢百姓的时候，孛端察儿乘机收编了一个最靓的妞儿做媳妇儿。话说这位美女柳叶眉、丹凤眼、樱桃小嘴一点红，美得明明白白，就是身材笨重了点儿，肚子臃肿了点儿。有人好奇地问，这个美眉肚子到底有多臃肿？怀胎五六个月的孕妇的肚子有多臃肿她的肚子就有多臃肿。没过几个月，她产下一个男孩，这孩子的子孙后来形成了蒙古·札答兰氏。自古英雄不甘寂寞，不久之后孛端察儿又娶了个漂亮老婆，算是正式夫人，生下一子，继承了"孛儿只斤氏"这一光荣姓氏。

札答兰意即外族血统。遇到口下无德之人，便嘲笑他们是抢回来的大肚子老婆下的杂种！野种！此后的百余年间，十几代札答兰人一直生活在黑暗阴影之中，受到人们尖酸刻薄的冷嘲热讽和排斥鄙视。草原英雄札木合（札答兰人，铁木真的拜把子兄弟）的一生就在这种痛苦之中纠缠不休、苦不堪言。这桩婚姻给十几代人带来与生俱来、不能甩脱的奇耻大辱，用血与泪的惨痛教训昭示了婚姻大事儿应当慎之又慎。

婚姻大事儿慎之又慎（3）

负面案例二：成吉思汗的曾祖父合不勒汗威望甚盛，部众归心，统一了蒙古各部，被推举为蒙古族的第一任可汗，管辖着全部蒙古百姓。人怕出名猪怕壮，一不留神他的威名传到了金熙宗完颜亶的耳朵里，于是黄鼠狼请鸡吃饭，金熙宗特派使者邀他进京。宴饮时，金人捧出各式各样的美味佳肴款待他。合不勒汗听说金人跟小日本鬼子似的狡猾狡猾的，害怕他们在食物中下毒（也速该若有这等警觉岂会被毒杀？都是省部级领导干部，差别咋就这么大哩？）时值盛夏，天气酷热，每当宴会中途，合不勒汗总是会用手背抹着满头大汗，连连叹气：哎呀，这鬼天气，简直跟蒸桑拿似的，干嘛玩意儿不好偏偏要破坏臭氧层，这下可好了全球变暖了吧？我得出外面松快松快，要不然得热出人命来！

如此理直气壮的正当理由，金熙宗实在是没法拒绝。你要是不让我出去凉快凉快吹吹风也行，我也不为难你，高科技产品空调就甭提了，你的宫殿里有电风扇吗？你一边摇头一边用余光扫向使出吃奶的劲儿摇着团扇的小宫女。你有没有人性，没看到那几个小丫头（怀疑你非法雇用未成年少女打工）早已香汗淋漓、汗浸衣衫、两腮桃红、娇喘连连、娇柔乏力、浑身酥软、几欲瘫软于地了吗？你不懂得怜香惜玉，咱却心太软舍不得。

合不勒汗到殿外溜达吹风，可是天气实在是闷热难耐，躁动的他干脆跳入河水中凉爽一下。表面上看似为了消解暑热，可一潜到水下，他立即干起了一件高难度的技术活——将吃下的食物全部吐出来。然后他又回到宫殿中猛吃海喝。金朝君臣无不惊异于他的饭量和酒量。

渐渐地合不勒汗察觉出金国并未有毒杀他的企图，干脆开怀畅饮起来。有一次，他喝得酩酊大醉，居然忘了君臣的礼仪，拨浪着脑袋拍着巴掌扭着屁股跳起蒙古舞来，跳完后摇摇晃晃地走到金熙宗跟前摸着他的龙须又笑又叫。好一场宫廷闹剧！金朝群臣一致认为作出如此大不敬的行为来罪当斩首。

形势异常危急，眼看着合不勒汗的脑袋就要被咔嚓掉了。幸有一人不同意群臣的看法，他的性命才得以保全。

此人正是金熙宗皇帝本人。他觉得冤怨相报何时了，不如一笑泯恩仇。于是他强压住怒火，将合不勒汗耍酒疯举动当作是开玩笑和友好的嬉闹，不仅宽赦了他，还赐给他很多金银财宝，最后彬彬有礼地将他送了回去。

合不勒汗走后，金朝的谋臣策士们纷纷跑到金熙宗面前劝说："合不勒汗，草原奸雄，心怀异志，势大必叛，放虎归山，后患无穷，若纵此人，且为边患，黎民百姓，再无宁日，趁其未远，追而诛之，永绝后患。"金熙宗后悔了，立即派使者去追赶合不勒汗，命他返回金朝。合不勒汗心知来者不善，便耍无赖躲起来不见使者。使者等得花儿都快谢了，无奈只好垂头丧气地先回朝复命，他奶奶的，那个蒙古鞑子居然装孙子躲起来不见老子，摊上这种差事真他妈的倒霉，回去万一龙颜大怒，我有几个脑袋够砍哪？我还没娶婆姨呢！合不勒汗，你这蒙古缩头乌龟，别让老子逮到你，否则把你像裹粽子似的五花大绑交给皇上，千刀万剐、五马分尸……使者在半路上咬牙切齿地想着，抬眼一望，心中狂喜，远处一个身影化成灰他也认得。使者兴冲冲地飞奔过去便要绑合不勒汗回去交差，结果是使者兴冲冲地飞奔到了死神的怀抱中。

使者被杀的消息传到了金朝，金熙宗立刻派兵讨伐蒙古，合不勒汗避其锋芒，诱敌深入，大败金军。此后，蒙古与金就结下了几代冤仇。

合不勒汗的爱妻是弘吉剌人，她为他生了 7 个儿子。有一年，她哥哥得了病。如果是现在得了病找郎中号号脉开点儿草药煎着喝了也就没事儿了。可是他们不请郎中偏偏从塔塔儿部请来个萨满（巫医）。那个萨满拍着手鼓，摇脑袋摆屁股，装神弄鬼瞎捣鼓了老半天没有达到祛邪治病的效果，眼看着病人翻白眼吐白沫一命呜呼了。弘吉剌人悲痛之余，一口咬定病人是萨满害死的，原本打算克扣他的劳务费，可转念一想，这家伙装疯卖傻又唱又跳了大半天，没有功劳也有苦劳吧，干脆送给他一张去见长生天的单程票。塔塔儿部觉得受到了侮辱，立即大兴复仇之师讨伐弘吉剌部。弘吉剌部是那种自己没本事还特嚣张特爱惹事儿的部落。在塔塔儿部的强大攻势下，弘吉剌部赶忙向蒙古部求助，蒙古把塔塔儿军队击溃。此后，蒙古与塔塔儿就结下了几代冤仇。

又跑题了，我仍是故意的。咱这就言归正传。合不勒汗死后，虽有七个儿子却将汗位传给了侄子俺巴孩汗。据《史集》记载，聪明过人的俺巴孩汗想出了一个缓和与塔塔儿人矛盾的好方法——联姻。为了表达诚意，这个大叔以不入虎穴焉得虎子的气魄仅带了几个随从便深入到塔塔儿部落中，想海选一个小美女做小老婆。咱这大叔自我感觉良好，认为自己是个大腕儿，爱耍大牌，觉得我从你们部落中挑媳妇儿，是你们的无上荣耀。可人家塔塔儿人却觉得自己受到了莫大羞辱，如同一匹色狼将爪子探入羊圈中挑选可爱的小羊羔。于是他们将俺巴孩汗抓了起来（《蒙古秘史》则说俺巴孩汗嫁女于塔塔儿，送亲被扣）。塔塔儿人鬼精鬼精的，他们既想弄死这个仇人又不想独自承担责任，于是想出个一箭双雕的好办法来。他们将他押送到金国进献给了金熙宗。这样一来，既达到了借刀杀人的目的，又达到了向主子表功的目的。金熙宗为了向蒙古人报杀使之仇，于是根据惩治叛部法，下令将俺巴孩汗钉死到木驴上。行刑时，俺巴孩汗大声疾呼：“卑鄙下贱的金狗、塔塔儿人，我的子孙会记住今天，记住这笔血债，即使将五个指甲磨尽，将十个指头握断，他们也要报仇！”金熙宗哈哈大笑，当即放走一个那可儿。去，马上滚回去给蒙古鞑子报信！就这样这个那可儿连滚带爬地回到了大草原，将仇恨的火种播撒于蒙古人的心中。真不知道金熙宗读没读过白居易的那句“野火烧不尽，春风吹又生”千古名句？偌大一个皇帝，咋就连“星星之火可以燎原”这么浅显的道理都不懂呢？

俺巴孩汗的这桩不成功的政治联姻，用血与泪的惨痛教训昭示了婚姻大事儿应当慎之又慎。

婚姻大事儿慎之又慎（4）

负面案例三：也速该抢了蔑儿乞部首领族弟赤列都的新媳妇儿诃额仑做老婆，结果儿子小真真被蔑儿乞人绑票过一回。这还不算完，等到也速该的儿子长大娶妻之时，蔑儿乞人又把他的小老婆连同他的新儿媳妇儿一并抢回去报复性地疯狂使用了九个月之久。这种损人害己的抢婚暴行，使许多人特别是柔弱的女子蒙上了终生的耻辱与伤害，用血与泪的惨痛教训昭示了婚姻大事儿应当慎之又慎。假如也速该不搞第三者插足，不是硬往人家小夫妻被窝里伸脚丫，而是明媒正娶一个未婚女子的话，估计是不会制造出这么多人生悲剧来的。

负面案例四：铁木真想要用政治联姻的手段来巩固与克烈部的关系。于是提议相换结亲，具体方案是：将自己的女儿嫁给干爹王汗的孙子，同时要干爹王汗将女儿（论起辈分来，她是术赤的干姑姑，年纪也要比术赤大得多）嫁给自己的儿子术赤。王汗鬼精鬼精的，把心中的小算盘一划拉便欣然应允了。其一，政治联姻有利于巩固自己的地位、壮大自己的势力；其二，我家的老姑娘眼看着岁数一天天见长，正愁没地儿打发呢，能嫁给铁木真的长子做正妻，打着灯笼都找不到这样的好事儿，何乐而不为呢？

虽然术赤同志娶回个老阿姨做老婆吃点儿亏，通情达理的术赤同志表态说，男子汉大丈夫要以政治大局为重岂能只顾个人得失，而且老阿姨憋了几十年的爱心无处发泄，这一娶回来恰似决堤之洪水一发而不可收拾，指不定怎样温柔体贴想方设法地关心照顾人哩！况且大老婆寒碜点儿也没关系，毕竟她主要是担负政治联姻功能，至于生理等其他功能就不烦劳她了，由那群花枝招展的小老婆们分工完成就算了。

假如这事儿就这样成了，也挺不赖的。可惜，有一个愣头青坚决反对这桩婚事，阻挠婚事的“法海”就是王汗的独生子桑昆。他的理由很简单：术赤是野种（下文中将会专门探讨此命题），我的妹妹宁可老到掉光满嘴的牙齿还是一个老处女也决不可以嫁给这种下贱坯子。

这哥们儿不同意这桩婚事倒也罢了，你可以随便瞎编个借口婉言拒绝嘛。比如说，我们家这么优越的条件，按理说我妹妹是抢手货才对呀，可是她都这么大年龄了却还没嫁出去，为什么呢？咱是自己人，不瞒您说，我这个妹妹呀，丑得够呛、个子又矮小、脾气又暴躁……总而言之，你们家术赤少爷实在是个举世无双的人才，敝妹实在是配不上令公子，实在不好意思啊，来人哪，将这位远方的客人安排到五星级馆驿好生招待，吃好喝好娱乐好！

桑昆偏偏不搞这套虚伪的客套，横眉怒目指着使者的鼻子破口大骂：“癞蛤蟆想吃天鹅肉！术赤是什么东西——一个野种！居然想娶我的妹妹？哼哼，天大的笑话！马上滚回去，告诉那个杂种，没门！做梦都别想！”说着怒不可遏地就要踢人家使者的屁股。吓得使者面如土色，一边抹拭脸上的吐沫星子，一边夹着尾巴遛墙角夺门而逃。

受辱的使者添油加醋地将桑昆的话转告给铁木真夫妇。孛儿帖捂脸恸哭，铁木真龙颜大怒。没料到联姻不成反成仇敌。不识抬举的东西，实在是欺人太甚！敬酒不吃吃罚酒！激怒了铁木真，还能有好果子吃吗？蒙古铁骑踏平了克烈部，王汗父子过上了流离鼠窜的日子，最终都落了个死无葬身之地的凄惨下场。

这桩不成功的政治联姻引发的激怒与仇恨，用血与泪的惨痛教训昭示了婚姻大事儿应当慎之又慎。

奇耻大辱

作为一个男子汉大丈夫，尤其是一位出身高贵、誉满草原的青年英雄，最大的耻辱是什么？原本似小猫咪一般甜蜜地依偎在自己怀中的娇妻于深更半夜之时忽然被一阵骚乱惊醒，在兵荒马乱之中被一伙流氓俘获，高歌哗笑着呼啸而去，这是怎样的一种耻辱？

在面临这种莫大羞辱之时，每一个正常的男人都会咬牙切齿地想要立即夺回妻子、杀光仇敌。

可是敌我力量实在是太悬殊了。就凭铁木真手下的几十个人怎么去对抗拥有数万人马的整个蔑儿乞部族？这无异于用鸡蛋去击打石头。难道只能学习模仿仇敌蔑儿乞人“君子报仇，十年不晚”的成功经验，就这样忍气吞声，逆来顺受，卧薪尝胆，积蓄力量，等到十来年之后再去抢下一代蔑儿乞人的儿媳妇来报仇泄愤吗？

我知道你正心急如焚地掂起脚尖翘首远眺望断天涯路，盼着那个没有保护好你的汉子骑着快马挥舞着马刀呼啸着朝你奔来！想到你望穿秋水终不见我的哀伤眼神、透着无奈与失望的轻轻叹息，我的心仿佛在滴血。不，我决不能容忍自己的爱妻身陷狼窟任人蹂躏！孛儿帖，你等着，我这就来救你！哪怕粉身碎骨也绝不会抛下你一个人不管！

孤立无助的铁木真想起了两个人。一个是父亲的“安答”王罕，另一个是自己的“安答”札木合。

前面我们讲过，也速该曾经帮过王罕大忙（帮他夺回并巩固王位），王罕非常感激他的恩德主动提出要与他点香磕头拜把子结成“安答”。可是等到也速该死后在小真真母子们日子过得最艰难、最需要帮助的时候，他却没了音讯（后来自称是心中无时不刻地挂念着他们母子，却因为工作繁忙，实在是无暇抽身探望），甚至连逢年过节都不派人来象征性地慰问关怀一下。虽然不久前将孛儿帖的嫁妆黑貂皮战袍献给干爹时，他曾满心关怀地抚着铁木真的后背笑眯眯地说过：“今后我儿有什么困难尽管跟干爹讲，干爹一定尽力帮你！”可是这样一位好干爹，是否愿意出兵帮助自己夺回妻子，谁的心里都没底。

铁木真怀着忐忑不安的心情来到土兀剌河边的黑林向王罕求助，没想到干爹爽快地答应了他的请求。看来上次孝敬领导的珍贵礼品没有白送。看来干爹说话还是算数的！不过，你是否知道，曾经有一个七岁的小男孩同他的母亲一起被蔑儿乞人抢去，被迫在薛凉格河畔舂米劈柴洗衣做饭专司又脏又累的粗重活。当年那个拖着长长鼻涕的小男孩儿心怀仇恨立下毒誓：长大后一定要好好报答蔑儿乞人虐待奴役之恩情。没错，当年那个小受气包正是现在克烈部的首领王罕同志。与其说干爹是乐于助人，倒不如说是随着克烈部实力的不断增强，他早就跃跃欲试想要找个机会，好好收拾一下蔑儿乞人了。请你们好好品尝品尝欺负弱小儿童的苦果吧！

铁木真求助的另一个人是自己的安答札木合。前面我们讲过阿兰娘娘的丈夫死了之后，每天晚上有一神兽（金光神人）爬进毡包来与她云雨，经过长期不懈的努力，终于创造出了孛端察儿这样的圣人。孛端察儿抢了一位孕妇做老婆，没过几个月，产下一个男孩，这孩子的子孙后来形成了蒙古·札答兰氏。由于这个孩子不是孛端察儿播下的种，故而不配继承“孛儿只斤氏”这一光荣姓氏。百余年来，人们一如既往地嘲笑札答兰人是抢回来的大肚子老婆下的杂种!野种!无论走到哪里札木合小朋友都摆脱不掉鄙夷的眼神和尖酸刻薄的流言蜚语，只有一个小朋友对他毫无偏见，一视同仁地同他一起玩儿。

“别人都看不起我们，欺负我们，说我们是抢来的大肚老婆生的野种!可你为什么一点儿都不嫌弃我，还跟我一起玩儿呢?”

“难道你们不是喝斡难河水长大的蒙古人吗?不管是哪个氏族的，只要他英勇豪爽，就是值得我尊重的真正的蒙古人!”

两个小朋友意气相投，干脆拜天立誓结为安答。小真真赠给小札木合一个铜灌髀石，小札木合回赠他一个公狍子髀石。插一句嘴，髀石可不是一种石头或者玉石。所谓髀石就是动物（羊、狍子、狼等）膝盖部的一块小关节骨，略呈三角形，尖端向下，俗称“背式骨”、“拐”、“骨头子儿”、“嘎什哈”等。游牧民族的小朋友们经常会玩儿击髀石的游戏。另外人们认为狼髀石有辟邪护身的作用，俗话说男戴狼牙女佩髀石。

铁木真同札木合两个人关系好得不得了，实在是不知道该怎样表达二人之间的亲密友好，后来干脆又忍不住结拜了两次。

好安答的新媳妇儿居然被蔑儿乞人抢走了，这还了得?札木合二话不说，准备了两万人马打算踏平蔑儿乞部，替兄弟夺回老婆来。

况且小时候被蔑儿乞人掳去为奴的仇恨也该连本带息一起好好清算清算了吧?(这蔑儿乞人还真是没出息，老爱欺负小毛孩子，尽干些被人耻笑没水平的事儿。)

第四章

初试牛刀

说干就干！札木合出兵一万，当时蒙古乞颜部失散的百姓有一部分与札木合一同放牧，由他帮铁木真收集原来的百姓一万人，合为二万。王罕和弟弟札合敢不分别率一万骑兵，组成了四万骑兵的联军，首先在兵力上大大压倒了蔑儿乞人。

王罕推举札木合为这次战争的总指挥，札木合当仁不让约定了会师的时间和地点。王罕与弟弟先同铁木真军队会合，然后才一起前往三河源头，结果到达会师地点时已经迟到了三天。小青年札木合摆起总指挥的架子，将老领导王罕批评教训了一番，王罕自知理亏心里很不爽，却也只得拉下老脸来说软话低头认了个错。

札木合不愧是一位杰出的军事将领，他已制定好了作战方案。三姓蔑儿乞人居住在不兀剌、斡儿洹、薛凉河一带，从斡难河出发前往蔑儿乞老巢可以走两条路。其一，绕过不儿罕山，沿赤苦河前进，由东南向西北进攻，直指不兀剌川。这条路又近又好走，也不用渡河，不过必然会被敌人发觉，双方免不了捋起袖子实打实地大干一场；其二，大迂回绕道东北，渡过勤勒豁河，突袭不兀剌川。第二条路路程远，还要过一条河，但蔑儿乞人不会料到在其南部的敌人会突然从东北方向攻来，打他个措手不及，一举歼灭敌人。最后大家一致同意走第二条路，毕竟多绕些弯路、股间多磨出两个血泡，比丢了性命要强百倍。况且辛苦点儿也是有丰厚回报的，想想将敌人从热被窝中提溜出来，还搞不清楚究竟是咋回事儿哩，就光着腚去见长生天了，士兵们直嫌脚力太缓；想到左手一只羊右手一个妞儿满载而归的场景，士兵们恨不能脚下生风火速赶至敌人的安乐窝。

三姓蔑儿乞首领之首脱黑脱阿是一个狡猾的家伙。自从抢来了铁木真的娇妻之后，他便派出了许多眼线化装成渔民、樵夫、猎人遍布各处，侦查信息。当联军的骑兵自以为神不知鬼不觉地结阀偷渡勤勒豁河时，这些情报人员便日夜兼程赶回去将大军偷袭的消息禀报给了脱黑脱阿。眼看着这次偷袭行动就要功亏一篑了，结果却出人意料很完美地依照原计划顺利进行了下去。泄了密的偷袭行动居然还能大获成功，这不得不归功于一位雷人——脱黑脱阿先生。

这位蔑儿乞杰出首领在得知了联军来袭的消息之后，既没有在联军必经要道上设下埋伏也没有加强自己营地的保卫工作，而是悄悄地带着近亲随从，立即通知了好朋友另一位首领答亦儿兀孙卷好铺盖开溜了。蔑儿乞部在这样的一位首领的带领下难怪尽干些打砸抢烧、欺负妇女儿童的丰功伟业哩！

不过不得不叹服这位活宝在逃跑方面的过人技巧，他率部顺着薛凉河而下，迎着敌人开来的方向，逃入了巴儿忽真之地。敌人从东北来，我就朝东北逃，鬼精鬼精的脱黑脱阿顺利地逃脱了。有些朋友就困惑了：咦？迎着敌人而逃那不是明摆着去送死吗？没错，如果是大摇大摆地对准敌军怀里直冲，确实是无异于羊入虎口。不过咱这位爷就是吃了熊心豹子胆也不敢明目张胆地与联军碰面打招呼，他干的勾当无非是贼眉鼠眼地偷窥好联军的一举一动，然后绕个大圈子，远远避开联军，接着就迎着联军曾经到来的方向逃之夭夭了。这样做的确很安全。第一，急于奔赴敌营准备大干一场跃跃欲试的联军将士们万万没有料到，敌人的最高领导居然在尚未开战之前就毫不抵抗抛下数万军民自己先偷偷溜之大吉了；第二，等到一举端掉敌人老巢之后，遍寻不到蔑儿乞首领脱黑脱阿的联军一定会四处搜寻追捕他，而最容易掉以轻心、搜寻力度最薄弱的方向肯定就是联军开过来的方向——东北方。

脱黑脱阿凭借着自己精湛的逃跑技巧，圆满地取得了逃跑大胜利。这次胜利只是他取得的众多胜利中的一个而已，在今后十余载的逃窜生涯中他又接二连三地取得过许多次类似的成功。不佩服不行，这位逃跑天才所取得的傲人成就与其出人意料的先进逃跑理论、神出鬼没的逃跑战术、长年累月积累起来的丰富经验、从无数次逃跑实践中练就而成的眼疾手快等诸多得天独厚的因素是密不可分的。

逃跑专家脱黑脱阿巧妙地运用了三十六计——走为上计的英明策略，开启了自己刺激而又充实的流窜生涯。可那数万名被他抛弃的至今还蒙在鼓里的蔑儿乞军民迎来的将会是什么呢？

蔑儿乞人的噩梦

这一夜宁静如水，蔑儿乞百姓像往常一样慵懒地做着美梦，全然不知灭顶之灾即将降临到自己头上。等到夜深人静万籁俱寂大伙儿都沉入甜蜜梦乡的时候，四万兵马安静而有条不紊地将整个营地围了个水泄不通。热血沸腾的士兵们摒住呼吸静静地等待着将领下达总攻的命令。

四周一片寂静，压得人快要透不过气来的寂静！

将领终于下达了进攻的命令，顷刻间火光冲天、兵荒马乱、喊杀声四起、痛哭哀号声不绝，士兵们如同闯入羊群的恶狼一般干起了烧杀抢掠的营生。无数个吓破了胆的蔑儿乞男人刚从被窝里跳起来连裤子都没来得及提便人头落地了。真是赤条条的你去了，正如你赤条条的来，翻一翻白眼，不带走一丝一缕；无数个刚刚还幸福地依偎在自己强健男人怀抱中安睡着的女人，此刻趴在血肉模糊的丈夫尸体旁哭哭啼啼、哆哆嗦嗦；无数个变成孤儿的儿童站在熊熊燃烧的蒙古包旁号啕大哭，鸡飞犬吠羊群骚动……俨然一幅人间地狱的景象。

铁木真顾不上掠夺人口、抢劫财物，领着随从在营地中纵马狂奔，一遍遍焦急地高呼着妻子的芳名。最后终于从一个土坑挖成的牢狱中将自己朝思暮想、受尽折磨的妻子救了出来。

玷污了孛儿帖的老男人赤勒格儿见大祸临头，趁乱钻进黑暗的峡谷中去了。铁木真派人去追捕他，始终没有任何结果。

插一句，蒙古秘史中记载说这哥们儿在仓惶开溜之际，对自己犯下的罪行悔恨不已，发了一通忏悔感慨，大意如下：

我是一只只配吃残皮腐肉的乌鸦，
如今却冒犯了圣洁的天鹅和仙鹤。
正因为我这面目丑陋卑鄙无耻下流的色狼，
触犯了尊贵的后妃，
才招致了整个蔑儿乞部的灭顶之灾。
满身疙瘩的癞蛤蟆却吃了天鹅肉，
我理应献出自己肮脏龌龊的脑袋。
我即使钻入腐臭阴暗的峡谷中，
又有谁能容下我这粪球般的贱命？

我觉得闯下大祸的赤勒格儿同志是不大可能做出如此深刻透彻的自我批评的。即便是真的有些后悔，也不至于将自己贬低到粪球这类下贱到不能再下贱的地步吧？我认为这段独白纯属秘史作者自己有感而发的艺术虚构。通过这段内心独白作者想要告诉我们以下几点信息：

1．赤勒格儿同志是一位卑鄙无耻下流龌龊的家伙；

2．蒙古秘史的作者很讨厌赤勒格儿同志，对他的强奸暴行深恶痛绝并不遗余力地指责痛斥；

3. 孛儿帖女士是一位圣洁不可亵渎的女性；

4. 假如有哪个不识趣的坏蛋亵渎了孛儿帖女士，那么铁木真先生会很生气，后果会很严重。

5. 大家一定要引以为戒，千万不要再犯类似的愚蠢错误，否则你这个坏蛋注定只有一条路可走：死路。不仅要走这条路，而且会遗臭万年，正如玷污了洁白如玉的小龙女的尹志平（虽然金大侠修正作品时说此君是冤枉的）先生一样。

铁木真的庶弟别勒古台打听到自己的母亲被迫在蔑儿乞首领之一合阿台处服妻役，便急忙赶去解救她。但还没等他从西门进入合阿台的营帐，他母亲已换了一件破破烂烂的旧羊皮衣，从东门出走了，对遇见她的人交代说："听说我的孩儿们已经成为首领了，我却在这儿被畜牲糟蹋了，没有脸面再见他们了。让他们不必来找我，自己好好保重吧！"说罢，头也不回，径自钻进森林中去了。别勒古台带人在大森林中找了大半天，却怎么也找不到母亲的踪影。失去母亲的悲痛和仇恨在他胸中激荡，一遇到蔑儿乞人，他便发疯般大喊大叫着："还我母亲来！还我母亲来！"这些人自然没有办法把他母亲还给他，于是便免不了在脖子上挨一两刀。至于脱黑脱阿大王逃跑时没顾上通知的那位合阿惕分族首领合阿台先生，非要霸王强上弓强奸人家意愿，害得人家别勒古台的母亲没脸见人，听到儿子来接自己回去的消息后，愣是臊得着急忙慌地钻进黑森林里去了，落了个下落不明的结局。这个坏蛋被五花大绑塞进木笼里面押回不儿罕山处死了。

接下来联军对蔑儿乞人进行了残忍的报复性屠杀和抢掠。敌人男子，杀死或当奴隶；长得美的大姑娘和小媳妇儿，抱回去当小老婆；长得不美的或上了年纪的女人，掠回去当仆人；毡房烧毁；牛羊猪狗、锅碗瓢盆等财物能运回去的统统运回去，不能运回去的一概砸烂销毁。然后士兵们左手一只鸡右手一只鸭身上还背着一个胖姑娘有说有笑地带着丰厚的战利品浩浩荡荡地收兵回营，王罕回老窝黑林去了，而铁木真与札木合兄弟二人舍不得分开干脆合营一处过起了日子。

不速之客

这次战役使得蔑儿乞部惨遭重创。此后蔑儿乞人虽然也有死灰复燃的时候，却再也没有扬眉吐气过。每当他们元气稍有恢复之际，就有人来劫掠一票。过了相当时候，铁木真和王罕联手来扫荡了一回。再过相当时候，尝到甜头的王罕瞒着铁木真自个儿又率部偷偷来扫荡了一回，抢了大量奴隶、美女、牲畜、财物、牧地等。

这场残酷的战役过后，数以万计的蔑儿乞儿童沦为无家可归的孤儿或者干脆同家长一同去了世界的彼岸。奇怪的是无论多么凶神恶煞的士兵遇到一位五岁的蔑儿乞男孩儿时，都不会举起手中的凶器去伤害他，绕着他打量一番，然后无一例外地离开了。那么究竟是什么魔力使得这个小家伙幸免于难呢？其实原因很简单，使他于千军万马中免遭伤害的护身符就是他身上所穿戴着的服饰。这个幸运的小家伙名叫曲出，头戴一顶貂皮帽，足踏一双鹿蹄皮靴，披一件鞣鹿羔皮接貂皮衣。即便是再蛮干凶悍的人也有他们必须要遵从的习俗和规矩。依照草原上的规矩应视这种穿着打扮的儿童像自己的家人一样。诸位看官，看来穿衣打扮很重要，马虎不得啊！那么为什么草原人不都把自己家的宝贝疙瘩打扮成这种模样呢？毕竟草原各部族整天打打杀杀的从来都没消停过，替下一代包装上这么个护身符岂非比买份儿保险还安全划算吗？原因很简单，想搞这么一套行头实在是不容易哪！大家再仔细打量打量这孩子满身的高档服装，就不难发现这位小朋友是一个贵族骄子。唉，像我一样的穷苦大众们，为了下一代的幸福，努力奋斗吧！

铁木真将这个炯炯有神、活泼可爱的小不点儿带回家中，送给了诃额仑母亲。诃额仑很是喜爱，将他收为养子，这就是后来蒙古著名的将领，四养子之一——曲出。强调一句，四养子是诃额仑收养的儿子，与铁木真兄弟们是同辈，而非铁木真的四个干儿子。（别拿臭鸡蛋砸我啊！真的不是我多嘴，真有人搞不清楚这种关系……哎呦！谁的臭鞋巴子？我不多嘴了，还……）

铁木真在这次战役中受益丰厚，他从原来的几十人发展壮大到了万数来人，许多失散的蒙古部众也纷纷前来投奔。当然了，别忘了这次战役的初衷，他夺回了娇妻，严惩了仇敌，洗刷了耻辱，树立了威望。

俗话说“久别胜新婚”，小夫妻俩该好好彻夜诉衷情了！可是此时的铁木真却怎么也提不起兴趣来，孛儿帖的肚子大得像一面鼓。就在回师的路上，她生下了一个男婴，起名术赤，意即不速之客。

长生天给铁木真出了一道难题，这道难题整整困扰了他一辈子。术赤究竟是不是铁木真的种？学术界有两种（似乎也不大可能出现第三种看法）针锋相对的看法：一种认为孛儿帖在蔑儿乞部待了不足九个月，术赤无疑是铁木真的亲生儿子；另一种认为孛儿帖在蔑儿乞部住了好几年，术赤无疑是蔑儿乞血统。但是由于《蒙古秘史》和《史集》等书均未记载孛儿帖被夺与被夺回的确切时间，因此这个问题成了历史迷案。

根据铁木真给术赤起的古怪名字和他一直以来对术赤的态度，我个人猜测（请注意这个词）：别说近千年之后的史学家搞不清楚术赤是不是铁木真的血脉，恐怕就连铁木真自己都搞不清楚术赤是不是自己的亲骨肉，或者说得更透彻点儿，从术赤呱呱坠地的那一刻起世界上就没有人明确知道他是谁的种。

原因很简单，这个倒霉孩子早不出生晚不出生偏偏赶在孛儿帖被抢去九个多月至十个月的当口问世。他既有可能是铁木真播下的种子在孛儿帖肚子中长期努力的成果，也有可能是赤勒格儿播下的种子由于孛儿帖受到惊吓或者过度奔波而早产的成果。总而言之，这个小家伙来的很不是时候，是个彻头彻尾的不速之客。他恰好不偏不倚地骑在是与非的分水岭上。是，他就是可爱的小天使，最亲爱的小宝贝；非，他就是可恶的恶魔，最痛恨的仇敌。

我应该好好疼爱他、宠幸他，给他世界上最好的一切，可万一他要是那个肮脏龌龊的人渣的骨肉的话……我应该不遗余力地欺负他、百般刁难他，让他过暗无天日的凄惨日子，可万一他要是我的亲生骨肉的话……我想这个问题在大汗的脑袋中左右摇摆了整整一辈子，至死他都未能找到答案。（唉，当时要有DNA 亲子鉴定技术的话……）

从术赤呱呱坠地的那一刻起，就注定了他将用自己的一生来演绎一场悲剧。

同钻一个被窝的安答

札木合帮铁木真抢回了媳妇儿、收聚了失散的部众，二人的关系进入了“蜜月期”。铁木真舍不得与他分开，干脆放弃了桑沽儿小河边的旧营，一起到斡难河流域的豁儿豁纳黑川放羊。

为了庆祝对蔑儿乞人战争的胜利，铁木真同札木合在忽勒答儿山崖前的松林中举行了一次丰盛的PARTY，兄弟二人彼此越看越顺眼，关系好得不知该咋办了，干脆乘兴点香磕头拜了第三次把子。一直喝到夜阑更深，弟兄俩同被抵足而眠。在此后的一年半岁月里，二人形影不离，经常喝酒聊天聊到后半夜便钻到一个被窝中呼呼大睡了。估计被这俩死鬼冷落、经常独守空闺的二位夫人对此很有些意见。

插一句，众所周知铁木真同札木合称兄道弟互为安答。铁木真他爹也速该同王罕称兄道弟互为安答，铁木真管王罕叫干爹。那么请问，札木合应该管铁木真的干爹王罕叫什么呢?有人说了，你傻呀，大脑短路吧?简直是侮辱我的智商，这么简单的推理都不会哪?白痴都知道札木合也管王罕叫干爹呗!那么这个答案正确吗?

札木合看到王罕来了，老远便迎上去热情地打招呼:“哎呀，老哥，是什么风把您给吹来了?”

王罕一边挥舞着手一边亲热地说:“我的好安答，好久不见，老哥哥可想死你了!”

显而易见，札木合同王罕称兄道弟互为安答。看来还是实践出真知哪!(哎呦!哪个没良心的又拿臭鸡蛋丢我!)

哥俩儿整天形影不离，亲密无间得连二人的老婆都起嫉妒心了。但是一山不容二虎，铁木真胸怀宏志，非池中物，不可能就这样一直过寄人篱下的日子。终于有一天札木合随口说了一句“依山牧马，临河放羊”的话，结果导致铁木真连夜带领部众悄悄地离开了好安答。为什么札木合随口说的一句话，就导致铁木真连夜率部离去呢?

1183年，铁木真21岁。大草原上，春草萌发，万物复苏。人们收起帐蓬，装上牛车，准备移营。铁木真与札木合紧挨着坐在同一辆车上。二人回首望去，但见后边移营的队伍浩浩荡荡。车队的后边跟着马群、牛群、羊群、驼群。

近看，车帐新旧不等，百姓身上穿的衣服也是新旧悬殊。细看，坐在豪华马车上穿着崭新衣服的百姓绝大多数都是札木合的属民，而那些赶着破车衣衫褴褛的百姓尽是铁木真的属民。显然札木合的部众要比铁木真的富裕得多，人家都奔小康了咱还在为解决温饱问题而发愁呢。

札木合眯起眼睛想了想，然后笑着说:“好安答，咱们一同设营放牧已经一年半了吧?”

铁木真点了点头，说道:“多亏安答照应，又有许多我原来的部众和奴隶纷纷回来，而且不少其他部落和氏族的百姓奴隶也相继来投奔我。安答，蒙古在你我手里振兴有望了!”

札木合哈哈一笑说:“我可是正为眼前的事发愁呢!这次移营，如果傍山设营，牧马者和马群可以在蒙古包附近活动，当然方便多了。如果临涧傍水设营，牧羊者和羊群便利。好安答你说说，咱们究竟在什么地方设营好呢?”

这个问题看似简单其实里面大有玄机，相当难回答。铁木真偏偏不往好安答准备好的套子里钻，将这个难题像踢皮球似的回传给札木合，只是淡淡地笑了笑，说："安答既然说了，一定是早有主张了？你就说吧！"

札木合大笑："不，我就是没有两全齐美的办法，才问安答的嘛。安答是高贵的黄金家族后裔，又是草原众望所归的射雕英雄。还是你拿主意吧！"他又把这个烫手山芋传回铁木真手里。

铁木真听出了札木合语气中的忌妒和挖苦之意，"嗯"了一声就再也不吭气了。真是聪明人哪！在没有考虑好怎样做出妥当的回答之前，宁可闭上嘴巴什么也不说。装傻卖乖缄口慎言总比说错话被人抓住把柄要强得多，毕竟祸从口出嘛！

札木合见刚才还口若悬河的好安答突然间变哑巴了，又耐下心来连问了好几遍，不巧的是紧挨自己坐着的那哥们儿间歇性听力失聪发作了，愣是充耳不闻，札木合觉得很是尴尬，脸上挂不住了赶紧自己给自己找了个台阶下，打圆场说："啊，快到晌午了，大伙儿先打尖休息吧。"

午间休息的时候，铁木真趁机溜回去找母亲商量对策去了。

同床异梦

铁木真走到母亲的马车前，还没等开口，母亲便关切地问："铁木真，你好像有什么心事？"（世界上真正关心你在意你的那个人永远是你的母亲）

"母亲，刚刚札木合说这次移营方向未定，让我拿主意。"

"哦？他说了些什么？"

"他说如果挨着山下扎营，有利于放马。挨着水边扎营，有利于放羊。问我怎么办好……"

"你是怎么回答的？"

铁木真答道："我拿不准他说这些话的意思，所以来问问母亲。"

"是这样？"诃额仑皱紧眉头陷入沉思。

在旁边逗小术赤牙牙学语的孛儿帖说："他们札答兰部牛马成群富得流油；咱们部众却穷困得多，许多人只有羊群。札木合的话意思很明显，羊马不能同牧，贫富不能合群，分明是在嫌弃我们。"

诃额仑点了点头，说："孛儿帖说得不无道理，不过，札木合不愿意再同我们一起放牧似乎还有更深的原因。"

小俩口抱着儿子赞同地点着头。

诃额仑继续说道："他的祖先是孛端察儿始祖抢来的孕妇所生，是异族人的遗腹子。作为异族血统的后裔，尽管札木合有卓越的才能，但是按咱们蒙古人的古训，他是没有资格当选蒙古部可汗的。而你却是名副其实的黄金家族的后代，将有资格成为汗位的合法继承人。”看来在这些方面古今相通，有本事不如有一个好出身哪！

孛儿帖对婆婆的话深表赞同：“啊，对对！前年秋天祭典俺巴孩汗时，答里台叔叔说过，当时札木合对咱家铁木真主祭就颇有不快之意。”

诃额仑感慨道：“是啊，二雄不能并立，札木合今天这话的意思就是想要同我们分道扬镳啊。”

于是三人一边收拾行李准备连夜开溜，一边唱着歌。

妈妈
哎！
刚刚札木合说想要移营
为啥？
他说靠山扎营利于放马
你说对啦！
他说临河扎营便于放羊
也没错呀！
同札木合一起就是吉祥的一家！
老婆
哎！
人家札答兰部富得流油
人家马多！
咱们却穷得只有些羊群
没法比呀！
羊马不同牧贫富不合群
这我也知道！
札木合他分明就是在嫌弃咱们！
老公
哎！
寄人篱下的日子苦吗？
没法过啦！

干脆连夜卷铺盖溜吧？

就这么定了！

我们三个就是吉祥如意的一家！

俗话说成功男人的背后往往有一个女人在默默支持。善于听取女人意见的男人，往往是成功的男人。铁木真听了最亲近的两个女人的话，连夜带领部众悄悄地离开了好安答。

翌日札木合一觉睡醒，派人去请好安答来共饮早茶，下人慌慌张张地来报，您的好安答趁昨夜月黑风高之际携家带口卷铺盖不辞而别了。札木合懂得天要下雨、小姑娘迫不及待要嫁人，不阻拦白不阻拦、阻拦了也白阻拦的硬道理，干脆随他去吧！

铁木真牺牲了部众夜晚休息的时间，点着火把连夜赶路争取躲得札木合远远的。他的属民确实挺辛苦，大晚上还得加班加点赶夜路搬家，被折腾得够呛。不过那天晚上还有比他们更能折腾的百姓——泰赤乌人。按说铁木真让自己的部众加夜班，跟泰赤乌百姓风马牛不相干，怎么就能把他们搞得也加班忙乱了一夜呢？

话说铁木真的夜间搬家大队在偷偷离开札木合之后很快进入了泰赤乌部的驻地。由于泰赤乌部的首领肥仔塔里忽台曾经差一点儿就拿小真真的脑袋祭了天，听说铁木真深更半夜率部浩浩荡荡地朝自己领地开来以为是要袭击他。吓得大惊失色赶忙召集部众开会商议对策，大伙一合计，一致认为：咱惹不起还躲不起吗？干脆捡值钱的东西收拾收拾，连夜拔营逃跑了。他们化整为零同铁木真的搬家大队交错而行，向着与他相反的方向，陆续投靠到了札木合的怀抱中。

听说首领肥哥得罪的那个小毛孩儿已经长成草原上的英雄了，此时正带着两万多人气势汹汹地从忽勒答合儿山那边杀过来。泰赤乌百姓一边在心里骂娘一边着急忙慌地带上贵重财物开始搬家逃跑。有一家穷苦百姓却没有一丝慌乱，镇定自若地收拾着行囊。这家人就是曾经冒着生命危险救过小真真的锁儿罕失剌一家。坐在勒勒车拉的羊毛上的合答安，摸抚着车上的羊毛，眼睛里滚动着泪珠。她多想看一眼那个同自己依偎在羊毛堆里的少年啊？朝思暮想的初恋情人来了，而她却要走了。

铁木真率数十骑快马冲进泰赤乌人的营地。这儿已经空空如也，只有一堆堆牛粪的余烬。（若是泰赤乌人成立个搬家公司恐怕同行就得饿死）者勒蔑那可儿调侃道:“咱们首领的那个胖叔叔马骑得可真不赖，瞧他跑得多快，咱们连他坐骑踏起的尘土都没看见。”众人哈哈大笑。

铁木真却没有笑，他一个人循着心中那亲切的桐马乳声，催马朝合答安的住处跑去。大家不知所以地看着他。

铁木真的眼前恍惚又看到了当年合答安的蒙古包。

闪回:

夕阳西下，羊毛堆中冒出个小脑袋来。“哎呀，闷死我了!”合答安用力拱开了羊毛，坐起来喘息，健美的小胸脯激烈地起伏着，“小主人，我该回包里给你弄吃的了。”

铁木真深情凝注着与自己耳鬓厮磨依偎了好几个时辰的纯洁少女，心中涌起一阵莫名的冲动，极其疯狂地一把抱住她。

她的小心肝“扑通扑通”跳得飞快:“小主人?!你要干什……唔……”铁木真抱得更紧了，用唇压住她的樱唇。

羊毛堆中像是有两只好斗的公羊在顶架，搅得羊毛翻云覆雨般晃动不休。

良久，再度风平浪静。情窦初开的合答安眼睛中噙着晶莹的泪水，柔情满怀地问:“小主人，你不会忘了我吧?”

“我怎么会呢?难道我能忘了这次磨难吗?那么我就忘不了患难之中把温情和熨贴给了我的合答安。他年我若为青帝，报与桃花一处开!”可是如今却人面不知何处去，桃花依旧笑春风。

“可你已经订过婚了。”(女孩子是很在意的)

“嗯，是弘吉剌部的孛儿帖。”

“她好吗?”(务请想好之后认真作答，否则你会伤害情窦初开的女孩子那颗多愁善感的心)

“好!和你一样的好。”

“不，她是高贵的弘吉拉人，我是个泰赤乌的奴隶。”

“合答安!”

“我只有一个心愿。”一双天真纯净的明眸痴痴地盯着他。

“你说吧，无论什么我都答应你!”

“将来你真有了出头之日，让我做一个奴婢，侍候你一辈子吧!”

“合答安，我的好人!我一定要娶你!”

两个人紧紧拥抱在一起……

现在我又站在与你相识相知的地方了，可是却不见了你那娇俏玲珑的身影，我日思夜想的人儿，此时此刻你在哪儿啊？

一股莫名的惆怅冲走了他占领仇人营地的喜悦。

者勒蔑走过来，关切地问："首领，你没事吧？"

铁木真从回忆中回过神来，下令说："者勒蔑，去让我们的人过来吧。今天就在这儿宿营。我的大帐就设在这里。"

一泡屎的工夫

这天夜里，一个叫阔阔出的泰赤乌小男孩，在大伙儿忙着搬家逃亡的混乱档口上，突然觉得肚子疼，没来得及给家里人打声招呼，捂着肚子一溜烟跑到一条沟里，在一棵大树下痛痛快快地释放了大量的内存。狗旦儿家新下的狗狗真可爱，狗旦儿那个小气鬼连摸都舍不得让我摸一下。嘻嘻，不过今儿个早晨趁他不注意我还偷偷抱来着，还拽了一下它那毛茸茸的小尾巴……今儿个秀兰姐把我拉到没人的地方硬是塞给我一块奶酪，说是只要不把中午看到的事儿告给她妈，明儿个还给我更好的奶酪吃，要是敢说出去，她就和志刚哥一起把我打个半死然后丢出去喂野狼。

阔阔出顿觉腹内松快舒服多了，提起裤子，从地沟里爬出来，回营地一看傻眼儿了，刚才还兵荒马乱闹哄哄的营地已然空无一人（泰赤乌人出神入化的搬家速度可不是吹出来的！），当即嘴一瘪，号啕大哭起来。

这一哭不要紧，招来一队人马。一位虎背熊腰的大汉喊了一声："哎！小弟弟，你是谁？"

小朋友怔了一下，手一松，裤子掉了。

大伙儿哈哈大笑起来。

那孩子一伸手提起裤子："你们笑什么？你们没有屁股么？！"

大家怔了一下，比前一次笑得更响了，那孩子也破涕而笑了。

为首的一位英姿勃勃的青年将领下马，拉过他语气温和地问："小朋友，你叫什么名字呀？"

"我叫阔阔出。你叫什么呀？"

"我叫铁木真。"

阔阔出："噢，我知道你？你就是那个让我们胖首领怕得浑身哆嗦的家伙！"

"哦？那你看我可怕吗？"

阔阔出打量了他片刻，摇摇头："不，我看你一点儿也不可怕。"

铁木真笑了笑问："你的爸爸妈妈呢？"

阔阔出瘪着嘴带着哭腔说："不知道，我到沟里拉屎的工夫，他们都跑了。"

别勒古台高声笑道："泰赤乌人被我们吓坏了！逃得比兔子还快！哈哈哈……"

众人大笑。阔阔出却哇地一声又哭了起来。

哈撒儿看了看一边扯着嗓子号哭一边用衣袖抹着眼泪的小家伙："咱们该怎么处置这个泰赤乌小崽子呢？"

者勒蔑故意把脸一板瞪大眼睛恶狠狠地吓唬说："一刀砍了算了！"

阔阔出吓得直哭，害怕地偷瞄着凶神恶煞的者勒蔑，小声喃喃道："你坏！不是好人！"

众人又开心地大笑起来。

铁木真止住笑说："我看把他送给母亲，同曲出一起做养子吧。"

就这样阔阔出成了诃额仑的第二个养子，后来成为可汗麾下的一位著名将领。

深夜，铁木真躺在孛儿帖身边，可合答安的倩影却在他的脑海中徘徊不休怎么也挥之不去。他清楚地记着那个情窦初开少女的一笑一颦，可现在她会是什么样子的呢？嫁人了吗？她还记得我吗？……孛儿帖伸出臂膀紧紧搂住丈夫，娇哼道："好哥哥，抱抱我！"铁木真毫无回应，木木地闭上了眼睛。这细微的变化是躲不过女人敏锐的直觉的，孛儿帖抽回自己的手臂，大睁着眼睛从包顶的天窗看着天上的星星，眼角里一大滴泪水流了出来。自己究竟做错了什么？呃，最近她又听到部落里有些关于她被蔑儿乞人强暴的流言蜚语，难道……

I HAVE A DREAM

翌日清晨，铁木真在策马奔驰。他似乎要把满腔积虑全都跑掉。

博尔术骑马跑来，对站在远处看着铁木真的那可儿问："哎，者勒蔑，咱们头儿这是怎么了？"

者勒蔑笑了："说不好，猜不透。谁知道他哪根筋儿抽住了，忽然犯了什么病。"

者勒蔑调侃道："哎，博尔术，你是不是带来了什么好药了？"

博尔术点了点头:“阿勒坛和豁儿赤离开札木合，投奔我们来了!”

者勒蔑大喜:“行!这是一副好药!”说着上马朝铁木真奔去。

铁木真听了这个消息果然喜出望外，立即召见二人。

阿勒坛伯父是也速该的族兄，前来投奔理所当然。可豁儿赤来投奔就有些让人匪夷所思了。豁儿赤是札木合非常器重的同族兄弟，在那边混得不错有权有势日子过得挺滋润，他为何要抛弃札木合投奔铁木真呢?

插一句，豁儿赤同札木合的祖先虽然都是抢来的孕妇（这位可怜的女人名叫阿当罕）生的，却也颇有不同之处。札木合的祖先是遗腹子，是外族血统（“野种”），后来形成札答兰氏;而豁儿赤的祖先虽然是阿当罕生的，却无疑是孛端察儿的种，后来形成巴阿林氏。

豁儿赤是一位极具政治前瞻性的聪明人。具有敏锐政治嗅觉的他认定铁木真将来必能成就一番大业，依据“跟在老虎后面吃肉，跟在狗后面吃屎”的择主原则，毅然抛弃札木合前来投奔。

面试时，主考官铁木真开门见山地问道:“你是札木合的近亲，颇受器重，俸禄又高，干吗要从一个实力强大的大公司跳槽到我们这个刚刚起步的小公司来呢?”

豁儿赤没有作正面回答，而是绘声绘色地讲叙了自己昨晚所做的一个具有神话色彩童话风格预言性质的梦。

他不紧不慢地开口讲道:“I have a dream!昨晚天神（神话色彩）托梦给我:一头草黄色的母牛，绕着札木合转，转来转去，转来转去，一头撞翻了札木合的房车，又一头撞向札木合。经过一阵猛撞，母牛折断了一只角，于是大怒冲着札木合一边扬土一边口吐人言（童话风格):‘还我角来，还我角来!’另有一头黄牛载着一辆无比豪华气派的大帐车，乖乖地跟在铁木真身后，沿着一条平坦的光明大道边跑边吼:‘天地相商立铁木真为国主令我前来传言!’(预言性质)”

通常人们面试时都会夸夸其谈原来的公司看似强大实际上老板刚愎自用前途不乐观，贵公司虽然初建却潜力巨大前途一片光明，深信有德才兼备的我的加盟贵公司明天更加美好。面试时哪有给主考官讲昨晚做的梦的。大家被他这个具有神话色彩童话风格预言性质的梦迷倒了。

有人一脸鄙夷地质疑道:“喊，瞎编个故事骗小孩儿呢吧?这么幼稚可笑的梦话，怎么就能把众英雄好汉都给迷倒了呢？”

我个人认为原因如下:第一，当时蒙古人虔诚地信奉萨满教，对所谓神的启示多数人都深信不疑。当时社会就兴这个，人们就好这口，没办法啊！第二，说这话的人身份特殊。请大家注意这番梦话并不是随便一个什么人都有资格说的，神的启示岂能胡乱找个人来传达？豁儿赤是当时公认的萨满，用今天的话来说就是通过权威机构认证具有合法从业资格的巫师。所以让他来说这番话，靠谱！第三，真哥爱听，说到人家心坎儿里去了；第四，众将领喜欢听，搔到大伙儿痒处了。依据“跟在老虎后面吃肉，跟在狗后面吃屎”的择主原则，他好我也好。真哥当上了国主，咱不也跟着沾光吗？咱混个开国元勋玩儿玩儿，那多风光哪！别说当个国主了，就是当玉皇大帝咱也力挺！第五，革命发展需要。铁木真用了不到两年的时间，就从一个一穷二白的小后生发展壮大到了拥有二万多部众的大腕儿级首领。如此迅猛的发展势头，使他的野心迅速膨胀（当然了他的力量也在迅速壮大），革命发展形势需要建国称汗。第六，舆论宣传的需要。铁木真希望利用神权给自己的霸业披上一层神秘色彩，增加一点“人世间以外”的助力，在广大部民中渲染一种君权神授的舆论氛围。

众人异常兴奋，豁儿赤问铁木真：“上天和神灵向我泄露了天机，让我亲眼目睹了这一情景，派我来向你通报。你将来做了国主，如何回报我这个传达喜讯的神的使者呢？”

铁木真对这人的聪明才智很是欣赏，笑了笑说：“如果真的托你吉言，我当上了国主，就封你做个万户！”反正只是开一张空头支票而已，不妨大方一点儿。

者勒蔑不改其嘻嘻哈哈的秉性，故作惊讶地说道：“啧啧啧，万户？！天哪，相当于汉人的万户候！”

豁儿赤却认真地说：“除了让我当万户之外，还请您允许我在国中自取三十个美女做妻子。”

“三十个妻子？”者勒蔑张大嘴巴，“你是圈群里的儿马子吗？”

插一句，儿马子即以配种为神圣天职的公马，此处讽刺豁儿赤好色过甚直似种马。为了使大家有一个更形象直观的认识，现摘选姜戎先生所著经典奇书《狼图腾》中的一段：“儿马子全都换完了新毛，油光闪闪，比蒙袍的缎面还要光滑。儿马子的身子一动，缎皮下条条强健的肌肉，宛如肉滚滚的大鲤鱼在游动。儿马子最与众马不同的，是它们那雄狮般的长鬃，遮住眼睛，遮住整段脖子，遮住前胸前腿。脖子与肩膀相连处的鬃发最长，鬃长过膝，及蹄，甚至拖地。它们低头吃草的时候，长鬃倾泄，遮住半身，像披头散发又无头无脸的妖怪。它们昂头奔跑时，整个长脖的马鬃迎风飞扬，像一面草原精锐骑兵军团的厚重军旗，具有使敌人望旗胆战的威慑力。儿马子性格凶猛暴躁，是草原上无人敢驯，无人敢套，无人敢骑的烈马。儿马子在草原的功能有二：交配繁殖和保护马群家族。它具有极强的家族责任心，敢于承担风险，因而也更凶狠顽强。如果说牛是配完种就走的二流子，那么，儿马子就是蒙古草原上真正的伟丈夫。”

众人哈哈大笑，铁木真开玩笑说：“娶三十个媳妇儿不算多，汉人的皇帝三宫六院七十二嫔妃嘛，哈哈……”

豁儿赤不理睬众人嬉笑，却戏言当真严肃庄重地跪下叩头，一本正经地拜道：“谢首领恩典！”

大家都怔住了，豁儿赤补充道：“有诸位首领在场做证，国主是一言九鼎的，豁儿赤愧领了！”

铁木真语塞，众人也面面相觑。没想到这小子戏言当真，谈笑间三十个美女进账入编。

众望所归

也速该曾是蒙古部实质上的首领，在百姓中很有声望和号召力。由于铁木真根红苗正出身好、能力强、重视人才、个人魅力大、事业如日中天、前途一片光明，许多人才争先恐后前来投奔。这些人才来自二十七个氏族和部落，除少数人属于铁木真的近亲蒙古·孛儿只斤·乞颜氏之外，其他人有的属于蒙古部其他氏族，有的属于蒙古部之外的其他部落。其中比较著名的有者勒蔑的弟弟速不台，巴鲁剌思氏的忽必来，泰赤乌氏的赤勒古台、塔乞兄弟，札木合的族人豁儿赤和阔阔出思等也率部投奔。一些有名望的乞颜氏贵族也率众来归。比如合不勒汗的长支后裔主儿乞氏的撒察别乞、泰出，忽图剌汗之子拙赤罕和阿勒坛，也速该的哥哥捏坤太石之子忽察儿，也速该的弟弟答里台等。这些人在拥立铁木真称汗以及后来的南征北战中发挥了巨大作用，在成吉思汗的八十八功臣中占去了二十多个名额，约四分之一强。草原上各氏族各部落的人才像狮子座流星雨般大规模纷纷飞入铁木真的麾下。这是蒙古史上一次大规模的人才流动，为铁木真今后的丰功伟业奠定了坚实的人才基础。

铁木真团结各部首领，率领属民百姓，从斡难河中游的札木合营地迁回到了昔日的驻地——怯绿连河上游的桑沽儿小河边，在合剌主鲁格小山下的阔阔纳浯儿扎营驻牧。

安定下来后，豁儿赤献策一条：铁木真应当急流勇进就任乞颜部的可汗了。

咱先回顾一下当时的社会形势。蒙古部自忽图剌汗以后，可汗这一众人觊觎的荣誉称号已经空置几十载（莫敢居）。想当年也速该征南伐北叱咤风云，实际上享受的就是可汗级别的待遇，即便如此这位行事张扬的首领亦未敢公然称汗。也速该死后，蒙古部各氏族的小头目们虽然各自拥有一圈子百姓，但已成不了气候，大伙儿都是半斤八两谁也不服谁，实在是矬子里面拔不出个将军来。诸部离析，各自为长，国势不振者数十载。蒙古部一盘散沙，别的部族就趁机来欺负压迫他们的百姓，烧杀淫掠为所欲为。哪里有压迫哪里就有反抗，蒙古人非常渴望出现一位杰出的英雄带领大家对付一切压迫他们的敌人，摆脱欺凌重振国威。

豁儿赤的提议代表了大多数将领的意愿，一呼百应，众人纷纷劝谏铁木真称汗。

铁木真叹息着说：“我何尝不想称汗？我何尝不知道蒙古部只有号令一致，才能振兴祖业？可是，我还年轻，我的羽翼还不太丰满，如果要在部落里立一个汗位，就需要各家族首领们的全体会议商讨。由大家共同推举才能确定。你们想一想，现在完全有把握让大家推举我吗？”

这段大实话说得很直爽、很坦白。

咱们再来看看中原地区的诸公面对群臣劝进的情形时是怎样的反应。

依照中国古代的惯例，某实力派政治新秀想要申请“公爵、诸王、皇帝”等荣誉称号时，是需要走以下既定的操作程序的。

当这位仁兄实力足够雄厚并且内心深处非常渴望取得相应的荣誉称号时（往往达到思之甚切食无甘味辗转反侧夜不能寐的地步），实在憋不住了，他就会找几位擅长研究心理学的宠信来聊聊天谈谈心。聊天主题多是天气不错、别来无恙、爱卿最近表现不错等空泛客套的内容，当然了在看似不经意之间必然会随便侃一两句关于荣誉称号的话题，经过一番耐心的长谈之后，他会满怀关切地拍拍爱卿的肩膀说几句栋梁之材、社稷之臣等鼓励的话。

果然不出几天，心领神会的宠臣不负领导的厚望，执意要上书劝进，情真词切的劝进书洋洋洒洒数万言，列举出几十条充足的理由，只为证明一条真理：领导太不对了！太伤全天下百姓的心了！全国人民一致强烈要求领导接受荣誉称号，领导要是继续一意孤行不肯接受这一称号的话，怎么能对得起苍生黎民？

此时领导应该做的是忙不迭地摇头摆手断然回绝并严厉批评上劝进书的大臣。

本以为此事就此作罢了。孰料挨了训的大臣王八吃了秤砣——铁了心了，隔三差五接二连三地上书，声称为天下苍生故以死相谏非要领导接受荣誉称号不可，要不然誓不罢休。朝中群臣也突然间明白了“防民之口胜于防川”的道理，宛如雨后春笋般纷纷进谏上书强烈要求领导慎重考虑百姓的心声，不可逆民心而为。民意的洪流岂能违抗，你就乖乖地接受吧！

没想到领导异常倔强，死活不肯顺应民心。并作深刻的自我批评，声称自己道德水平不够高、个人能力也相当有限、政治觉悟还差得很远、管理水平尚待大幅提高……一言蔽之，自己一无是处自惭形秽，远远配不上那个高不可攀的荣誉称号。

就这样领导同大臣之间像耍太极似的将“烫手的山芋”（荣誉称号）推来推去。

最后大臣们终于失去了耐心，兔子急了还咬人哩，是不是？他们拿出玩命的架势来，给领导下了最后通牒：你必须立即接受荣誉称号！再敢伤天下黎民的心，我们就死给你看！

唉，当大领导真是不容易哪！高处不胜寒啊！既然如此，我就只好顺从天意民心，勉为其难一肚子委屈地接受这个荣誉称号吧！

于是除了领导受了委屈之外，普天之下皆大欢喜。

心里想要得要命，却还得装模作样地假意推辞、谦让，拒绝过好几次之后，才装出一副“我不入地狱谁入地狱”愁眉苦脸的样子，勉为其难一肚子委屈地称王称帝。此类政治作秀虚伪做作到令人反胃的地步，但中国人偏偏就吃这一套。倘若无此虚伪，则会被视为恬不知耻，要遭到社会舆论的批判指责、谩骂唾弃。

相形之下，我个人认为，铁木真的率真与坦诚着实可爱。一个有血肉有欲望率性而为的性情中人比那些虚伪狡诈的伪君子更令我着迷。

称汗前拉选票

咱们来分析一下，有资格继承汗位的其他四位候选人。他们分别是铁木真的亲四叔答里台，铁木真亲二大爷捏坤太石的儿子忽察儿（铁木真的族兄），忽图剌汗的儿子阿勒坛（铁木真的大爷），合不勒可汗长支后裔主儿乞首领撒察别乞（铁木真的兄长）。这四位仁兄都希望自己能侥幸当大汗，可惜他们也清楚自己没有什么值得称道的功绩，除了老婆孩子近身侍从之外没有什么人气。

铁木真将突破口选在答里台和忽察儿身上。这二位是与自己有血缘关系的近亲，而且在感情上亏欠过自己（也速该死后答里台同捏坤太石曾抛弃过小真真母子）理亏有愧疚心理。于是诃额仑亲自出马苦口婆心细致认真地做二人的思想政治工作，二人逐渐认识到没有实力同铁木真争夺汗位，与其让汗位旁落外人之手，倒不如力挺铁木真。阿勒坛系蒙古乞颜部的人，是可以争取的中间力量。至于主儿乞首领撒察别乞到时候也只能是孤掌难鸣，少数服从多数了。

1184 年春，铁木真 22 岁。经过一段时间拉选票等竞选操作活动，大会五个常委我方占了三个，胜券在握，于是铁木真召集各部首领在金顶大帐中召开了库里台大会。

铁木真居中而坐，乞颜部贵族和其他各部首领分列两厢就座。

博尔术首先提议道："咱们蒙古乞颜部，自伟大的忽图剌汗去世之后，可汗称号已经闲置三十余年了。一窝蜜蜂还有个蜂王，雁阵还有个头雁呢，我们几万人的部落怎么能没有一个可汗呢？今天召集各部首领开大会，就是希望诸位以重振蒙古大业为重，同择共主，推举可汗！"

人们的目光齐刷刷地投向铁木真。

答里台积极响应道："自先祖海都复业以来，历代可汗都是在亲中选贤。如今草原群雄并立，征战不休，咱们蒙古部分崩离析导致软弱无力，缺少的正是一位智勇双全、众望所归的共主。我们盼星星盼月亮终于盼到了，他就是黄金家族的直系后裔，也速该勇士的嫡亲长子——铁木真！乞颜部的可汗非他莫属！"

哈撒儿、博尔术等激动地振臂高呼："愿拥戴铁木真为汗！"

阿勒坛闷闷不乐低头不语。撒察别乞怒气冲冲地瞪着那些人。

铁木真站起来推辞道："不敢当！不敢当！答里台是我的四叔，阿勒坛伯父是忽图剌可汗之后，忽察儿大哥是我二伯的长子，撒察别乞哥哥也是合不勒可汗长支后裔。他们都是我尊敬的长辈，我还太年轻，恐难服众，实在是不堪当此重任啊！"

答里台欲言又止，忽察儿抢先说："看来，铁木真对我们心存顾忌，我们愿对长生天发誓！”

答里台立即站起来响应说：“我也愿意向长生天发誓，阿勒坛，你呢？”

大家的目光利箭一般齐刷刷地射向阿勒坛。阿勒坛迟疑片刻，不情愿地站起身来，嘟囔道：“我也不反对发誓拥护铁木真称汗。”

忽察儿猛地用力拉起撒察别乞，硬生生地说：“你发什么愣？还不快来一起发誓！”窝了一肚子火的撒察别乞想要发怒，却见无数双饿狼般的眼睛虎视眈眈地盯着自己，只得强忍怒气，走上前来。

四个人站成一排向外跪倒，由忽察儿庄重肃穆地领着宣誓道：“我等愿奉铁木真为汗！”（很明显早就准备好了誓词）

答里台等人随之宣誓道：“我等愿奉铁木真为汗！”

忽察儿领着宣誓道：“战场上愿为铁木真前驱！”

答里台等学着宣誓道：“战场上愿为铁木真前驱！”

冲锋陷阵不惜生命
掳来美女夺其宫帐
献给可汗铁木真您！
袭击征服外族百姓
掳来艳妇抢其骏马
献给可汗铁木真您！
在猎杀狡兽的时候
将其追来供您射杀！
在捕杀野熊的时候
将其赶来供您猎杀！
在围猎野鹿的时候
誓要为您
追得它精疲力竭！
誓要为您
逼得它气绝身亡！
在沙场激战时
如违您铁般号令
请灭我家门九族
将我那黑头抛于荒郊野外！

在太平之日时　如违您任何派遣
请掳我妻女属民
使我们流亡他乡无家归！”

（初阅时，没品出味儿来。复读时，顿感汗颜。坦率地讲（可能会得罪很多人，就事论事，绝无恶意，提前致歉，望谅！），我觉得这段毫无粉饰的直白誓言与其说是拥立大汗的誓词倒不如说是强盗自白更贴切些。对敌人残忍绝情：拆毁人家的房子骑回人家的骏马还要掳走人家的美女艳妇，未免太不人道；对部下冷酷无情：胆敢不听命令的，砍掉头颅扔入荒野，满门抄斩夷灭九族，未免太过残酷……）

忽察儿慷慨激昂地说：“长生天在上，立誓人忽察儿！”

答里台情绪激动地说：“立誓人答里台！”

阿勒坛不情愿地嘟囔道：“立誓人阿勒坛！”

憋着一肚子窝囊气的撒察别乞硬着头皮咬牙切齿地说：“撒察别乞！”

四人磕头起立转过身来，各位首领全体离坐，一同跪下同声高呼：“我等愿拥戴铁木真为汗！”

豁儿赤以司仪般的声调高声唱道：“请新可汗就位——”铁木真庄严地就坐。帐内的人们一齐下跪参拜。

铁木真被推举为蒙古乞颜部的可汗，从此一代天骄的事业又揭开了一卷崭新的篇章。

咱们回过头来捎带提一句受气包撒察别乞。这哥们儿带着满肚子的怨气回到家。一回来就将满肚子的苦水倾吐给他妈额里真妃。他妈一听气得火冒三丈，骂道：“好你个铁木真？这帮奸贼蛇鼠一窝明明早就设好了圈套，愣是往我儿脖子上套！”

撒察别乞的弟弟不里孛阔插嘴说：“是答里台那个老贼先提出来的馊主意。”

额里真妃鄙夷地啐道：“呸，是不是铁木真那个奸诈小人还假惺惺地推辞过？”

不里孛阔答道：“我觉得铁木真倒不怎么乐意当可汗。他好像还挺推崇哥哥的呢！对了，他还特别强调说哥哥是合不勒汗的长支后裔哩！后来是忽察儿那个贼货非要让大家发誓拥戴铁木真当可汗的。”

额里真妃勃然大怒，尖声喝斥道：“蠢崽子！你懂个屁！忽察儿是谁？是铁木真二大爷生的下流坯子！这明明是那群卑鄙畜牲商量过、策划好的阴谋诡计！居然敢下好套，愚弄我们主儿乞人？！把本来应当属于撒察别乞的汗位，无耻地据为己有了！”她的牙齿咬得咯咯作响。

撒察别乞试探性地问："母亲，下一步我们该怎么办？干脆远远地离开这帮贼人算了？"

额里真妃摇摇头，否决道："不行！离开了蒙古乞颜部，你给谁称汗？！"

撒察别乞不服气地说："那我们就心甘情愿地任凭铁木真摆布了？"

额里真妃目露凶光，阴森森地说道："不要急！不要一看见猎物就射箭。要慢慢地逼近它，慢慢地包围它。到了一箭便可致其于死地的时候，出其不意发起猛攻！从背后狠狠地给它致命的一刀！等着瞧吧！铁木真会给咱们留下这样的机会的！"

仇恨的种子深深埋到了主人乞贵族的心中，他们时刻准备着伺机朝铁木真背后狠狠捅一刀。而他们并没有等多久就碰到了这样的机会。

第五章

羽翼渐丰

告即位

铁木真称汗意味着蒙古汗国的建立。作为一个新建立的国家政权，第一件事情就是要有人来管理这个国家从经济到政治从军事到外交从生产到生活等各方面的事务。这样一夜之间就产生了大量的空缺官职，出现了空闲官位供过于求的情况。除了任用自己的亲戚和部分氏族、部落首领之外，他还破格提拔了一大批那可儿。铁木真特别委任最早追随自己的两位那可儿博尔术、者勒蔑为众官之长，统率百官执掌朝政。凡是整天跟在铁木真屁股后面转的伴当轻轻松松就能弄个省部级领导当当，凡是跟铁木真混得较熟的怎么也能搞个厅局级干部干干，就连那些脸熟叫不上名字来的也能摸捞个县处级职位。真是跟着猛虎混有肉吃啊！

这次大规模提拔的官员绝大多数都是出身卑微的奴隶和属民。新上任的长官们，当你骑上早晨第一匹骏马奔向金帐的时候，当你挥着马鞭走向草原的时候，当你喝完一杯马奶，扛上钢刀走向战场的时候，当你安安静静坐到毡包中计划这一天工作的时候，当你向孩子嘴里塞着苹果的时候，当你和爱人悠闲遛马的时候，大人，你是否意识到你是在幸福之中呢？你也许很惊讶地看我："这是很平常的呀！"可是，没被提拔的哥们儿，会知道你正生活在幸福中。请你们意识到这是一种幸福吧，因为只有你意识到这一点，你才能更深刻体会到我们伟大的可汗破格提拔你的苦心。大人！你已经知道了爱我们的部族，爱我们的汗国，请再深深地爱我们最崇敬最爱戴的领袖吧，他确实是我们最可爱的人！

这些由可汗直接任命的官员们把持着重要部门的关键部位，他们绝对服从于铁木真的指挥和调遣。通过这种方式构建的政权机构，实际上是用封官授职的官僚制度取代了原先部落贵族垄断政治权利的制度。这一制度也成为后来铁木真成就霸业的一个重要制度保障。

按照草原上的规矩，为了获得同盟对新政权的认可和支持，铁木真称汗是应该派使者向同盟者通报的，即"告即位"。当时铁木真最重要的同盟有两个：干爹王罕统领的克烈部和干哥札木合统领的蒙古札答兰部。铁木真派出两路使者分别到两处去告即位。两路使者级别相同，出发前的心情却天壤之别。一路使者喜形于色，迫不及待地恨不得立马出发，仿佛要赶往天上人间；而另一路使者却愁眉苦脸唉声叹气，抹着眼泪与老婆孩子道别，仿佛要奔赴人间地狱。

派往土兀拉河的黑林给克烈部王罕报信的使者受到了热情接待。他们品尝着美味佳肴，听着悦耳的歌曲，欣赏着美女婀娜多姿的舞姿，住在豪华驿站里，出于人性化关怀怕他们在漫漫长夜孤枕难眠还专门派了几个风情万种的辣妹替他们排解想家之苦。使者们宛如坠入了温柔乡，日子过得风流快活赛神仙，难得有这么好的出差机会，怎能不尽情享受，无怪乎乐不思蜀流连忘返。

派去给札木合报信的使者就没有这么幸运了，迎接他们的不是在悠扬乐曲中踏着小碎步轻歌曼舞的表演，而是憋着一肚子怨气的札木合鼻子不是鼻子眼睛不是眼睛的横眉冷对与劈头盖脸的质问。最后气不打一处来的札木合又让心惊胆战的使者回去代为质问忽察儿、阿勒坛二人：作为铁木真的兄长和叔辈，为什么像公羊一样在我与铁木真安答之间戳腰刺肋挑拨离间？当安答与我同处而未分离时，你们为什么不推举铁木真为汗？现在却推举铁木真为汗究竟居心何在？

使者耷拉着脑袋连大气都不敢出乖乖听着札木合因忌妒和怨恨不住气地骂骂咧咧，就连雨点般不断飞溅到脸上的吐沫星子都不敢挥袖拭去。

良久，就那点儿骂过的老话颠来倒去，实在是骂不出什么新意来了，江郎才尽的札木合才意犹未尽地打发使者走了。使者生怕他反悔，他若再突发灵感将自己叫回来，搞些割耳朵剜眼珠的创意出来，以这种行为艺术来问候他那位有段日子没见十分挂念的铁木真安答，那自己岂不成了蹩脚艺术家的牺牲品了吗？不具备为艺术献身素养的使者以百米冲刺的速度冲向马匹，以矫健的身手跃上马玩命似的逃了回去。

太史公在《史记·李斯列传》中云："李斯者，楚上蔡人也。年少时，为郡小吏，见吏舍厕中鼠食不絜，近人犬，数惊恐之。斯如仓，观仓中鼠，食积粟，居大庑之下，不见人犬之忧。于是李斯乃叹曰：'人之贤不肖譬如鼠矣，在所自处耳！'"也就是说，老鼠本没有太大差别，都是四个小爪子捣腾得挺快满地爬来爬去屁股后面拖着一条长尾巴，谁的能耐也不比别的老鼠大到哪儿去，可是有些老鼠日子过得很凄惨，伙食营养跟不上，住宿条件简陋，吃不好住不好倒也罢了心情也不好，经常遭受精神打击动辄被人被狗欺负惊吓，整天提心吊胆地熬日子；而有些老鼠却吃香的喝辣的，没有人和狗来操磨它猫腻它，小日子过得相当滋润。李斯认为过着富足生活的老鼠未必就比生活困窘的老鼠脑子好使，并不是养尊处优的老鼠就聪明伶俐得跟猴儿似的，贫困潦倒的老鼠就愚昧蠢笨得跟猪似的。它们的差别仅仅在于所处之地不同而已。

同样是公费出差传讯的使者待遇差别咋就这么大呢？用李斯的话来说，他们的差别仅仅在于所去之地不同而已。为何出使的皆为盟国，对使者的态度却天差地别呢？

原因很简单，利益决定态度。

铁木真当上了蒙古乞颜部的大汗对王罕有利，所以他热情支持。干儿子当上了邻部一把手，今后老子又多了一个得力助手，哪个部落胆敢呲牙就派联军过去打得他满地找牙，到时候老子还不得威风凛凛地披着黑貂端罩战袍在草原上横着走！

乞颜部可汗只能有一个，铁木真像抢注商标似的抢先称汗成为正统，这就使一直想当乞颜部可汗的札木合成了比执政党势力还要大的在野党。贼眉鼠眼的小人，前些天趁黑灯瞎火背叛我鼠窜而去，开溜的时候还卑鄙地诱骗走了我的不少人马，这事儿的气还没消呢，忘恩负义的臭家伙，又故意找碴儿气我！

贼人来抢劫，你撇下新媳妇不管自己逃命去了，结果你老婆被抢回贼窝糟蹋了半年多，自己没本事夺回来，可怜兮兮地跑来哀求我，念在安答的情份儿上，我二话没说出兵帮你夺回老婆，帮你收聚起一万部众，看你势力单薄又好心好意地邀请你到我的营地来一起驻牧。可你倒好用一年半的时间背着我尽干假仁假义邀买人心的卑鄙勾当，等自己翅膀变硬了，便在半夜悄悄地离我而去。这才几天居然就自封为乞颜部的可汗了，真是个不知天高地厚的暴发户！哼，不自量力的家伙！给你三分颜色就急着开染房？

惊魂未定的使者马不停蹄地逃了回来。为了反衬出自己英勇无畏镇定自若的光辉形象，他们极尽所能将札木合刻画成暴跳如雷凶残野蛮的形象，将当时的情形说得凶险异常，说自己如何如何大义凛然临危不惧据理力争毫不退缩。

众将领满腔的热血被煽动了起来，情绪激动地骂札木合不够哥们儿，不讲义气，甚至有人捋起袖子，嚷嚷着要与札木合大干一场，一决雌雄！（说句实话，此时铁木真的力量尚显单薄，还不是札木合的对手，如果执意蛮打，非要一决雌雄的话，他们极有可能会被历史证实是雌性的那一方。）

铁木真思索着说："我想，无论如何札木合曾经在我们最困难的时候扶植过我，这份恩德我是不该忘记的。我当然希望他能成为我重振祖业的盟友，最不愿意的就是他变成我的敌人。退一步说，即使真的有一天我与札木合要刀兵相见，也宁愿让他先砍我一刀！”

札木合对铁木真的做法极为不满却没有捋起袖子动粗的冲动，初登汗位的铁木真更不愿意同札木合翻脸干上一架。既然双方都抱着息事宁人的态度，看来此事可以就此了结不必大动干戈了。可能是长生天喜欢看热闹不想就这样平平淡淡地了事，不久之后发生了一件意外的事儿，在两个好安答之间激起了一场激战。

导火索

铁木真的部下拙赤答儿马剌（名字很难记，所幸这哥们儿仅出场一次，无需记忆）的牧地与札木合的弟弟给察儿的牧地相邻。给察儿是一个相当狂妄的家伙。这一点是可以理解的，别说是这么大的干部了，就是现在街道办事处掌印的小职员都牛气哄哄的，毕竟人家是札答兰部的王爷嘛。往往人的身份地位同脾气是成正比的，官越大气越粗，虽然官大到一定地步表面上对人就会很客气很亲切很和蔼很关怀，不幸的是事实上却是很虚伪很假慈。

正如贪婪的资本家总是想方设法将小商户手中攥着的那为数不多的财富强夺到自己手中一样。虽然给察儿已经有好多骏马了，却继续发扬贪得无厌多多益善的一贯作风，抢走了拙赤答儿马剌的马群。拙赤答儿马剌刚被提拔不久，下决心要精心照料好分给自己的马群，望着马儿一天天肥壮起来，对自己的前途充满了美好的憧憬。甩开膀子拼命干吧，争取在两年内再升一级官！

不料自己呕心沥血伺候的马群却被给察儿抢走了。这下可好，别说升官发财了，万一可汗怪罪下来连脑袋都得咔嚓落地。拙赤答儿马剌又急又气独自一人策马狂追。日落西山红霞满天，终于追上了抢马贼。

拙赤答儿马剌鞠躬施礼道：“尊敬的给察儿大人，恐怕您误会了吧？您赶走的是札木合首领的好安答铁木真汗的马群，真是大水冲了龙王庙一家人不认识一家人了！”

给察儿冷笑着哼道：“很好！既然是乞颜部的马群，干脆肥水不流外人田，我就笑纳收编了吧。”

拙赤答儿马剌低声下气苦苦哀求了老半天，结果将给察儿激怒了，一挥手示意随从让眼前这个聒噪不休的小人物死气沉沉地躺在草地上再也不要制造任何噪音，随即趾高气扬地掉转马头就走。怒发冲冠的拙赤答儿马剌用事实证明了拼命的人是相当可怕的，他三下五除二就干净利落地将小喽啰们送上了黄泉路，然后一箭贯穿了给察儿的脊梁骨。试验大获成功，草原上广为流传的那句“马贼都是软骨头”终于又一次得到了验证。惊惧而亢奋的拙赤答儿马剌赶着马群回营地去了。

临行前回眸一顾，日落西山红霞满天，几具尸体恬静地躺在红艳艳的血泊中，草原染上了一层静穆而惊艳的色彩！

给察儿的死讯很快就传到札木合的耳朵里了，他勃然大怒，立即率领本部人马，又四处找了些帮凶。这些帮凶包括泰赤乌部、弘吉剌部、合答斤部、塔塔儿部等，组成了十三部，共计三万人。联军浩浩荡荡地越过阿剌兀惕土儿合兀的岭，准备给铁木真以致命打击。

拙赤答儿马剌仁兄不知是畏罪不敢将射杀给察儿的消息报告给大汗还是觉得此事稀松平常根本没必要去惊动日理万机的大汗。反正他就当这事儿从没发生过，像原先一样继续一心一意地牧马放羊。就这样，对于一步步逼近的危险铁木真却浑然不知。殊不知一场大祸即将降临到乞颜部的头上来了。

十三翼之战

眼看着札木合的大军就要打过来了，铁木真却依旧毫不知情，形势相当严峻。如果联军趁其不备像一把尖刀从背后狠狠插进他的营地，后果不堪设想。

有时候微不足道的小人物会对历史的走向产生很重要的影响。泰赤乌部里有一个叫捏群的人，他的儿子孛秃在铁木真处效力，因此他的心向着铁木真。孛秃是亦乞列思氏人，原附属于泰赤乌部。此人勇猛善射，忠厚耿直，很早就很仰慕铁木真汗，有一次，偶遇铁木真汗的部下术儿彻丹，便将其邀请至家，烹羊设宴款待客人，并赠以良马。术儿彻丹回来后向大汗叙述此事，咱这位求贤若渴的大汗听后十分高兴，立即决定将自己的妹妹帖木仑嫁给孛秃做妻子。仍留在泰赤乌部的孛秃他爹得知札木合要率部攻打铁木真的消息后，急忙通过另外两个人将敌人的偷袭计划秘密报告给了铁木真。

当时大汗驻牧于古连勒古山，得知消息后即刻组织军队，并通知拥护他的盟友前来助阵。全体骑兵集合起来约有一万三千人，分为十三个古列延。

“古列延”究竟是什么呢？请先看一个雷人的词，一个还没等你看呢，我就敢武断地下结论说你绝对不认识的词。“圐圙”（kū lüè），在现代北方内蒙古、河北、山西和陕西等省份，“圐圙”是指圈，或者圈起来的一块地。在过去内蒙方言里，特指牧民为保护草场、防止破坏而用铁丝网围起来的草地。称为“草圐圙”。北方农村还把围起来的牲畜圈称作“羊圐圙”、“猪圐圙”等。蒙古国首都乌兰巴托旧称“库伦”，就是城圈的意思。内蒙古也有个地方叫“库伦”，位于内蒙古自治区东南部，是库伦旗的政府所在地，而且内蒙有好几个地方都叫“圐圙”，规模只相当于村。《蒙古秘史》在“古列延”旁注释“圈子”或“营”。可见“圐圙”为“古列延”的快读音转或者异译。

“古列延”蒙古语意谓“圈子”、“环营”，它是牧民于驻牧时，由众多毡帐结成的环形牧营。当某部落驻在某地时，就围成一个圈子，部落首领处于像中心点那样的圈子中央，他的幌车围着他的毡帐形成最里面的圈子，然后是牧羊者的帐幕和牧羊者的幌车，这第二个圈子向外辐射几公里就是牧羊场，再扩大到第三个圈子，是牧牛者的帐幕和幌车，再向外辐射几公里就是牧牛场，最外面一圈是牧马者的帐幕和幌车，其向外辐射几公里的地方是牧马场。氏族首领的位置当然居于中心，而羊的自卫能力最差，当然在里面，牛次之，马的自卫能力最强，尤其是守夜的儿马子，是护群的先锋。在蒙元时期，游牧民族的社会结构是生产和军事兼并的组织，在打仗时他们也按这种形式布阵，使敌人和异己无法冲进来。随着这一战术的精熟运用和不断发展，古列延自然而然延伸为一种理念或者战略战术，并成为一代天骄率领的铁蹄“蒙古旋风”狂飙劲扫、席卷欧亚的核心战术之一。

刚手忙脚乱地临时凑集齐一万三千来骑兵，札木合的三万骑兵便由北而下气势汹汹地杀了过来，铁木真赶紧开拔向东迎战，两军遭遇于呼伦泊西南的答兰版朱思。这是一次规模宏大的战役，也是铁木真自己领导的第一次战役。结果由于寡不敌众、仓促应战，铁木真军大败而逃，一口气向西逃了三百多里龟缩入斡难河畔的哲列捏大峡谷中据险死守。札木合眼瞅着乌龟缩进壳里死活不出来，瞪着眼睛干着急，无奈之下只得撤兵了。

雄赳赳气昂昂的札木合马作的卢飞快狂奔而回，马蹄扬起滚滚黄尘。如果你是个细心的人就会发现马尾巴上拖着一个圆滚滚的东西。喊，这哥们儿都当上好几万人的首领了，年纪也不算小了怎么还这么童心未泯？跟个顽劣的儿童似的在马尾巴上系个鞠。再定睛细看一下，你就会张大嘴巴惊讶得说不出话来。那圆球可不是用脚丫子蹴的鞠，而是一颗血肉模糊拖泥带土的人头。你想知道这是谁的项上人头吗？

似胜实败

你知道马尾巴上系着的是谁的脑袋吗？

札木合斜瞥了一眼，以不容置疑的口气说：当然是我的脑袋！

对不起，首领，可能是我问法不当，产生了歧义。我是想问这是哪个可怜鬼的项上人头？

这是该死的叛徒捏兀歹察合安的猪头。

捏兀歹察合安？从来都没听说过，何许人也？

趁机追述一下。在山林时代蒙古部有一个古老氏族——捏古思。他们居住在额尔古纳河畔，其后裔形成了赤那思部，恢复使用了“捏古思”这个古老氏族名，又称捏古思部。最初他们是属于泰赤乌部的一个氏族，由于不满首领肥仔（塔里忽台）的统治并切身品味出了“跟在狗后面吃屎”的道理，改投到了札木合的麾下，最后又毅然投入到了铁木真的怀抱中，因此札木合和泰赤乌贵族对他们恨之入骨。十三翼之战铁木真败走后，赤那思部首领率随从逃得慢了些被联军活捉。看来时间就是生命啊！劝诸君要惜时。札木合意识到“创新是一个民族进步的灵魂，是一个国家兴旺发达不竭的动力”。于是开动脑筋创造性地将赤那思部首领的首级剁下来拴在马尾巴上拖着跑。这项发明创造至少有以下几点功用：一、树立反面典型，杀鸡给猴看，起到杀一儆百的作用。看你们这些龟孙子今后还敢不敢背着老子给铁木真暗送秋波、投怀送抱。二、体验张扬大胆的行为艺术在艺术家心灵上激起的独特的冲击感和震撼力，喜悦感和成就感！三、在草原上狂奔中的人马通过马尾巴上拖着的脑袋与大地相连，遭雷击时能够及时将电导入大地，有效起到防雷击的功用，逢雷雨天气时有力保证人马出行安全。

清清小河边，郁郁树林中，气氛热闹而欢快，欢声笑语盈耳，联军大摆庆功宴。各翼首领分两厢坐好，札木合居中而坐谈笑风生。诸位首领，今天我们在这环境优雅的小树林中隆重举行庆功晚宴，他故弄玄虚地宣布说泰赤乌部首领肥爷为大家准备了一道名贵的好菜，保证大伙儿没品尝过，希望大家长长见识一饱口福。他以指点江山的气势以段誉发动六脉神剑的架势以杏花村小牧童的洒脱随意，挥臂划弧遥指对面几十口大锅？众人望去，但见几十口大锅下火焰熊熊。众首领不知他葫芦里面究竟卖的是什么药，满怀好奇地垂涎以待？他妈的，老子这么高级别的领导啥山珍海味没吃过，能耐不知有多大牛皮吹得倒是不小，今儿个倒要看看你能做出什么美味佳肴来？

依常规而言，这么大的锅应该是用来煮全羊的。不过从札木合神秘兮兮的表情来看，不该是这么普通吧？况且札哥是一位很有创新意识的杰出人才，怎么会按常理出牌呢？

几位娇艳的小侍女已为大家斟上甘醇的马奶酒，有酒有肉自然还要奏起欢快的音乐，踏着乐曲飘上来一群小妞唱着清甜的歌扭着丰硕的臀伴舞来助兴。札木合微笑着呱唧了两下巴掌，果然上来一群人，然而却不是千娇百媚的舞伎，而是押上来七十名捆绑起来的赤那思部青壮年男子。

你要是天真地以为札哥会采取以德服人以情感人的政治策略，请这些曾背叛过自己的人儿入席一同欢饮借此消释昔日的怨恨重新来过的话，那你就太不了解咱们札哥的办事风格和行为方式了。

士兵们三三两两连扛带抱地举起这些已做过清洁处理的裸人硬是将这些哀嚎惨叫挣扎不休的家伙扔入沸腾滚烫的铁锅中。

然后，札木合命人将肉分给诸位盟友品尝。他潇洒自如谈笑间已就着美酒食罄数海碗。各首领表情各异：微笑的脸，狰狞的脸，异常亢奋的脸，暴躁不安的脸，悲戚的脸，愤怒的脸，不知所措的脸、麻木不仁的脸……

那一夜，很多人无眠！

不胜而胜

咱们将镜头转回龟缩在哲列捏峡谷中凭险据守的铁木真。在得知札木合率兵来袭之后，很多将领都主张将杀死给察儿挑起事端的罪魁祸首拙赤答儿马剌五花大绑送给札木合谢罪以平息战争。大汗心平气和地问大家：“如果我把这小猴崽子送给我的那位好安答，他就会掉头撤兵不来攻打咱们了吗？”众人摇头，毕竟杀死的是人家的弟弟哪，况且三万人的大军浩浩荡荡压过来怎能不捞点儿好处说撤就撤呢？大汗笑道：“既然将他交出去亦于事无补，咱们何必干肉包子打狗的蠢事儿呢？”大汗将脸一板不怒而威：“拙赤答儿马剌，我曾特意强调过，咱们绝不能与札木合同室操戈！无论遇到什么事儿，我们都要忍让，忍让，再忍让！可你却一时头脑发热闯下了滔天大祸，这回给你一个戴罪立功的机会，退下去好好备战吧！”有些异族首领不满地交头接耳议论说：“铁木真，你这不是明摆着在袒护你的下属吗？”大汗昂首挺胸动情地大声说：“我就是要袒护跟随我的所有蒙古人。要不然，大家为什么要拥戴我为可汗？”异族首领没想到大汗居然公然说出这种话来，气急败坏地撂下一句气话便走了：“你！你纯粹是想把大家拖进战争里去！一场人种灭绝的可怕战争！”（看来十三翼之战铁木真败北的原因还要加上一条：他所联合的各家贵族各怀异志，不能同心同德一致对敌。）望着拂袖而去的背影，大汗心事重重地叹息道：“可能。但我并不愿意打仗。从我出生那天起，草原上就从没终止过厮杀混战。我想躲避战争，可如果连躲都无处躲藏的话，我们就只能选择战争了。该来的，就让他来吧！”

听到赤那思部首领捏兀歹察合安的脑袋被剁下来拴在马尾巴后面拖着游营展览和七十名壮士被煮食的消息后，大汗痛心疾首地为他们举行了哀悼会。等到蒙古建国后，成吉思汗追封捏兀歹察合安为第二十五位功臣，并分封他的儿子纳邻脱斡邻勒为千户长，全权管领赤那思部事务。

十三翼之战虽然以札木合的胜利而告终，可是他的残暴逆行却使他失去了民心，可谓似胜实败；而铁木真却以他那宽广的胸襟和恢宏的大气赢得了更多草原人民的真心拥护和爱戴，可谓不胜而胜。残暴和武力只能逞一时之快，短期内能够压制得住人民却永远征服不了人心。宽容和恩德看似憋一时之气吃一时之亏，却能令人心甘情愿死心塌地地追随你支持你。

札木合本以为组织大家观看煮死叛徒的惨烈景象就能起到杀一儆百的威慑作用，可结果却适得其反。见识过札木合抱着人骨头狂啃的那一幕之后，许多人毅然弃他而去投奔到了铁木真的帐下。

术赤台率族人来投。

答畏儿率族人来投。

蒙力克领着七个儿子来投。

这些强人后来都成了威震亚欧的名将。

甚至隶属于泰赤乌部的照烈部及其他各部属民也纷纷来到铁木真身边。泰赤乌部贵族骄横跋扈，为所欲为，经常抢掠照烈部的车马、饮食。上级欺压下级，正常现象，理所当然，有什么好奇怪的，人民内部矛盾嘛，心态放平衡就好了。可是咱们的仇敌铁木真却很关照咱们哩！照烈部的住所紧邻铁木真的猎场。双方都酷爱围猎，有时候围着围着就合拢到一起了，干脆一起合作围猎。（我猜若是换作塔里忽台极可能会恶狠狠地将他们赶得远远的。真他妈的扫兴，老子打猎的场地也是这帮下贱胚子能来的吗？一群不懂规矩以下犯上连最起码的教养都没有的贱人！统统给老子滚得远远的！）每次在分猎物之时，铁木真都会慷慨地多给照烈部百姓分一些。晚上他们还经常搭起帐篷点起篝火烤野味对歌摔跤搞联欢活动。照烈部属民将自己的老大贪婪胆小吝啬刻薄的肥仔与人家年轻有为英姿勃勃的真哥哥一比较，觉得真是人比人得死，货比货得扔啊！一目了然，跟在咱们这位脓包老板后面一辈子都不会有什么出息的，干脆弃暗投明跟真哥混吧！舍弃旧老板才蓦然发现前途无量哪！于是在其酋长玉律巴特尔的带领下大伙儿领着老婆孩子赶着牛羊马狗背着锅碗瓢盆投到了铁木真帐下。（后来照烈部首领背叛了铁木真，不过他的百姓们却死心塌地跟定了真哥。）

孟子曰：“得道者多助，失道者寡助。寡助之至，亲戚畔之。多助之至，天下顺之。以天下之所顺，攻亲戚之所畔，故君子有不战，战必胜矣。”铁木真，下一次再与札木合交战，你定会一举洗刷耻辱大获全胜！

欢宴上的闹剧

十三翼战役后，很多蒙古氏族首领率部从札木合处跳槽到了铁木真麾下，尤其是术赤台、畏答儿、蒙力克等人的到来使大汗龙颜大悦。要知道当时众位首领不是在铁木真打了胜仗的形势下前来趋炎附势的，而是在他战败逃亡龟缩于峡谷中的困难时期欣然而来，患难见真情，大家分担的只能是重新振作的辛苦和忧愁。压抑了许久的铁木真心情大快，决定在斡难河畔的小树林中举行一次欢迎晚宴。

各氏族首领欢聚一堂，一边品尝着美酒佳肴，一边兴致勃勃地欣赏着欢快的歌舞。谁也不会料到原本气氛热闹而融洽的欢宴，结果却被主儿乞人搞成了一场闹剧。

咱们先来介绍一下主儿乞人。蒙古乞颜部合不勒汗（铁木真的曾祖父，统一了蒙古族各部，被推举为蒙古族第一任可汗）有七个儿子，长子斡勤巴儿合黑的子孙组成了主儿乞氏，次子的子孙组成了孛儿只斤氏（这个后来红得发紫的氏族你不会不知道吧？）斡勤巴儿合黑（“斡勤”意即姑娘）是个秀气俊美的小白脸儿（估计跟言承旭、谢霆锋之类有得一拼），见到他的人无不惊异于他的美貌。可惜“红颜”命薄，他被塔塔儿捉走送至金国处死了。他的儿子叫忽秃黑秃—主儿乞，故而他的后裔称为乞颜—主儿乞氏。主儿乞氏作为乞颜部的长支后裔，它的部众是蒙古各部中的精华，素以骄悍善战著称于草原。

宴会进行得很融洽。如果照此正常发展下去，大家自然会哼着小曲儿摇摇晃晃地尽兴而归。可是长生天偏偏要给大家上演一出宫廷闹剧。

在大伙觥筹交错、开怀畅饮之际，一位献殷勤的司厨笑眯眯地给大家斟酒。他顺利地给诸位领导倒满了酒杯，就在给女宾斟酒的环节上触发了今晚闹剧的扳机。

他看到主儿乞首领撒察别乞的小妈豁别该，眼睛一亮，抿嘴一笑，屁颠屁颠地跑过去先给她斟满了酒。你也太不讲究了吧？此举有悖于礼法礼仪，但也是可以理解的，因为：其一，豁别该性格开朗喜欢参与社交活动，社会知名度高社交圈子广，属交际花型活跃人物，大家都喜欢她；其二，在晚宴这种非正式场合，氛围相对比较轻松随意，在女宾中司厨就跟她一个人惯熟，自然含笑上前先给她斟满酒；其三，司厨不是司仪，不搞"席子摆得不正不坐，菜肴不时鲜不吃，肉切得不正不吃，买来的熟肉热酒不吃，变色变味的食物不吃，无姜无酱作下酒菜不吃……"那一套繁文缛节，只要不犯原则性错误就成。

司厨正笑呵呵地给豁别该满酒的时候，撒察别乞的另外两位老妈额里真妃和忽兀儿臣妃（二人亦非撒察别乞的生身之母）尥蹶子不干了。她们觉得在众目睽睽之下先给资历浅的豁别该斟酒无异于公开承认她的地位优于她们二人。二位守了好几十年寡的大妃自觉受到了冷落、侮辱、挑衅，当场起立，一手叉腰，一手指着司厨的鼻子像泼妇骂街一般破口狂骂起来。没有眼头见识的乌龟王八！狗仗人势的兔崽子！心术不正的野毛驴！不知道自己有几斤几两居然敢和我们作对的蠢猪！狗眼看人低！……（总之，各种花色的动物们在她们的骂语中欢聚一堂）

二位老大娘觉得光是骂还不能解恨不够过瘾，干脆捋起袖子，冲上前来揪住司厨一阵拳打脚踢。一边气喘吁吁地捶打，一边怒不可遏地叫骂着：捶死你，捶死你个王八蛋！捶死你，捶死你个兔崽子！说实话，别看二位大娘打的密度挺大但力度不足，声势挺大但一点都不疼。

我说司厨大哥，让二位大娘消消气也就算了，你就别跟她们计较了，好吧？别看她俩的小拳头倒腾得挺快，可是有气无力不痛不痒，权当是免费按摩了；别看她俩争先恐后抢着骂你，骂的分贝还挺高，可被骂者身上又不会少块肉。听哥一句劝，就这样算了吧，哈！

司厨气鼓鼓地别过去脑袋，不肯就此善罢甘休。当着那么多人的面，头发被拉扯得跟个鸡窝似的，身上被抓捏得青一块紫一块的，被骂得脑袋都大啦！伤透心咧！精神惨遭摧残咧！以后没脸见人咧！皮肉之苦算什么？士可杀不可辱，男子汉大丈夫最不能容忍的莫过于当众受辱。

忍气吞声吧，人家是主儿乞部的两位炙手可热的大妃，你一个小人物能怎样？没得选，只好含着泪水打落牙齿往肚子里咽吧。

哼，你居然说我是一个小人物？哈哈哈！（出离愤怒了，只好大笑）你也太缺乏蒙元历史知识了吧？别在这儿丢人败兴了，回去好好补补吧！

严正声明：在当时，司厨可绝对不是一个小人物。人家怎么也算是中央机关之中把持着关键部门的高级官员。铁木真建立了一支护卫军称为怯薛军，其主要职责是保卫大汗的金帐（紧紧贴近领导，前途无量）和分管汗廷的各种事物（相当于中央官员，手握实权），同时也是大汗亲自统领的精锐部队（只需对大汗一人负责，不受其他人管束）。可见怯薛军至关重要，大汗任命他最亲信的那可儿博尔忽、博尔术、木华黎、赤老温（四杰）四家世袭担任四怯薛长。怯薛长在元朝被称为“大根脚”出身，一般为一品官。其下设置了：

火儿赤——佩弓矢者；

云都赤——带刀者；

昔宝赤——掌鹰隼者；

札里赤——书写圣旨者；

必阇赤——书记，主文史者；

博尔赤——厨子，职为宿卫亲军中专门掌管烹饪，即侍奉主上饮食的执事人员；

阔端赤——掌从马者；

八剌哈赤——守城门者；

答剌赤——掌酒者；

兀剌赤——典车马者；

速古儿赤——掌内府尚供衣服者；

怯里马赤——传译者；

帖麦赤——牧骆驼者；

火你赤——牧羊者；

忽剌罕赤——捕盗者；

忽儿赤——奏乐者。

怯薛歹（护卫之士）的地位十分优越，甚至高于在外的千户那颜（贵族）。假如一位怯薛歹说乌鸦是白色的而另一位千户那颜非要争论说乌鸦是黑色的，双方各持己见互不相让争执起来的话，那么罪在千户那颜。怯薛歹作为大汗的侍从近臣，还经常到地方去传达旨意，或作为钦差大臣处理重大事务。在元代，充当怯薛歹是升官提拔的最便捷途径，因此各地那颜都托关系找门路希望将自己的儿子送去当怯薛歹。

咱们这位怯薛歹司厨可不是什么省油的灯。怎么说我也是大汗身边的红人，在大庭广众之下，被两个疯婆娘骂得狗血喷头，两个老妖精还张牙舞爪地冲上来给我抓破了相。像我这样有头有脸的大领导，今后还怎么在道上混？

司厨觉得自己受了天大的委屈，既然人也丢了眼也现了，反正死猪不怕开水烫了，不是要闹吗？那咱就闹腾得动静大一点儿，干脆老子奉陪到底来个死猪躺在案板上！于是他站在场地正中间焦点地界又哭又闹。

转眼间，一场欢宴变成了一出闹剧。一个个不是像泼妇骂街就是像跳梁小丑似的，哪里还有王廷金帐的样子，成何体统？简直就是无视大汗权威，作为晚宴的主持人，大汗脸上挂不住了。这还不算什么，接下来司厨说的话令大汗更加下不了台。

司厨一把鼻涕一把眼泪伤心地哭诉说：“被人欺负成甚啦！想当年也速该和捏坤太石在世时，这帮小人岂敢如此嚣张放肆？”

铁木真脸上臊得厉害。连脑残儿童都能听出来这话不是明摆着指责自己没有威信，不能服众嘛！可是那两个老娘们儿毕竟是家族的长辈，而且主儿乞部的势力的确是忒庞大了点儿，目前还不是收拾他们的时机。于是铁木真强压住怒火，决定要隐忍了。

大汗想要不动声色就此隐忍。可是长生天偏偏不想让这场闹剧就这样草草收场，愣是在火上又浇了一瓢油。

宴会上的混战（1）

有一个很有投机头脑的家伙（小喽啰，隐去名字）趁着大伙儿都在灯红酒绿开怀畅饮之际，打算混水捞一票。他蹑手蹑脚地窜入大汗的马厩中，以纯熟的手法解下马笼头正打算开溜。刚转身听到一声暴雷般的大喝，吓得心一抖，双腿瘫软。但觉脖子一凉，一柄钢刀已经架了上来，赶忙萎缩成一团哆哆嗦嗦地求爷爷绕小人一条狗命。

这就是元史

来人一把将他提留起来，怒目厉喝道：“贼眉鼠眼的小贼，鬼鬼祟祟的在干什么见不得人的勾当？”

小贼闻声，顿觉一阵亲切感袭来，提到嗓子眼儿的一颗心舒缓下来了。原来来人不是别人正是视自己为亲信的老领导——不里孛阔。此时不里孛阔也认出了犯罪嫌疑人是自己的铁杆部下，于是松开了手，干咳一声，训斥道：“合答吉歹，深更半夜不好好在家里陪老婆孩子到处瞎转悠啥？还不快滚回家去！”

小贼认错态度非常端正，以唯唯诺诺为掩护手背到身后将马笼头撂下，一面连连点头哈腰地说：“嘿嘿，我这就去，我这就去。”一面讪笑着后退开溜。

这天晚上负责保安工作的是大汗的庶弟别勒古台和主儿乞方面的不里孛阔。不里孛阔处理这件盗窃案的方式很明显是在包庇袒护自己的部下。咱们回过头来再看看不里孛阔训斥的话“合答吉歹（知道名字，至少是熟人），深更半夜不好好在家里陪老婆孩子到处瞎转悠啥（责备的语气中流露出惯熟和关怀，提及老婆孩子表明私交不赖）？还不快滚回家去！（网开一面，放你一马，赶快走吧！）”

铁面无私的别勒古台不买不里孛阔的帐，伸手拦阻道：“慢着！把马笼头拿过来给我看一看。”小贼只好将马笼头递向别勒古台，不里孛阔一把抢过，向远处一甩，随后打了小贼一记耳光，厉声喝道：“快滚！”小贼拔腿就逃，别勒古台一把将他拽了回来：“不行，你这个盗马贼，走，去见可汗！”

不里孛阔大怒：“别勒古台，你不要欺人太甚！”

别勒古台：“什么？我怎么欺人太甚？走，见了可汗，让各部首领都来评一评，他是不是个贼。”

不里孛阔急了，上前推开别勒古台。三人玩起了老鹰捉小鸡的游戏，别勒古台饰演凶狠毒辣的老鹰，不里孛阔饰演尽职尽责保护小鸡的鸡妈妈，小贼饰演吓坏了的鸡宝宝。正如大多数童话故事那样，鸡宝宝成功地摆脱了恶老鹰的追杀。最后小贼乘机溜走了，别勒古台猴急欲追，不里孛阔却像法海似的想方设法横加阻扰。二人各不相让扭打在一起，改玩起了摔跤柔道项目。不里孛阔情急，抽刀砍向别勒古台，别勒古台裸露在外面的右臂中了一刀。他转身怒气冲冲地瞪视着不里孛阔。就是嘛，居然作弊耍奸，换作是你也得气冲冲地瞪他不可。摔跤柔道项目可不允许拿刀砍人，又不是在进行击剑比赛。自知犯了规的不里孛阔放下屠刀立地发呆。别勒古台瞪了一眼默不作声的不里孛阔，撕下衣襟包扎住伤口，拍拍身上的灰尘，振作疲惫的精神，头也不回大步流星地走了。

宴会上的混战（2）

话说有朋自远方来归附，在战败阴影笼罩下的铁木真难得心情愉悦了一回，满心欢喜地举办了一场晚宴，没想到却被两个倚老卖老的老娘们儿和一个不识时务的蠢小丑搅和得扫了兴丢了脸动了怒，本想要不动声色就此隐忍作罢。正憋着一肚子气闷头坐着，这时负责巡查的别勒古台和不里孛阔回来禀告说营地中一切正常，处处欢歌笑语呈现出一片欢乐祥和之气。

有些醉意的大汗一眼看到了别勒古台包扎起来的右臂，随口问道："你的手臂怎么受伤了？"

别勒古台不自然地将手背到了身后，目光躲躲闪闪心虚地支吾道："没，没有……"

大汗气得冷笑道："胳膊上裹着个破布比秃子脑袋上的虱子还抢眼！你什么本事都学会了，就是没学会撒谎！"同时用一双不怒而威的虎目死死盯住别勒古台，声音不大却透出一股慑人的气势："好好说，是不是又惹事儿打架了？"

铁木真对自己这位同父异母的弟弟实在是太了解了，一撅屁股就知道你小子拉什么屎。想当年这个愣小子像一条肉尾巴一样整天屁颠屁颠地跟在他的亲哥哥别克帖儿屁股后面到处瞎转悠。别克帖儿像狐狸似的狡猾，说话的时候两只贼忒兮兮的眼珠子来回转，满肚子净是坏水儿，那家伙小奸巨滑的，想出馊主意自己不去实施老是唆使他这个愣头青弟弟去践行。结果每次都会搞出"火中取栗"那样的事儿来。十七世纪法国寓言诗人拉·封丹的寓言《猴子与猫》载：有一只馋嘴的小毛猴子见到火炉中烤熟的栗子馋得实在是不行了，于是它就耐心地给小猫咪做思想动员工作，告诉它栗子颗粒饱满、肉质细腻、口味醇厚、营养丰富，享有"千果之王"的美誉。尤其是火炉中的这种板栗俗称毛栗子，是遥远而又神秘的东方国度——中国的特产，你想一想你只是一只平凡到不能再平凡的小猫咪而已，居然也能有幸一品那个天堂般的神圣国度特产的板栗，真是祖坟上冒青烟了，还犹豫什么快快伸出你那可爱的毛茸茸的小爪子，那个香味扑鼻的栗子就是你的啦！快快鼓起勇气紧紧抓住属于你的那一份幸福和荣誉吧！咪咪你大胆地往前抓呀，往前抓莫回呀头！在猴子哥哥提供的思想保证、精神动力和智力支持之下，小猫咪终于鼓足了勇气，闭上眼睛，咬紧牙关，猛地将爪子伸进熊熊烈火中将栗子捞了出来，顿时小猫咪痛得滋啦哇啦怪叫不已同时一股浓郁的燎毛味刺鼻而入。当猴子有滋有味地品尝着香甜的栗子时，小猫咪正伤心地趴在角落里可怜巴巴地用舌头舔慰着几乎快要烫熟了的小爪子呢。一通骂，一顿打，哥俩好，哥也不改其奸，弟也不改其愣。后来我大义灭亲清理门户彻底帮助别克帖儿这样的残次货色尽早解脱尽早投胎争取尽早重新做人。报着我不背骂名谁背骂名的大无畏精神，不可不谓用心良苦功德无量啊，而那一年我还未满十岁。他那坏得流油的哥哥夭折后，他并没有记恨我们，而是真心实意踏踏实实地同我们一起过日子。总而言之，他是一个厚道的实在人。

在大汗的追问逼视下，别勒古台像一个闯了祸的孩子似的局促不安地低下了头。大汗又抬眼看了看不里孛阔，眼神刚一接触他便心虚地把目光移向别处了。

哈撒儿等人也发觉情况有异，凝神关注起来。全场人都停了杯，满怀期待地睁大眼睛等着看热闹。今天这场宴会可真是没白来，好戏连连，一波还未平息，一波已露端倪，又有免费的好戏看喽！

大汗追问道："同谁打架？为了什么？"

别勒古台低语道："为了一点儿小事，可汗不必问了。"

大汗不依不饶地追问："不，你说，一定要说出来。"

别勒古台的随从向前一步启禀道："可汗，方才主儿乞首领撒察别乞的手下，偷了可汗的金马笼头，被别勒古台大人当场撞到。不里孛阔大人执意袒护罪犯执法犯法，想稀里糊涂地放走贼人。大人铁面无私不肯徇私枉法纵容奸徒，二人僵持不下，谁料不里孛阔恼羞成怒居然抽刀砍伤了大人！大人是为了顾全大局不伤弟兄间的和气才息事宁人不愿声张……"

一片令人压抑的死寂像黑幕一般将大伙儿罩住了，暴风雨来临前的平静令人感到躁动不安。铁木真及其兄弟们的愤怒在静默中聚积着，升腾着。

大汗一掌拍案："我平生最痛恨偷盗！你们的吃穿用度从哪儿来？是辛勤的劳作和战场的俘获，不是流汗就是流血换来的！而偷盗者既不流血也不流汗，卑鄙地将别人的血汗据为己有。对这类不劳而获不抢而得的寄生虫，只有一个处置的办法——杀！另外，我最痛恨那些徇私枉法包庇罪犯的人！"

诃额仑见这个苗头不对，轻声劝解道："天不早了，咱们也散了吧！"

大汗下令道："不，把那个窃贼给我逮来！把不里孛阔给我拿下！"

不里孛阔后退，抽刀。

撒察别乞腾地跃起："我以为可汗真的是开庆贺喜筵，原来是为了报复我们主儿乞人而设的陷阱！不里孛阔，咱们走！"

主儿乞人全都站起来离席欲撤。

简直就要登鼻子上脸了，寡人高高兴兴举办个欢迎晚宴，一会儿是主儿乞两个老娘们儿在大庭广众之下撒泼骂人，一会儿是主儿乞小贼在暗地里偷鸡摸狗，寡人强压住怒火还没发作，你们倒先拍案而起公然集体叛离。岂有此理？老虎不发威当我是病猫。大汗拍案而起："站住！谁敢偏袒罪犯就与贼人同罪！"

撒察别乞火气更冲一脚踢翻了桌子："你给别人当可汗吧，我不侍候你了！"

大汗震怒："把撒察别乞给我拿下！"

哈撒儿等人掀翻桌子扑向主儿乞人，不里孛阔、撒察别乞等且战且退，顿时会场乱成了一锅粥。

宴会上的混战（3）

撒察别乞等人灰溜溜地逃回了自己的古列延，急忙率领族人移营。喘息未定，不里孛阔恼火地四处搜寻合答吉歹想要杀掉这匹害群之马。（最初不惜枉法袒护有罪的下属，现在却又欲杀掉下属泄愤。真是个反复无常的环节干部啊！）可是他怎么都找不见那个捅了娄子的家伙。原来那家伙听说小树林里欢快的晚宴演变成了一场群殴混战会，心知不妙早就趁乱溜走了。

到处游走找人的不里孛阔碰到了撒察别乞，正欲开口问："你见到……"却被撒察别乞先发问人："你见到额里真妃了吗？"急匆匆寻人的不里孛阔这才知道原来首领是在像小蝌蚪一样匆匆忙忙地找妈妈啊！世上只有妈妈好，有妈的孩子像块宝，投进妈妈的怀抱，幸福享不了！没有妈妈最苦恼，没妈的孩子像根草，离开妈妈的怀抱，幸福哪里找？世上只有妈妈好，有妈的孩子不知道，要是他知道，梦里也会笑！

找不到妈妈的首领，听说额里真妃和忽兀儿臣妃被铁木真逮住关起来了。自己的两位老妈刚才还在宴会上唾沫横飞爪抓脚踹耀武扬威，现在却灰头土脸地被囚禁起来做了俘虏。冲进铁木真的营地去抢回这俩活宝？刚从大汗阵营中勉强逃出来捡回一条命的撒察别乞惊魂甫定，哪里还敢再入虎穴去夺犬母？可是抛下二位活宝老母在敌营受苦受辱却不积极设法搭救被骂"不作为"，自己也实在是丢不起这个人。正在大伙儿抓耳挠腮不知该怎么办才好的时候，一位不显山不露水的门户奴隶主动请缨，要将二位大妃恭迎回营。这么多将领和智囊都束手无策，一个地位低贱的奴隶能行吗？不过实在是想不出其他更好的办法了，只好抱着死马权当活马医的态度试试看了。

侍从领着一个年轻英俊的小伙子走进了大汗金帐。

大汗的目光直逼此人，半晌，冷冷地问："你们主儿乞人全部叛逃了？"

小后生不卑不亢平静地答道："我只知道我们的首领带领全族转移了牧场。"

大汗心中一奇，一个倒塌部落微不足道的使者居然处世不惊泰然作答，不怒而威道："你敢顶撞我？！"

小青年神情自如不置可否。

大汗又问："撒察别乞派你来干什么？"

青年义正言辞地说："要求可汗放回额里真妃。"

大汗高傲地纠正道："是恳求、哀求或者乞求吧？"

他用平静的语气反诘道："不，我的首领说得明明白白——是要求。"

大汗求贤若渴的瘾又发作了，关切地问："哦？你叫什么名字？"（注意：大汗的面试不知不觉地开始了。）

青年从容作答："一介无名小辈，贱名何足挂齿？"（既非名门望族出身，又非名牌学校毕业。）

大汗随口问道："你是撒察别乞的什么人？"（看似随口问问，实际上是在进行政审。）

青年答曰："门户奴隶。"（家庭出身：奴隶。彻头彻尾的负产阶级。实在是太好了！）

大汗大怒，从者勒蔑腰间抽出刀来，刀锋直指青年的咽喉："你一个小小的门户奴隶也敢这样跟可汗说话？！"（大汗心中狂喜却能板着面孔假装发怒，没去表演系当演员实在是表演系演员的大幸！）

青年面不改色心不跳沉着冷静地对曰："我是撒察别乞的门户奴隶，不是可汗的门户奴隶！"（小后生不仅有骨气还挺会讲道理呢！）

大汗抽刀，一挥，劈向青年，当刀快碰上青年头顶的时候偏了过去。（这招绝了，多少贪生怕死的伪君子尽显丑恶本色。这一劈的风情，往往会劈出形形色色的赤裸人性。有吓得尿裤子的，有双腿瘫软不能站立的，有忙不迭地磕头好似鸡啄米的，有一把鼻涕一把泪跪地求饶的，上有老母中有娇妻下有幼子我死了不要紧可怜家人无人照顾您行行好积积德饶小人这条狗命吧……）

青年一直纹丝不动。（如此稀罕人物，谁人不爱？恭喜你顺利通过了大汗的隐性面试。）

大汗哈哈大笑："好样的！"他把刀还给了者勒蔑，坐了下去，说："小后生，不要回去了，做我的贴身那可儿怎么样？"

青年沉默不语。大汗探身问："怎么？你认为我铁木真不如你的主人撒察别乞吗？"

青年："我十分敬仰可汗。可我不能不忠实于我的主人。现在我还是他的奴隶。"

大汗越发感兴趣了，他情不自禁地起身离座围着青年转了一圈，关切地拍拍他的肩膀，对者勒蔑说："者勒蔑，带这位好汉下去，以上宾之礼好生款待！"

大帐中，诸将领众说纷纭，相持不下。一派认为对尥蹶子的野马就得用鞭子抽，对叛逃的主儿乞人只有讨伐！现在是把灾难加在主儿乞人头上的时候了！而另一派认为主儿乞人是合不勒汗长支贵族，是蒙古各族之中有胆量、能征战、箭法高强的人，在让他们成为死尸的同时，我们也将有许多人倒下！况且我们刚刚和十三翼敌人交过手，经不起搞内讧自相戕残了，如果札木合趁机偷袭来个鹬蚌相争渔翁得利的话，后果不堪设想。

最后大伙儿都将目光集中到大汗身上，等着他作出最终决断。沉默了良久，大汗终于迎头向天沉吟道："忍吧，忍吧！因为咱们现在还不够强大。咱们只能忍让，违心地忍让！可是撒察别乞你等着，等到我忍无可忍或者不需要再忍的那一天吧。发展是硬道理，还是先把自己的翅膀长硬，那样即使狂风暴雨也挡不住我们往高处冲飞……我深信那一天不会来得太晚！"不逞一时之快，强压住复仇冲动违心地作出理智的选择确是一件很痛苦的事儿。

然后大汗又作了自我反省，声称：

都是你的错轻易灌醉我
让我不知不觉沉入虚幻的境界
都是你的错你对人陶醉
是一种诱惑
都是你的错甘醇的口味
总是藏着让人又爱又怜的朦胧
都是你的错你的醉人梦
像一个魔咒
被你醉过还能为谁蠢动
我承认都是月亮惹的祸

昨夜的月色太美你太温柔
才会在刹那之间只想和人痛快打一架
我承认都是老刁婆惹的祸
偏偏破口骂街还撒泼打人
我承认都是窃贼惹的祸
偏偏欢宴之时去偷马笼头
主儿乞人胡作非为把我气糊涂了
再怎么心如钢也成绕指柔
都是你的错轻易激怒我
让我按耐不住产生群殴的冲动
……

最后大汗总结说，酒真不是好东西！嗜酒者昏，如聋如瞽，心手无主，执业俱废，酒能乱性，不分人之善恶，可汗嗜酒，可汗会失体统，将领们嗜酒，将领会失职，兵士们嗜酒，兵士会做坏事。往后，不许喝酒了！

众将领一听可都不干了。戒酒？马奶酒可是好东西，能强身治病。不能因为马趵过蹶子就把马都杀了吧？不喝酒那人生还有什么乐趣？活着还有什么意义？

最终双方在友好协商的气氛中达成一致意见：每月限饮酒三次。

为了表达讲和诚意，大汗命人将撒察别乞的两位丢人现眼却又趾高气扬的活宝老妈护送回去了。一路上两位自命高贵的老刁婆骂骂咧咧抱怨不休。一回去，二位老女人就委屈地拉住撒察别乞的手，开始添油加醋地诉苦抱怨。主儿乞人怀恨在心，一气之下离开铁木真另找草场放牧去了。

打不打"落水狗"

金朝建立后，塔塔儿成为其属部，他们经常协助金朝对付蒙古草原各部，充当女真族的鹰犬和爪牙。当时蒙古部有两个剌头氏族合答斤和山只昆，生活在呼伦湖东岸，往来游牧于塔塔儿与弘吉剌之间。此二部自恃势力强大，连年骚扰金边界，金朝一直视其为眼中钉肉中刺，可是每当金军浩浩荡荡开来剿匪，二部便化整为零远远地四散躲藏起来，等到金军一撤，二部又集结起来骚扰边境。金朝恨得牙痒痒，可人家就在背后捣鬼偏偏不跟你面对面痛痛快快地干一场。

1195年，金朝左丞相夹谷清臣率军北伐，并命漠北鹰犬塔塔儿部随军出征，联军攻下了很多营寨。就在金军骑着抢来的骏马兴高采烈地赶着羊群和满载草原特产的牛群凯旋之时，发生了一件连做梦都想不到的事儿。被自己视为奴仆走狗的塔塔儿人见财眼开居然袭击抢劫了金军后队。就这样战场上的盟友变成了仇敌，讨伐合答斤和山只昆的战争变成了金朝与塔塔儿部的战争。

女真人素以骁勇善战著称，岂容小小的塔塔儿滋事挑衅。他们觉得这无异于去打猎的时候被自己的猎狗当作猎物给咬了，这还不被天下人笑死？1196年，金章宗改派右丞相完颜襄率军对塔塔儿部兴师问罪大肆讨伐。金军从临潢出师，分两路进剿。塔塔儿部一触即败，其首领蔑兀真笑里徒率残兵败将向北方流窜。完颜襄穷追不舍步步紧逼。习惯了在北伐途中，带个走狗协助作战的金军，觉得很不自在，决定干脆再培养一条鹰犬。人怕出名猪怕壮，老谋深算的完颜襄一眼就相中了新起之秀铁木真。

金朝派出使者邀请铁木真与上国朝廷配合，从西面劫击塔塔儿残兵流寇。送走使者后，铁木真询问道："都说说，怎么打发这两个金朝的使臣？"

哈撒儿抢先说："我早就想好了。来人哪，抬进来！"

两名军士扛着一个木驴走进来置于地上，众人为之一振。

哈撒儿瞪起血红的眼睛："当年，金熙宗把我们蒙古的俺巴孩汗活活钉死在木驴上。现在咱们以牙还牙把那条像公狗一样傲慢的使者钉死在这个木驴上！"许多人情绪亢奋，铁木真盯住木驴，两手用力捺住桌子，把身子撑了起来，牙咬得腮上起了滚动的肉棱子。

群臣一致认为：金朝和塔塔儿人都是我们不共戴天的仇敌，让他们彼此去死掐吧，我们乐得坐山观虎斗！塔塔儿人不过是金朝的一条走狗，主人打狗咱们看热闹就是了。

大汗沉吟半晌，忽然对一言未发的豁儿赤发问道："豁儿赤，你为什么不说话？"

豁儿赤抬起头直视着大汗。大汗点了点头，鼓励道："你有什么想法？直说嘛！"

豁儿赤："出兵攻打蔑兀真笑里徒。"

哈撒儿等人"哗"地一下子围住豁儿赤，企图用唾沫星子淹死他："你胡说！一派胡言！无稽之谈！……你不是乞颜部蒙古人，金国杀的不是你的可汗！……让他尝尝坐木驴的滋味！……"

大汗力排众议道："爱卿，你给分析分析为何要打塔塔儿部？"

豁儿赤捻须一笑，侃侃而谈："迅哥儿说过，考究落水原因，'落水狗'大抵可分为三种：一、狗自己失足落水者；二、别人打落者；三、亲自打落者。倘遇前两种，便即附和去打，自然过于无聊，或者竟近于卑怯；但若与狗奋战，亲手打其落水，则虽用竹竿又在水中从而痛打之，似乎也非已甚。咱们目前的情况属于第二种别人打落者，不同的是：亲自打落者特邀咱们一同痛打落水狗，这就自然不得与前二者同论了。

"无论狗怎样狂嗥，其实并不解什么'道义'；况且狗是能浮水的，一定仍要爬到岸上，倘不注意，它先就耸身一摇，将水点洒得人们一身一脸，于是夹着尾巴逃走了。但后来性情还是如此。老实人将它的落水认作受洗，以为必已忏悔，不再出而咬人，实在是大错而特错的事。总之，倘是咬人之狗，我觉得都在可打之列，无论它在岸上或在水中。

"至于塔塔儿这种软骨头的叭儿狗就应该先行打它落水，又从而打之；如果它自坠入水，其实也不妨从而打之，但若是自己过于要好，自然不打亦可，然而也不必为之叹息。叭儿狗如可宽容，别的狗也大可不必打了，因为它们虽然非常势利，但究竟还有些像狼，带着野性，不至于如此骑墙。

"'犯而不校'是恕道，'以眼还眼以牙还牙'是直道。中国最多的却是枉道：不打落水狗，反被狗咬了。但是，这其实是老实人自己讨苦吃。俗语说：'忠厚是无用的别名'，也许太刻薄一点罢，但仔细想来，却也觉得并非唆人作恶之谈，乃是归纳了许多苦楚的经历之后的警句。譬如不打落水狗说，其成因大概有二：一是无力打；二是比例错。前者且勿论；后者的大错就又有二：一是误将塌台人物和落水狗齐观，二是不辨塌台人物又有好有坏，于是视同一律，结果反成为纵恶。即以现在而论，因为政局的不安定，真是此起彼伏如转轮，坏人靠着冰山，恣行无忌，一旦失足，忽而乞怜，而曾经亲见，或亲受其噬啮的老实人，乃忽以'落水狗'视之，不但不打，甚至于还有哀矜之意，自以为公理已伸，侠义这时正在我这里。孰料，他日复来，仍旧先咬老实人开手，'投石下井'，无所不为，寻起原因来，一部分就正因为老实人不'打落水狗'之故。所以，要是说得苛刻一点，也就是自家掘坑自家埋，怨天尤人，全是错误的。

"总而言之一句话：对付塔塔儿部这条'落水狗'一定要用竹竿又在水中从而痛打之！"

此言一出，众将领越发炸开了锅。

者勒蔑打圆场笑道："你们冲他吵什么？他不过是顺着可汗的意思随便说说罢了，还不是为了早一点儿讨齐三十个老婆！"（诸位如果留意的话，就会发现每次者勒蔑谈论起豁儿赤的时候都会拿他欲娶三十个老婆这事儿挖苦他，据我对者勒蔑的心理分析是他自己非常欣羡豁儿赤的艳福，故而情不自禁地讽刺挖苦人家以寻求心理上的平衡。）

有将领笑了起来。（看来笑话是缓和气氛的一剂立竿见影的良药。）

"这并不可笑。"一个女人的声音从远处飘来。众人回头，恭恭敬敬地站起来——一位尊贵的妇人款款走进大帐来。

初战塔塔儿

铁木真等起身恭迎："母亲！"

诃额仑开门见山地问："你刚才说要奉金国的旨意去攻打塔塔儿人？"

铁木真坦诚地答道："是，我确有此意。"

诃额仑勃然大怒厉声训斥道："你忘了金国是什么人了吗？是咱们不共戴天的仇人！你要认贼作父吗？你给我跪下！"

铁木真欲争辩："母亲？！"

诃额仑不容置辩地说："跪下，朝着不儿罕山，朝着你曾立下誓言的长生天，朝着俺巴孩汗和斡勤巴儿合汗的在天之灵，你跪下！"

孛儿帖催促道："铁木真，快跪下，别惹母亲生气！"

铁木真无奈地应了一声，不服气地跪下了。

诃额仑生气地说："你向他们忏悔吧！"

铁木真跪在地上，发自肺腑地祈祷起来："伟大的不儿罕山，永恒的长生天，被金国钉在木驴上惨死的两位蒙古先可汗。我是铁木真，从降生的那一刻起，就担负起了打败金国为父祖报仇的重任，对此我历经磨难至死不渝。只是由于我的羽翼尚未丰满，草原上的部落还分崩离析，这个志向至今未能实现。"说到痛处已然泪光闪闪。随后，他一振，以很快的速度说："金国是我最主要的最强大的仇敌，在草原上一直豢养着一条恶狗——塔塔儿人，他是我屡次打败，又屡次在金国的扶持下恢复元气再来咬人的恶狗。这一次金国嫌弃塔塔儿狗了。我可以不受金国的牵制打败塔塔儿这个杀我父亲的仇人了！望你们保佑我！"

诃额仑愕然："你？！"

铁木真站起来，劝诃额仑说："母亲，方才别勒古台还说我们按兵不动，看着金国打塔塔儿人——说这是坐山观虎斗。"

别勒古台："对！"

铁木真接着劝说："这么说别勒古台也承认金朝和塔塔儿人都是老虎，可是你愿意面前有一只老虎还是同时有两只老虎呢？"

豁儿赤声援道："对，敌人的敌人可以成为我们的朋友，哪怕是暂时的朋友也是好的嘛！"

诃额仑纠正道："他们二者根本就不配成为我们的朋友！"

铁木真："没错。不过咱们可以暂时利用与金朝的联合，先消灭塔塔儿人。"

豁儿赤帮腔说："正是！先打死一只是一只，然后再找机会干掉另一只嘛！"

博尔术支援道："我觉得可汗的主张是对的。我们打了塔塔儿人，表面上还伪装成是奉金国之命这样做的，这样咱们就不容易在金国那里过早地暴露自己，引起金国的注意。等咱们悄悄把自己的羽翼锻练丰满了，总会有一天，在金国没有注意的时候，一下子高高地飞起来！大鹏一日同风起，扶摇直上九万里！那时，金国的末日就到了。"

铁木真接腔说："到那时，就轮到我铁木真把金国皇帝钉死在木驴上了！"

在众位雄辩家一致劝解下，诃额仑终于转过这个弯儿来了，长叹了一口气，有些激动地说："小真真，母亲是老糊涂了！往后再也不瞎操心干预你的事了。我的好儿子，你已经长大成材了，今后不管你做出任何决定，娘都会永远站在你这边支持你的！孛儿帖，咱们回去吧！"说罢她和孛儿帖走了出去。脸上带着既欣慰又落寞的神情走了出去。

为了使胜利更有把握，大汗立即派人出使黑林请义父王罕率兵到浯勒札河上游会合一起痛扁"落水狗"。

由于被塔塔儿人钉死在木驴上的斡勤巴儿合汗是撒察别乞的父亲，因此大汗还特意邀请主儿乞人一起来痛打"落水狗"，并希望以这次血族复仇大义为契机，同他们重归于好。

一切都安排部署妥当之后，大汗提起精神，笑道："诸位首领跟我去宴请金国使臣。哎——，都不要把脸子拉这么长嘛！我让你们去喝酒，又不是去服毒！"

大汗自己先大笑起来，众人也随之哄堂大笑起来。

屁大点儿官

王罕一听打“落水狗”这种事儿，不打白不打，不如乘机狠捞一票，迅速集结了一支大军向东开来，第三天就与铁木真的军队会合了。他们整整等了主儿乞人六天，却连个鬼影子都没见到。奇了怪了，替他老子报仇，撒察别乞居然不来参一股。怕延误战机，联军便沿斡难河东进抵达浯勒札河上游。塔塔儿人躲在松树寨和枫树寨中准备挖沟坚守。松树寨和枫树寨是原先金朝修筑后来荒废了的两座堡垒和营寨。1196年春，塔塔儿人正在挖沟备战，铁木真联军就杀来了，没费多大工夫便攻下了这两座破寨子。塔塔儿人溃不成军，其首领蔑兀真笑里徒含笑九泉了。联军像闯进羊群的恶狼烧杀淫掠为所欲为。

王罕与铁木真遵承大金天命联兵败敌，击毙贼酋蔑兀真笑里徒，大获全胜，劳苦功高。右丞相完颜襄封脱斡邻可汗为王（这回成了名副其实的王汗了），封铁木真为“札兀惕忽里”，意即统帅诸部的首领。听起来还蛮威风的嘛！事实上也就是个五六品官吧，大概相当于孙猴子当过的“弼马温”那个级别。

大帐里，大汗悠哉游哉地品着奶茶，笑望着众人面红耳赤地争吵。

哈撒儿气愤不平地大嚷道：“岂有此理！蔑兀真笑里徒是咱们灭掉的，为什么王罕封了王，成了王汗；咱们的可汗只封了个什么炸吾屁股里（札兀惕忽里）的鬼玩意儿。”

忽察儿自嘲道：“草原各部的统帅，很威风啊！权力也不小嘛！”

合赤温鄙夷地撇撇嘴，一脸嘲讽地说：“别自欺欺人了，我们费了九牛二虎之力套了一匹野马，却让一个老家伙（王罕）备上鞍子骑走了。人家王爷是朝廷最高的封赏，咱那‘炸吾屁股里’算个甚嘛东西？”

豁尔赤意味深长地说：“草原各部的统帅，也好！有了这个名义，可汗就可以名正言顺地在草原上称雄，鞭打那些不服从统帅的顽劣畜牲了。”

博尔术：“说到底，争雄草原要靠我们自己兵强马壮！”

者勒蔑颔首赞许道：“博尔术这话说得最实在，我们自己没有力量，拿这个狗屁‘炸吾屁股里’去让人家服从咱们的指挥，非得让人家的鞭子抽了咱的屁股不可！”

众人哄笑。

大汗悠闲自得地啜了一口奶茶，心平气和地对众爱卿说："你们都不要争了。还是先回去美美地睡上一觉，也许就会想起来我们当初为什么帮金国打塔塔儿人了。"

哈撒儿兴冲冲地拍了豁儿赤一巴掌："对呀，要伤其一虎嘛！管他什么封赏不封赏！"

者勒蔑："不用睡觉就想起来了嘛！"

众人开怀大笑了。者勒蔑打趣说："等我们攒足了力气打另一只老虎的时候，这只老公羊完颜襄想当个百夫长也得看我们可汗喝没喝好奶茶！"大伙儿又是一阵哄笑。

大汗却没有笑，陷入了沉思之中。完颜襄，等着吧，你这条奸诈的老狐狸，为了今天我向你折腰下拜，将来要你用眼泪和鲜血加倍偿还！

又拣到一个幼童

1197年春，铁木真35岁，班师三河源头。在诃额仑的斡儿朵外（超大蒙古包，行宫），诃额仑（老妈）、孛儿帖（老婆）、帖木仑（老妹）、四个儿子、诃额仑的两个养子等妇女儿童欢天喜地迎接铁木真兄弟凯旋归来。

铁木真将从塔塔儿那里抢来的两件珍贵的战利品银绷车和大珠裘分别献给了老妈和老婆。此外，他还给母亲带回来了一件特殊的小礼物。

贪玩儿的孩子们见到豪华阔气的银绷车欢快地大叫着争先恐后地冲过去动作麻溜地往车上爬，像陈设展览似的露出一对对小屁股蛋子（谁看了都会禁不住照每个小屁股蛋子上轻打两巴掌）。忽然小家伙们都愣住了，从车棚里探出一个小毛头来。一个睡眼惺忪的七八岁的小男孩，脖子上戴着金项圈，穿一件貂皮金缎兜肚（这身行头挺眼熟的吧？），一边慵懒地揉着眼睛一边好奇地问："这是到哪儿了？"

大伙儿被他滑稽的样子逗乐了。

铁木真一拍脑袋，笑道："我把这个小东西给忘了，母亲，这是在松树寨拣到的一个塔塔儿男孩儿，他脖子上带金环，身前带着貂皮金缎兜肚，按蒙古人习惯，拣到这种幼童，都要视为家人，我就把他带回来了。"

孛儿帖弯下腰微笑看着他，柔声哄道："可爱的小家伙，你叫什么名字啊？"

小男孩用滑稽的语调调戏大美女说："尊贵的夫人，我的贱名不——值得一提！"

孛儿帖莞尔一笑，很正经地问："我就想知道你的贱名呢！"

小家伙淌着鼻涕故意摇头摆尾地出洋相说："我叫失吉忽秃忽。（很酷吧！）"

众人看他像个小大人的样子都忍俊不禁。失吉忽秃忽并不笑："请问，哪位是高贵而善良的诃额仑夫人呢？"

诃额仑慈祥地应道："我就是。"

失吉忽秃忽嫩生生地问："啊，铁木真哥哥说您会收留我为养子的，他的话可信吗？"

诃额仑庄重地点点头，和蔼地应道："当然！"

失吉忽秃忽忽然举起右手，奶声奶气地发誓说："我可以对着永存的长生天发誓，长生天在上，失吉忽秃忽在下……哎呦！我要尿尿！……"他憋红了脸，弯曲着身子，用手捏住小鸡鸡，急得跟热锅上的蚂蚁似的。

诃额仑不待他说完已是喜欢得不行，一把将他揽在怀里，亲了好几口："我信，我信，我的好儿子！"

众人哈哈大笑，其中当然也包括那群穿着开裆裤的小家伙们。

帖木仑招呼孩子们："上车，失吉忽秃忽，姐姐带你玩个痛快！"

帖木仑鞭子一甩，大帐车载着笑声跑向草原。

诃额仑笑道："看你们的妹妹，都二十岁了却还像个大孩子！"

哈撒儿吃醋说："还说呢，您对我们兄弟严厉得像只随时扑下来的鹰，对帖木仑却柔顺得像只任羔子撞乳的母羊。"

大家都笑了，连诃额仑也忍不住笑了起来。

豁阿黑臣（最最忠诚的老女仆，被看做是家庭中的一位成员）怔怔地问："你们在笑什么？"

孛儿帖："在笑母亲偏心眼儿。"

豁阿黑臣不解地重复说："在笑你母亲的耳朵眼儿？"（真是莫名其妙这有什么好笑的？）

众人大笑，诃额仑怜悯地叹气说："豁阿黑臣老了，耳朵也不行了！"

诸位看官，大家在看影视作品时每当看到这样的刻意特写镜头：一个活泼可爱的小朋友在马路上活蹦乱跳或者一对情侣如胶似漆幸福得像花儿一样的时候，你会产生什么样的想法？

我的心会"咯噔"一下，坏了，大难即将临头了！接下来的情节通常是一辆飞驰而过的汽车将天真烂漫的小朋友轧入车轮下，情侣中的一人突然被告知患上了不治之症时日无多了。

英国19世纪伟大的浪漫主义诗人雪莱在《西风颂》中写道:“冬天来了,春天还会远吗?”乐极生悲!欢快到了沸点,悲痛还会远吗?铁木真打了大胜仗,回到老营与家人欢聚,欢天喜地,尤其是最小的妹妹帖木仑更是快乐得十分出众。我真替她捏了一把汗哪!

突然五十名大汉全身赤裸裸素腚朝地哭哭啼啼地抬着一具尸体回来了。(哈哈,很诡谲吧,好似古龙武侠小说中的情节。)

找死的人如愿以偿了

五十名素腚朝地的大汉见到大汗嚎啕痛哭起来。前文中我们提到过由于被塔塔儿人钉死在木驴上的斡勤巴儿合汗是撒察别乞的父亲,铁木真在追打塔塔儿人之前曾特意邀请主儿乞人一起来痛打“落水狗”,并希望以这次血族复仇大义为契机,同他们重归于好。结果他苦等了主儿乞人六天,却连个鬼影子都没见到。在打败塔塔儿人之后,大汗命令他妹夫孛秃带领六十人去给主儿乞人分战利品。不料他们非但不领情(不领情是人之常情,毕竟大汗此举明显具有寒碜他们的意思)居然杀死了孛秃和十名侍从,剥光了其余五十名侍从的衣服让他们在光天化日之下光着屁股逃了回来。撒察别乞,你知道自己究竟在干什么吗?

帖木仑见到爱夫的尸体,眼睛一闭昏倒在地。铁木真兄弟呼叫,帖木仑睁开了眼,喘息着吐出两个字:报仇!

大汗大喝一声飞身上马,众人纷纷跃上战马追随而去。

一支贵族哪里是一个国家的对手?铁木真军势如破竹轻而易举地击溃了他们。撒察别乞带着老婆孩子逃跑了。铁木真哪里肯放过他,穷追不舍愣是将他逮住。当时蒙古族信仰萨满教,认为人死时若是身首异处或者被放了血就不能得以超度。看在这哥们儿是近亲的份儿上,格外开恩用一张牛皮将他活活闷死,赐了他一具不流血的全尸。

撒察别乞死了,主儿乞人民齐欢唱。毕竟跟在狗后面吃屎,跟在老虎后面有肉吃嘛!门户奴隶木华黎他爹将木华黎和木华黎他弟弟送给大汗作那可儿,并对大汗立下誓言:“永世为奴,今后若有半点不忠就把脚筋挑了,心肝割了!”

提一句,木华黎出身于札剌亦儿氏,该氏族是孛儿只斤家族奴隶。说起奴隶,大家可能就会想到:住在破破烂烂的茅草房里,身穿补丁摞补丁的衣服，每顿都吃糠咽菜，每天在监工的怒斥和皮鞭的抽打下起早贪黑地干粗重的体力活，过着猪狗不如的凄惨日子。咱们再来看看奴隶木华黎家的境况，放眼望去牛马成群，吃肉喝酒开PARTY，小日子过得相当滋润，号称“伯颜”（富裕的贵族）。有些看官就郁闷了，他到底是奴隶还是奴隶主？他是一个很富裕的纯纯粹粹的奴隶。红楼梦中，有一些权奴仗着主子撑腰很狂傲很富足，但是无论他们多阔气多势力始终不能摆脱其奴隶身份，他们与主子签了卖身契附属于主子，没有资格去参加科举考试自然更不能去做官。不仅他们是奴隶就连他们的子子孙孙都永世为奴为婢。木华黎家族虽然很富足但由于祖上沦为奴隶，只得听命于主子的摆布，几乎没有什么政治权利可言。如果非要说有的话，那就是：有劳动的权利、有缴献财物和贡品的权利、有服徭役干苦力的权利、有服兵役跟随主子打仗的权利……

木华黎的三叔（一位腰缠万贯的奴隶）从主儿乞营地捡来一个名叫博尔忽的小男孩，送给诃额仑作养子。这样诃额仑就像唐玄奘西天取经收徒弟一般收齐了名震宇内的四养子。他们分别是：从蔑儿乞营地捡来的曲出、从泰赤乌营地捡来的阔阔出、从塔塔儿营地捡来的失吉忽秃忽、从主儿乞营地捡来的博尔忽。诃额仑像对待亲生儿女一般养育他们。

蒙古部族当时正处于原始社会向奴隶社会过渡的上升时期，此时已出现了家庭私有财产和奴隶，战争的目的就是为了掠夺人口与财物。每当部族之间发生战事后，俘虏中的成年男子即被杀掉，妇女儿童则被胜利者按照身份当作奴隶瓜分掉。曲出等四个孩子想必都很聪明伶俐、招人疼爱，否则就不会被当作战利品献给太后诃额仑了。按照一般的惯例，诃额仑应该将他们视作家童，当作奴隶，然而善良的诃额仑尽心尽力地把他们养大，白天用目力，晚间用耳朵照顾他们。后来他们都成为名贯中西的名将。善良慈爱的诃额仑慈悲为怀的母爱情结相当浓厚。我猜想，如果她活得足够长的话，在她精心哺育下的孤儿收养所中也许你会惊异地发现一些金发碧眼头发卷曲的小朋友，高鼻梁薄嘴唇皮肤白的小朋友，面庞扁平颧骨隆起眼裂狭细头发墨直的小朋友，鼻阔嘴大皮肤泛棕的小朋友、嘴唇厚鼻子宽头发卷曲皮肤泛黑的小朋友……

弱者的联合

1195 年金国夹谷清臣率军北征。1196 年完颜襄联合铁木真、王罕战胜塔塔儿部。1198 年金国派完颜襄、完颜宗浩率大军讨伐草原诸部，斩首一千多人，俘获大批车帐、人畜。金朝进行的这三次北征有力地打击了在东蒙古草原的塔塔儿、弘吉剌、合答斤、山只昆等强悍部落。大家可能会认为通过这三次北伐金国掳掠了大量战利品，在北方边疆的势力大大增强。然而事实却恰恰相反，金军得胜后不仅没有进一步向外扩张反而将临潢路的界濠边堡向内地回缩了。三次北征使得金朝元气耗尽、国力益衰。看来打了胜仗也未必能讨到便宜。

金朝虽然没能讨到好处，铁木真和王罕却白白捞到不少渔利。原本强悍的蒙古草原东部地区经过连年战火的折腾实力大减。铁木真和王罕联军乘虚而入，所向披靡攻占了不少领地。随着他们势力的迅猛壮大，引起了草原各部的警惕和恐慌。

1199年，铁木真、王罕联军大败西方大国乃蛮的不亦鲁黑汗，尽杀其诸将族众，尸首堆积起来宛若一座金字塔，蔚为壮观。

1200年春，联军会师于萨里川，向东回军讨伐泰赤乌部。泰赤乌与蔑儿乞联合抵抗，脱黑脱阿派儿子忽都率军迎战。双方会战厮杀于斡难河地区的蒙古草原上，泰赤乌等部落战败鼠窜。

当泰赤乌被打败的消息传开后，合答斤、山只昆、朵儿边、塔塔儿、弘吉剌部立下最毒的誓约结成联盟共同对抗铁木真和王罕。他们立下的这种最狠毒的誓约情景如是：诸位首领将一匹矫健的白色公马团团围住，一位司仪高喊一声，预备！——大伙儿郑重地举起手中利剑，眼睛紧紧盯住骏马的羞处。随着司仪一嗓子“开始！——”，诸剑从各个角度齐刷刷地砍向那匹可怜骏马的那活儿。光闷头苦砍还不行，挥剑的同时还必须大声宣说誓词：“天地之主请听吧，我们立下了什么样的誓约啊！看这畜牲的臊根！如果我们不遵守自己的誓言，破坏誓约，让我们落得跟这畜牲同样的下场！”

亲身经历过这种血淋淋惊心动魄的立誓仪式后，怕是没有人敢轻易背信弃约了吧？毕竟那匹雄壮的骏马在成千上万人围观下被乱剑砍掉臊根的情景忒也触目惊心了。

颇具讽刺意味的是当夜便有一位立下毒誓的仁兄偷偷派人去给敌方送信去了。唉，可怜那匹矫健的白马白白地变成了人类的政治牺牲品，白白当众受辱，白白牺牲了后半生的性福生活。

暗中送信的是弘吉剌部的德薛禅，他派人向女婿传话说：“敌人斩白马为誓，欲袭帝与王罕！”铁木真得到情报火速派人将消息通知王罕，王罕立即派兵前来会合。

大战在即，咱先插叙两段故事。

第一个故事是关于合答斤、山只昆的。大家是否还记得咱们前面讲过始祖母阿兰豁阿生下了五个儿子。其中，两个大儿子是她与她老公共同努力产生的爱情结晶，自然是普通人；三个小儿子却是在她守寡之后，每天夜晚爬进来的金光神人的劳动成果，被称为“纯洁出生的蒙古人”。三个小儿子的子孙组成了尼伦氏或称尼鲁温氏，三个小儿子中长子不浑合塔乞分支出来的后代组成的部族即合答斤部，次子不合秃一撒勒只分支出来的后代组成的部族即山只昆部，最小的儿子孛端察儿的后代称为孛儿只斤氏。后来东方红太阳升，孛儿只斤氏出了个铁木真。

早在铁木真与札木合分离之前，他们就曾派遣使者到两个部落，想与之交好。结果合答斤和山只昆部首领们破口大骂同时从锅里将羊的内脏连同滚烫的羊油汤泼到了使者的脸上，破了相受了辱的使者捂着烫伤的脸灰溜溜地跑了回来。从此，双方结下了冤仇。后来每当有人发起倡议联合攻打铁木真时，联军中一准儿少不了这两位夙敌。

第二个故事是关于主儿乞人的。撒察别乞被处死后，主儿乞人归顺了，然而贵族势力却并未就此罢休。不里孛阔成为主儿乞氏的实际领袖。不里孛阔是合不勒汗的第三子后代（撒察别乞是长子后代，铁木真是次子后代），论起来是铁木真的堂叔。这位大叔力拨山兮气盖世，草原人送“国之力士”的荣誉称号。这位大叔掌握主儿乞氏实权后，对大汗的命令总是阳奉阴违，暗地里尽搞拆台挖墙脚等阴谋捣乱活动。

在大汗暗中部署妥当应战措施之后，又过了好些天。一天夜里，在酷爱制造荒唐闹剧的额里真妃的指使下，新首领不里孛阔领着数百名主儿乞人气势汹汹地举着火把涌向大汗的金帐，理直气壮地声称要讨一个说法，结果又上演了一出可笑的闹剧。

老活宝倾情奉献出的又一场闹剧（1）

当联军一步步朝铁木真营地逼进之时，自以为消息灵通的额里真妃听到联军前来攻打铁木真的消息之后（恐怕此时此刻这件事儿已经是地球人都知道的了。在很久很久之前铁木真就知道的事儿，她却沾沾自喜当成最新的独家新闻），天生就具有丰富闹剧细胞的额里真妃异常兴奋地认为这正是一个可以出一口恶气的大好机会。在她的怂恿下，不里孛阔领着数百名主儿乞人气势汹汹地举着火把向大帐涌来，被警戒线上的士兵拦住："你们要干什么？"

不里孛阔理直气壮地说："我们要求大汗像杀死叛逆撒察别乞一样杀死叛逆孛儿帖！"（这一命题很有创意！）

随他同来的小喽啰们一起往前拥，起哄吼着："杀死叛逆孛儿帖！"

速不台上前来阻挡，被不里孛阔一把推倒在地。忽必来上前拦挡，被不里孛阔抓起扔了出去。看来这哥们儿"国之力士"的光荣称号是脚踏实地打拼出来的，不是花钱托关系暗箱炒作出的虚名。

老活宝额里真妃一边倚老卖老连推带搡使劲儿往前闯，一边发疯一样拼命鼓掌叫好，负责警卫的兵士们被这个疯狂的老娘们儿拥到一边去了。此时木华黎率领着守卫帐门的兵士迎上来："站住！"

不里孛阔疑惑地："木华黎？！"

额里真妃指着木华黎的鼻子怒斥道："你？！一个主儿乞人的门户奴隶居然敢拦住大妃的去路？赶快滚到一边儿去！"

木华黎好言相劝道："大妃，我现在是可汗的那可儿，没有可汗的允许谁也休想前进一步！"

额里真妃大怒："不里孛阔，把这个拦路的小子给我扔开！"

不里孛阔捋起袖子刚欲动手，木华黎的刀尖已经触到了他的脖子。看来光靠蛮力是不能占上风的。

不里孛阔僵住，众人也不敢靠前。速不台和者勒蔑也赶来相助。木华黎逼着不里孛阔说："退回去！都给我往后退！"主儿乞人纷纷往后退。疯狂的局面终于被压制住了。

大汗从金帐中款款走出来，热情地微笑说："是额里真妃婶母吗？这么晚了还亲自大驾光临来找我有什么事儿？"

木华黎收刀。主儿乞人拥上来，额里真妃止住吵吵嚷嚷的人群双手叉腰理直气壮地质问道："铁木真，你杀了我的儿子撒察别乞是因为他叛逆了你这个乞颜部的可汗，没错吧？"

大汗颔首作答："他不仅叛逆了我，更是对蒙古先祖的叛逆！"

额里真妃急忙接腔道："那么如果再有人叛逆，是不是也应当处死？"

大汗果断地回答："是的。"

额里真妃幸灾乐祸地说："好，我告诉你，草原上各个部落联合起来浩浩荡荡地一齐来讨伐你了！弘吉剌部也参加了联盟，你岳父德薛禅是不是在弘吉剌部中？"

大汗摸不清楚这位突然变成逻辑学家的老娘们儿绕来绕去到底是想推理出什么样的结论来，含含糊糊地支吾道：“是。”

额里真妃满是褶子的老脸上露出了狡黠的笑容：“是就好，来呀，把牛皮预备好！”当即有人呈上来一大张牛皮，人家是有备而来啊！

额里真妃挺直腰板像审死官一般宣判道：“铁木真，我要求你像杀了我儿子一样，马上杀了德薛禅的女儿孛儿帖！”她扑上去抓住孛儿帖。主儿乞人振臂齐呼：“杀死孛儿帖！杀死孛儿帖！”

孛儿帖试图推开死死抓着她异常亢奋的老太婆，却被拥挤得施展不得。铁木真四个兄弟、诃额仑四养子、铁木真四个儿子及马队分两翼包围了人群。主儿乞人停止了喧嚣。

额里真妃叫道：“你们想干什么？！想以势压人吗？我要向全乞颜部讨个公道！”

她手指之处出现一片火光，阿勒坛、答里台、忽察儿、蒙力克……千军万马出现在眼前。

诃额仑出现在门口：“额里真妃，我会给你个公道的。”她招呼仆人将火把举过来照亮，庄严肃穆地说：“额里真妃，这个人是德薛禅特意派来给咱们送消息的。”

额里真妃不屑地讥笑道：“有何凭证？”

诃额仑举起一张地图：“这是我的老亲家送来的地图，上边有同俺巴孩碑上一样的契丹文字，请各部将领们过目。”

众将们上前来看了图，纷纷点头。

大汗趁乱在别勒古台耳边小声嘀咕了起来，别勒古台会意地点了点头。

老活宝倾情奉献出的又一场闹剧（2）

忽察儿出来打圆场，高声喊道：“啊，原来是一场误会，散了吧！散了吧！”众人欲散。

别勒古台喊道：“不里孛阔，你就这么走了吗？”

不里孛阔回过头来，吃惊地问：“你想怎么样？”

别勒古台说：“你方才污蔑了可汗的大妃——我的长嫂孛儿帖，可汗可以不怪罪你，我可要替大妃向你讨个公道！”

忽察儿眼睛一亮，满怀期待地问：“你想跟他决斗？”哈哈，别勒古台这个愣头青哪根筋儿抽住了，居然要跟国之力士较量较量？快快拳打脚踢噼里啪啦地干一架吧！最好是死掐到鼻青脸肿头破血流伤痕累累半死不活，也好给百无聊赖的日子增添一抹刺激的色彩！

不里孛阔连连摆手，向后退着说："不，不！我现在郑重地向大妃道歉！"

孛儿帖领会了大汗的意思，正色说道："我们弘吉剌人的尊严是不容冒犯的！"

者勒蔑指着不里孛阔，鄙夷地嘲笑道："哈哈哈，大家快看把他吓得直往后缩浑身筛糠的那副德性！浪得虚名的鼠辈，见了人家别勒古台就跟耗子见了猫儿似的！大家快别难为人家了，看把他吓成啥样了？哈哈哈……"速不台等人哄堂大笑。

说着别勒古台扑了上去，不里孛阔闪过，被动与之周旋。二人到底纠缠到一起了。别勒古台不断发起进攻，不里孛阔步步为营小心防守。主儿乞人一阵狂喊。不里孛阔转守为攻，别勒古台有些招架不住，主儿乞人松了口气。者勒蔑和速不台指挥孛儿只斤氏有秩序地为别勒古台呐喊助威。局势稍现平和，进入胶着状态。

忽然不里孛阔像雄狮般怒吼一声发威了。他用一只手执住别勒古台的衣领，用一只脚将他绊倒，随即一屁股压在他的身上。别勒古台试图从他身下摆脱出来，却觉得身上压着的仿佛是那如来佛祖的五指山，自己宛若那无助的小毛猴子丝毫动弹不得。骑在他身上的不里孛阔自豪地侧目望去，但见大汗面色凝重紧握着刀柄，虎视眈眈地紧盯着自己。他身后的木华黎、博尔术、哈撒儿、合赤温等诸将领握着刀把摆出一副时刻准备着冲上来将他乱刀砍死的架势。而己方的主儿乞人却都惊慌失措不敢吭声，没人敢公然为他振臂声援。

不里孛阔目光慌乱地骑在别勒古台身上，刚才的得意之情一扫而空取而代之的是骑虎难下的尴尬。他的大脑飞速地转动着思索着怎样才能找个台阶下台来。最后终于想到一个能给足对方面子委曲求全的法子——佯败讨饶。低头俯瞰一眼屁股底下压着的哥们儿奋力挣扎着却没有足够大的力气翻身做主，顿生小虾米掀不起什么大浪来的感喟！无奈之下，仔细观察着当看到"毛猴子"再次有力无功地扭了扭身子的时候，"五指山"瞅准时机配合以动作翻转了过来。刚刚还无助地被千斤重臀死死压在底下动弹不得的别勒古台恍惚间已然骑在不里孛阔的身上了。

我不是被压在下面吗？我真的正骑在那头蛮牛的身上吗？没准儿是长生天暗中助我触发出四两拨千斤的命门？我是在做白日梦吗？抑或是我已经在那两瓣肥硕的巨臀之下获得往生了？

如坠迷雾里的别勒古台转脸看了哥哥一眼，但见大汗咬了咬牙，重重地点下了头。不里孛阔正欲按部就班地进行下一步的表演计划——求饶，却见别勒古台迷迷糊糊地站起，似乎要结束格斗，躺在地上装耸示怯的不里孛阔长舒一口气，心中暗忖："唉，表演终于结束了，看来连讨饶这一环节都可免去了，比想象中的轻松了许多嘛！……"孰料那哥们儿却又猛地用膝盖以雷霆之势砸向他的软肋，然后洒脱地撤身离去。围观群众情不自禁地惊呼一声。不里孛阔一口血吐在地上，勉强撑起身子指着别勒古台骂道："你！我是惧怕铁木真才犹犹豫豫让着你，故意佯败的！你，你竟下这样的毒手！你根本就不是老子的对手！老子一只手捏死仨个你这样的小贼……"说罢膈屁着凉尥蹶子急着赶赴往生去也。

孛儿只斤氏欢呼雀跃，抬起别勒古台朝天抛举。主儿乞人不平、惊惧、气馁，额里真妃眩晕倒地。

铁木真示意爱妻孛儿帖上前分开众人，托起额里真妃的头："婶母，尽管您多次像仇敌一样对待我们，我们仍然把你看做乞颜部落中最应该敬重的长辈！来人，把大妃抬到我的斡儿朵里去好生侍候。"几位女仆应声上前欲搀扶，额里真妃像霜打过的茄子似的有气无力地摆摆手，站了起来，晃晃悠悠地走了。主儿乞人耷拉着脑袋跟了上去。

大汗笑望着忽察儿、阿勒坛、答里台。三位仁兄的脸上分明写着失望与沮丧。至此老活宝倾情奉献出的又一场闹剧拉下了帷幕。

不里孛阔之死彻底扑灭了主儿乞人的嚣张气焰，其他旧贵族也不敢再轻举妄动了。大汗用暴力压服了乞颜氏中最有力量的长支贵族，标志着他从贵族联盟首领向真正的专制君主迈进了一大步。

盛产美女的部族

德薛禅悄悄地派人将合答斤、山只昆等部落联合来袭的消息告诉大汗，大汗立即同王罕一起从斡难河附近的虎图泽出兵进至捕鱼儿海子（贝尔湖）。等一切部署妥当后，合答斤等部才姗姗来迟，双方展开了一场激战，最后乌合之众大溃败，铁木真、王罕联军如闯入羊群的恶狼烧杀抢掠为所欲为。这次大战之后，铁木真与王罕的势力又有所壮大。草原上其他部族更加惊慌害怕，它们暂时放下彼此之间的冤仇抱成一团矛头同指铁木真，终于激发了铁木真、王罕与东方十二部的一次大决战——阔亦田之战。

1201年，蒙古草原十二部（札答兰、合答斤、山只昆、朵儿边、塔塔儿、亦乞列思、豁罗剌思、乃蛮、蔑儿乞、斡亦剌、泰赤乌、弘吉剌部）在额尔古纳河、根河、得尔木尔河汇流处的红岸举行了一次重要会盟，共同推举札答兰部首领札木合为古儿汗（意即众汗之汗）。

众位首领依照惯例立下了最毒的誓约结成联盟共同对付铁木真和王罕。唉，夜来誓盟后，又有多少无辜的种马丧失了一辈子的性福生活？由于本次立誓是在河边小树林子里，大伙儿即兴发挥因地制宜手拉手盟誓曰："凡我同盟，有泄此谋者，如岸之摧，如林之伐。"说罢，大伙儿依照誓言手拉手来到小河边倒数三声齐心协力一同举足踩踢河岸，然后又一同挥刀砍断树木。

颇具讽刺意味的是，经过这么一番庄重的誓盟仪式之后，当夜便又有部族蠢蠢欲动想要趁月黑风高之际偷偷溜去投奔铁木真。（惨遭宫刑的儿马痛斥道："我这一刀挨得不值哪！冤枉啊！我那成群的妻妾！"）这个身在曹营心在汉的部落还是弘吉剌部。更具讽刺意味的是，当弘吉剌部民众背着锅碗瓢盆拖家带口跋山涉水好不容易进入铁木真领地范围内，大伙儿怀着狂喜的心情感叹着终于到达了旅途的终点，总算是来到这片向往已久的土地了。没想到这时大汗的二弟哈撒儿兴冲冲地率领军队将这帮遭受旅途奔波之苦的外来者狠狠地抢掠洗劫了一票。（哈撒儿争辩道：这事儿可不能怨我啊！当时我哪儿知道那帮像逃荒的难民似的家伙是前来归顺的！）弘吉剌部遭到袭击抢劫后，失去了首领，伤了心了，干脆又原路返回去重新投入到札木合的怀抱中。

你说这是办的什么事儿嘛！费了九牛二虎之力，兴高采烈地来到新家园，可连脚还没立稳呢，就被劈头盖脸暴打一顿，又像个受了委屈的小媳妇儿似的背着行囊抹着眼泪灰溜溜地返回老家去了。

札木合大军开始行动之时，大汗正在古连勒古山放羊。不得不佩服铁木真的人缘相当好，每当有敌人暗中谋划发兵来袭击他的时候，总有人冒着掉脑袋的风险来向他通风报信（以往如此，现在如此，将来还是如此），这次也不例外。这回赶来报信的哥们儿是豁罗剌思人火力台。

插叙一段，豁罗剌思意为江河，是蒙古语"郭尔罗斯"的不同音译，属于弘吉剌部落的分支之一。在《蒙古秘史》"化铁出山"的传说及"金器生子"的神话中，都可以寻到豁罗剌思先人的踪迹，而她的历史文明恰如"江河"一样源远流长，神奇动人。"豁罗剌思"原是人名，他爹玉鲁是个力拔山兮气盖世的奇人，他的太爷爷正是生于"金器"的第三子。这种"神授"中隐喻了"天赐之子"的高贵与不凡。

豁罗剌思部驻牧于巍峨的不儿罕山下，神奇的不儿罕山是斡难河、克鲁伦河、土拉河三河源头，孕育出了聪慧贤淑水般灵秀的女子。豁罗剌思部自古以来就是美女如云，是黄金家族挑选妃嫔的重要来源。“三贤圣母”之首阿兰豁阿（“三贤圣母”分别为成吉思汗十二代祖母阿兰豁阿、生母诃额仑、哈敦(夫人)孛儿帖)、蒙古首任大汗合不勒汗的妻子篾台、成吉思汗的二弟哈撒儿夫人阿拉坦哈屯、蒙古帝国“中兴之主”宪宗皇帝蒙哥的皇后火里差都是豁罗剌思人，被尊奉为蒙古历史上赫赫有名的“四大女杰”。她们不仅美艳贤德、胆略过人，还能以大家风范协助丈夫纵横天下，开创伟业，在蒙古帝国繁荣发展史上留下了不可磨灭的功德。

阔亦田之战

大汗得到敌军已经出发来袭的重要军事情报之后，依照惯例立即派人通知王罕。王罕也依照惯例率领全部军队火速赶来支援。(有看官问:王罕又不是铁木真的下属，为何每次都那么听话，随叫随到呢?答曰:其一，两人是拴在一条草绳上的蚂蚱，先攻打他，你不去支援，那么等他被干掉之后，毫无悬念的下一个就轮到你了;其二，历次合作都大获全胜，连牵带抱、连背带扛掠回大量奴仆、女人、牲畜和物资，而且铁木真总是将大的那份儿让给王罕，这样的发财买卖谁不愿意做?谁不是一叫就赶快乐呵呵屁颠屁颠地跑来?)

大汗与王罕的联军顺怯绿连河而下，打算正面迎击札木合联军。他们进行了周密的部署，派出六路先锋军。大汗任命阿勒坛、忽察儿、答里台为三路先锋军统帅，王罕任命儿子桑昆、弟弟札合敢不和必勒格别乞为另外三路先锋军统帅。在六路先锋前面又设置了三个哨所负责侦察敌情。

一天傍晚，阿勒坛、忽察儿、桑昆的先锋部队经过长途跋涉正准备安营扎寨，设在赤忽儿忽的哨所派快马来报说发现敌情，敌人正是札木合的先锋军。当时战士们经过一整天的长途跋涉累得够呛、饥肠辘辘饿得发慌、况且天也快黑了，大家又乏又困直打瞌睡。此时若能踏踏实实地大睡一觉，那有多幸福呀!于是抱着试一试的态度派人去敌营商量说:天黑了，人困马乏，不如今儿晚上彼此都好好睡一觉，明天赶早痛痛快快干一仗，何如?敌方闻言当即作出了明确答复:哎呀，好兄弟，英雄所见略同!我们也觉得这黑灯瞎火的不太适合打仗。战士疲倦了，需要休息，不让休息就违背以人为本的原则了，这不好;马儿也奔波劳碌了一整天了，再强逼着它一边打瞌睡一边在战场上冲杀，那就是不爱护动物，这也不好。毕竟小动物是我们人类的好朋友嘛！于是双方以科学发展观为指导约定今儿晚上好好休息，养足精神明天再战。我猜双方颇有些在大战前搞一次联谊晚会的意向，可惜由于第一太困乏了没兴致，第二万一混熟了明天干起架来不大好意思下狠手只好作罢了。

第二天一大早，在敌军还在呼呼大睡的时候，睡眼惺忪的铁木真联军打着哈欠抢占了阿兰塞阵地。依山傍寨居高临下，这样就占据了有利地势。

札木合联军一觉睡到大天亮，蓦然发现失去了地利。正犯愁呢，两位身怀绝技的雷人毛遂自荐说，不必杞人忧天，咱们失去了地利，还可以夺得天时嘛！这二位雷人可真了不得，居然会施展萨满教的顶级法术“札答”之术，能呼风唤雨。

下面我就向大家隆重介绍两位技可通天的大法师：不亦鲁黑汗和忽都合别乞。不亦鲁黑汗大师是强大的乃蛮部首领。忽都合别乞大师称谓中“别乞”意即萨满教长老，相当于大巫师、僧正。（不知已经作古了的撒察别乞先生中“别乞”二字是否也具有此含义。）

那天天空阴沉昏黑，大法师面前放着一个铜盆，他将手中的牛黄狗宝放入盆里的净水之中，浑身哆哆嗦嗦抽疯似的扑楞着脑袋口中含混不清地念着咒语。过了不大一会儿工夫，天空中一片乌云奔马般袭来，一个霹雳划破天空，随后狂风大作暴雨倾盆。札木合联军将士们一片欢呼雀跃，我方有这样神仙般的雷人，就是闭着眼睛也能轻而易举地将铁木真联军打得落花流水。真是天助我也！铁木真你的末日到了！

可是过了不一会儿，将士们的狂喜就变成了惊惧。因为他们突然发觉自己是顶着狂风冒着暴雨的。眼睛里进了沙粒流着泪水睁也睁不开眼的士兵们顶着暴风骤雨飘飘摆摆艰难地往山坡上爬，不少人摔倒滚落到坍沟里面去了。占据天时地利的铁木真联军却亢奋地呐喊着像下山的猛虎般从山坡上猛冲下来，他们顺风射箭，挥刀狂砍，杀得兴起。札木合联军哭爹喊娘死伤无数溃不成军。

真是服了气了，摊上这么两个活宝法师！士兵们哭喊哀号着，大法师风向搞反了，咱们成了冒着暴雨迎着大顶风啦！二人又装疯卖傻扑楞着脑袋念着魔咒手忙脚乱地瞎摆糊了一气，急得满头大汗，终究没能与长生天达成共识，眼看着敌人逼近了，干脆扔下法器，施展开凌波微步各自逃命去了。

札木合联军虽然人多势众，但却是一群各怀异志的乌合之众。这个联盟没有共同的政治、经济、军事基础，各部首领都各打各的小算盘。双方刚一接触，乃蛮部首领兼业余活宝大法师的不亦鲁黑汗见阿勒坛部的声势太彪悍太猛烈，怕折损了自己的人马，象征性地砍杀了几下，既不报告盟主古儿汗，也不顾及其他三路并肩作战的战友，便匆忙率部向西方老家逃跑了。其他三路先锋见势头不对，也纷纷争先恐后地各奔东西了。札木合手下各路联军见先锋部队都率先逃跑了，干脆也各回各的家撒丫子往回逃吧，于是刚才还声势浩大的十二部联军顷刻间便树倒猢狲散了。铁木真、王罕联军如入羊群的恶狼大肆杀掠。

札木合联军中并非每个部落都那么没出息只顾着闷头逃命。当众部纷纷鼠窜逃跑之际，唯独有一个部落保持着异常的镇定从容。这只羊群里的骆驼就是札答兰部。听说你小子最近几年动静弄得挺大，小翅膀子又长硬了，混得挺不赖嘛！想当初你跟我混趁黑夜悄悄地背叛我溜了，走的时候还拐走了不少我的属民和财物，上回十三翼之战你像乌龟似的缩到峡谷里死活不敢出来，现在你威风了？不长记性的东西，我看你又皮痒痒了，看我怎么教训你！踌躇满志的联军首领札木合古儿汗率领大军浩浩荡荡地开到阔亦田本打算好好收拾收拾背叛自己的小弟铁木真。没想到手下这帮鼠辈实在太萎，居然一触即泄，四散奔逃。面对先锋军的溃散，札木合并没有想压住阵脚稳住军心，因为他已经清楚地认识到了这帮不成器的鼠辈实在是成不了什么大事儿，尽是些不可救药的废物，一盘散沙！札木合干脆指挥部队趁火打劫，疯狂洗劫了那些推举他为古儿汗的部落和百姓们，在铁木真联军杀来之前，顺着额尔古纳河向东北方向从容不迫地撤退了。

阔亦田之战是一场争夺草原霸权的决战。看似强大却各怀异志的十二部联盟不到一天的工夫便土崩瓦解了。蒙古草原的形势出现了第一次重大转折，从此铁木真踏上了统一蒙古草原的新征程。

一道单项选择题

札木合联军如鸟兽散，铁木真和王罕乘胜追击。王罕顺着额尔古纳河追击札木合与蔑儿乞部。有看官问：为何铁木真不亲自去追击札木合呢，兄弟俩也该做个了结了吧？原因很简单：其一，辛辛苦苦追上去以后免不了要被劈头盖脸骂个狗血喷头，何苦呢？其二，札木合撤退前没少从同盟部落那儿搜刮抢掠物资，按照惯例这只肥羊自然要让给王罕来宰割。

王罕军不费吹灰之力便追上了左牵黄右擎苍后背还背着一口大铁锅满载而逃的札木合军。不知大家注意到了没，描写战败逃跑经常会用到“丢盔弃甲”一词。看来轻装逃跑的成功率比较大，而像搬家公司一样手提腋窝夹肩膀扛背后背什么都舍不得丢弃，贪婪地想要带走所有东西就会变得像背着重重甲壳的乌龟一样慢吞吞的很容易被敌人逮到。汗流浃背着急忙慌地运送半天东西，最后还不是替敌人作嫁衣裳，同时还搭送糊涂苦力一名。人生何尝不是如此？当我们不得不舍弃的时候，就得咬咬牙忍痛割爱，否则背上承载的重负会将你拖累垮的！舍得：舍！得！

札木合被王罕逮到了，王罕看在他是自己的安答同时又是自己干儿子铁木真的安答的面子上，充分尊重他的个人意愿，给他出了一道单项选择题。

题目要求：在本小题列出的四个备选项中只有一个是符合题目要求的，请将其代码填写在题后的括号内。错选、多选或未选均不得分。不得分就立即推出去砍头。

请认真选择一项您真心想要的结果并将其代码填写在括号内（　）。

A．死心塌地地归顺，永世臣服；

B．不幸死于车祸（一出门被飞驰而过的马车撞死）；

C．意外溺水，抢救无效，不幸身亡；

D．深更半夜住所意外失火，清晨大家才在废墟中惊惧地发现一具烧成黑炭的尸体。

在审清题意，把握题眼，审视题肢，明确大意之后，札木合一琢磨：不幸死于车祸，而且是一出蒙古包被飞驰而过的马车撞死，这种可能性并不比遭雷劈或者彩票中头奖的几率更大。于是他运用排除法中的排谬法，把明显错误的或不符合常识的选项B剔除了。他又把剩下的选项进行分析比较，终于用“优选法”把最符合题意的选项A选了出来。毕竟好死不如赖活着嘛！况且选项A中“归顺”之前的形容词“死心塌地”是虚的，我可以假装死心塌地嘛！臣服之前的“永世”也是虚的，混得好的话说不定明年我就翻身作主骑到你头上去了。权衡利弊之后，札木合装出一副死心塌地归顺的样子，发誓要永世臣服于伟大的王罕。

而咱们前面提起且受过高度赞扬的逃跑专家蔑儿乞部首领脱黑脱阿先生就深谙逃跑诀窍，他非但不贪恋身外之物，甚至连老婆孩子全都抛下不要了。于是在逃跑方面他又一次大获成功并企及新的高度。脱黑脱阿率残兵败将逃到了贝加尔湖东岸的巴尔吉津河地区，王罕军杀死了他的长子，俘虏了他的两个儿子忽都、赤剌温，活捉并分配了他的老婆和两个女儿。

铁木真向斡难河方向挺进，死死咬住泰赤乌部不放。俗话说穷寇莫追，兔子急了还咬人。被逼到绝路的肥仔塔里忽台率领部下拿出拼命的架势顽强抵抗。双方始战于东隅直至桑榆而不歇。战士都想停战歇息了，可是双方老大不发话只得硬着头皮继续拼杀。泰赤乌部有一位年轻的神箭手只儿豁阿歹（名字很难记，不过没关系，后来铁木真帮他改了一个好记的——者别）潇洒地搭上弓动作优雅地放了一箭，帮大伙儿实现了鸣金收兵回营吃饭睡觉的愿望。

话说大汗横刀立马亲自指挥着战斗，但觉一股强劲的气流带着风声朝自己的喉结疾驶而来，心知不妙赶忙本能地将头一偏，可是为时已晚，那支利箭“嗖”的一声穿射入他的脖子里，伤其血脉，顿时鲜血如注喷涌不止。贴身侍卫们手忙脚乱地将跌落下马的大汗抬回营寨，这天的激战这才拉下了帷幕。

可爱天使睡得像头死猪

者勒蔑小心翼翼地将昏迷不醒的大汗抱入大账内，伏在他身侧帮他吸吮痈血。其他那可儿想替换者勒蔑让他休息一会儿，可他生怕别人会误事儿，执意要亲自照顾大汗不离左右。直到后半夜的时候，大汗才迷迷糊糊地呻吟说“我的血已流干了吧？真是渴死我了……”说罢又昏睡过去了。

再次醒来已是清晨。大汗睁开睡眼，然后不敢相信地用手揉了揉眼睛。但见者勒蔑伏在自己身畔呼噜震天，涎水把自己的衣襟浸湿了一大片。大汗推了推趴在自己身侧睡得跟死猪似的者勒蔑，嗨，哥们儿，快醒醒！哈喇子把我的衣服都阴湿了。

这位老先生侧了侧身，哼了一声，又呼呼沉睡起来。大汗这才发现这家伙身上光溜溜赤条条地仅在裆部裹着一块遮羞布。大汗苦笑着指了指睡得一塌糊涂的爱卿，低声询问其他那可儿：这家伙怎么死猪躺在案板上似的，睡成这副丑恶德性？

有那可儿禀报说昨夜大汗生命垂危，淤血很多，者勒蔑很是担心不敢离您左右，不时地用嘴吸吮痈血，有时回头吐到地上有时干脆就咽到肚里去了。半夜时您迷迷糊糊地说口渴，可是咱们临时营地中却没有水。者勒蔑灵机一动说是去泰赤乌营地中偷水，一个小侍卫学着者勒蔑的神情说道：“我干脆把衣服脱光得了，假如被敌人逮住，我就骗他们说：‘大汗膈屁着凉了（小侍卫偷睨了大汗一眼，见大汗咧嘴笑，继续乐呵呵地模仿秀），我趁早弃暗投明前来投奔你们，结果被人发现了要杀我，他们扒光了我的衣服，还好我机灵倏然脱身，一转身逃了出来，只好这样与你们赤诚相见了。'”说着小侍卫模仿者勒蔑的样子朝大伙儿挤眉弄眼接着说：“他们一定会认为我这人厚道，热情款待我，到时候我便神不知鬼不觉地偷水回来给大汗喝！后来者勒蔑大人顺利地偷回来一桶干酪和水给大汗喂饮了。白天冲锋陷阵了一整天，晚上照顾大汗一整夜，其间还潜入敌营偷了一回水，天快亮了困乏难耐的他才睡着。”

大汗突然发现睡在身畔这个呼噜震天、涎水横淌、一副死猪相德性的臭家伙竟天使般可爱。

铁木真称汗之时，曾分封了两个人为众官之长——博尔术和者勒蔑。现在者勒蔑淌着口水四仰八叉地睡大觉，而博尔术却代行可汗之职，组织众将领列队待发。博尔术大声动员道：“乞颜部的英勇将士们，给塔里忽台最后致命一击的时刻到了，上马！”

“等一等！”忽察儿走到队前：“可汗既然受了重伤不能亲自临敌，我们自然应该公开推举一位德高望重的人，暂时代替铁木真节制全军。”

阿勒坛附和道：“对，我建议推举孛儿只斤氏的长辈贵族答里台代替铁木真。”

忽察儿帮腔道：“我也赞成！”

帖木仑和术赤兄弟出列。帖木仑说：“不必了，博尔术是大哥亲封的两个众官之长之一，完全有资格暂时统帅全军！”

术赤等附和：“姑姑说得在理，我等愿服从博尔术叔叔指挥！”

忽察儿鄙夷地笑道：“我可不愿意听从他的指挥！博尔术算什么？答里台是帖木仑的叔叔，是术赤你们几个的爷爷，他才配节制全军！”

双方正在热烈争执，忽然有人惊喜地高呼一声：“看！——”

众人一下子安静下来。者勒蔑乐呵呵地赶着大帐车走来，车上端坐着铁木真，他虽然疲惫，但是脸上浮着笑容。

答里台等人大惊失色。

全军将士发自肺腑地振臂高呼：“铁木真汗万岁！铁木真汗万岁……”

除却巫山不是云

天光大亮的时候，泰赤乌百姓才惊愕地发现己方的首领肥仔塔里忽台趁昨夜大伙儿熟睡之际已经抛弃他们领着老婆孩子和亲信侍从溜之大吉了。

大汗包扎好伤口上马下令召还并亲自安抚惊慌四散的百姓。铁木真一行沿山岭边走着，两旁的泰赤乌投降者不断向他致意。忽然前边远处一阵骚动，木华黎等紧张起来。

此时答里台正在有条不紊地指挥着自己的部众抢掠已经投降了的泰赤乌人。

傻骆驼（合答安的呆老公，人如其名，长得身高马大，IQ 贼低。）一边同一个士兵争夺勒勒车，一边大声喊道："你们这群骗子！不是说只要不抵抗，就不抢我们的妻儿，不掠我们的财物吗？为什么要抢我的勒勒车和女人！"

赤老温（合答安的哥哥，后成为成吉思汗"四杰"之一）跑过来一把推倒那个抢劫者："你松手！铁木真汗下御旨说，只要我们不抵抗就不抢我们的妻儿，不掠我们的财物。你们竟敢违抗大汗的命令！"

那抢掠者爬起来为难地看着答里台，请示道："首领？"

答里台大手一挥，下令道："草原上的规矩，战败者任人宰割天经地义。抢！反抗者格杀勿论！"

答里台的部众一窝蜂冲上来。赤老温横刀格挡。

答里台目射凶光抽刀一指："杀了他！"

一群小喽啰抽刀扑向赤老温。赤老温挥刀抵抗。傻骆驼从车上抽出套马杆子，抡起来打倒欲上前抢车的人。看着那些倒地者四脚朝天的狼狈样儿，他得意地嘿嘿嘿傻笑起来。一个兵士趁空从他背后扑上来。合答安紧张地尖叫提醒："傻骆驼——"疑似患有痴呆症的傻骆驼迟顿地回过头来怔怔地盯住他的漂亮老婆，愣在那儿仿佛在问："心肝儿，傻哥哥正忙着哩！你在这个节骨眼儿上喊俺干啥？"一柄尖锐的利刃穿透了他的后心窝，蠢骆驼般笨重的身躯轰然仆地。

合答安跳下车抓住傻骆驼发疯似的摇动："傻骆驼！"

答里台在马上挥鞭一指合答安说："这个女人前凸后翘有看头，快快送到我的毡包里去！"几个士兵上前架起合答安就走。

悲恸和气愤宛如坚冰和烈焰交织在胸中的合答安撕心裂肺嚎啕痛哭。

士兵的面前出现了一张写满嘲笑的面孔："慢，慢一点儿。'快快（重音）送到我的毡包里去！'（阴阳怪气的挖苦语气）答里台老爷子，猴急地想干嘛？唉，廉颇老矣尚能那个什么否？"

哪壶不开提哪壶！一语正中伤心要害处！答里台恼羞成怒提起金枪狂扎猛刺："老夫让你看看什么叫老当益壮金虬乱舞！"

者勒蔑轻而易举地闪身躲过，累得气喘吁吁的答里台喊了一声："来呀，还不快把这个胡言乱语的狂妄小牛犊子给我剁成肉酱！"

小喽啰们忍住笑冲向者勒蔑。

一声怒喝平地起，真个好似虎啸龙吟。众人赶忙罢手垂手而立，不敢再稍有动弹。

大汗执鞭立马不怒而威。大伙儿像犯了错的小娃娃似的耷拉着脑袋目光游离，心惊胆颤地等待着接受批评教育。哭得跟个泪人儿似的合答安梨花带雨分外惹人疼惜，只瞅了他一眼，眼泪便如决堤洪水般一发不可收拾，悲恸而欢喜地高喊着："铁木真，铁木真！"

铁木真一怔，下马奔向合答安："合答安！"合答安颓然倒下，他抱起共患难的初恋情人心中感慨万分。

大帐里，合答安给铁木真的伤口换药，关切地问："还疼吗？"

铁木真抓住她的手说："合答安！"他拉合答安坐下，面对面深情地凝视着她说："合答安，二十三年前，塔里忽台把我抓到泰赤乌部，差点儿砍下我的头祭旗。是你们父女冒着满门抄斩的危险收留了我。正因为有你们，我才有今日！可我大恩未报，遗恨无限，不料今天一见面，我的手下就错杀了你的丈夫！我实在是对不起你呀！"

合答安捂起脸来哭了"铁木真……"

铁木真伸手温情地抚弄着她的头发："好合答安，不要再用泪水加重我的愧疚了，好合答安！"

她忍住泪，抬起头，羞怯地看了一眼自己日思夜想的情郎。铁木真替她拭去脸上的泪水："答应我，忘掉过去的不幸吧。我会让你幸福，给你享不尽的荣华富贵！"

"我没有那么大的福分，那样我会折寿的。"

他握紧这个薄幸红颜的手："你有！我让你有你就有！"

她摇了摇头"可汗，千万不要这样！"

铁木真诧异："合答安，难道你忘了二十三年前，咱俩在羊毛堆里的日日夜夜吗？"

女人若有所思地沉吟道："我哪里会忘得了啊！"曾经沧海难为水，除却巫山不是云。取次花丛懒回顾，半缘修道半缘君。

铁木真无限深情地说："那时，我像孤树一样形单影只，像落叶一样零落无依，死亡像马尾系刀随时都能降到我的头上。是你，我生平第一个亲近的女人，用温热的胸脯和怀抱熨贴了我冰冷的心；用两情相悦的欢愉驱走了时刻围绕我的恐惧和悲苦。不错，以后我又娶妻生子了，可是你的纯洁和真情却深深埋藏在我的心中，怎么也不能忘怀！”

她嗫嚅道：“真的吗？……真的吗？……”

铁木真抱住她：“答应我，忘掉今天的不幸，就留在我的身边，容我报答你昔日的恩情吧！”

“铁木真！”两行晶莹泪水顺着桃红粉腮滚落而下。

据考证，合答安虽然没有成为铁木真的正式妻子，却与铁木真一家朝夕相处亲如家人，为照顾全家而奉献一生，直到满怀牵挂忧郁悲愤地闭上眼睛的那一刻。

梅针箭

战后第三天早晨，合答安的老爸锁儿罕失剌引荐了一位人才。但见这人身体颀长，精瘦干练，摹耶稣受难状双手反绑在一柄长弓上。

大汗问道：“何人？何故绑于弓上？”

傻大个儿不卑不亢地答道：“只儿豁阿歹，因善射之故。”

大汗感觉到脖子上缠着的布上又有血渍渗出，明知故问道：“善射很难得啊？何罪之有？”

傻大个儿慷慨陈词：“射死可汗白口黄马险些让你的大将博尔术丧命的是我，对阵时射中您脖子的也是我。如果可汗叫我死，毫无怨言！不过血污巴掌大一块土地！如果留我一条贱命，愿为英明的可汗横断深水、冲碎坚石！生死全凭可汗定夺。”

众将领怒气冲冲纷纷进言献策。胆敢射伤大汗？将这家伙推出大帐砍了！……将这小子碎尸万段！……让他尝尝满清十大酷刑的滋味！（也许有人会说：写错了！悖于史实，这群武夫连蒙元都不知道毋论满清）……效仿黑心倭奴残忍手段将这个坏分子装到麻袋中系上口活活烧死！……将这个反革命分子拉出去游街示众，开专场批斗会关牛棚狠狠批评教育！……

大帐中，大伙儿自由探讨、争论切磋、畅所欲言、各抒已见，形成了百家争鸣、百花齐放的良好氛围。

锁儿罕失剌劝道：“可汗，只儿豁阿歹的梅针箭百发百中，只是这两箭他射错了地方。”

大汗威严地说“不隐瞒真相，敢做敢当，是条汉子！各为其主，无可厚非！”说话间，伤口又有血渍渗出，他下意识地用手捂了捂接着说：“只儿豁阿歹？名字太难记了，你就改名叫者别（意即梅针箭）吧，今后你就是我手中的梅针箭，寸步不离我左右，跟我去射杀强敌。"

者别叩首："谢可汗赐名！者别粉身碎骨万死不辞！"

那一刻，铮铮大汉的眼中噙满泪水。

补充一句，后来者别与者勒蔑、忽必来、速不台并称为成吉思汗"四勇"，被蒙古人尊奉为"箭神"。"四勇"是汉译，其实他们原本被草原人称作"四狗"。乍一听这个词给人的感觉有些不雅。因为在我们汉文化中凡是带"狗"字的词儿多含贬义，譬如：狗头军师、狗腿子、鹰犬走狗等等。然而蒙古族所称的"四狗"并无贬义甚至还带着些赞许的意味。在草原上狗是牧民的忠实伙伴和得力帮手，故而人们用"四狗"来称呼成吉思汗身边四位忠诚勇敢的将领。而"四狗"这个称呼最早是由成吉思汗的对手札木合首先提出的。在一次大战前夕，他曾吓唬乃蛮部的太阳汗说："那就是铁木真用人肉喂养的四条猎犬！蒙古人狩猎，猎犬是最好的助手，者别、速不台、忽必来、者勒蔑都是虎将，个个额如铜，牙如凿，舌如椎，心如铁、鞭子像环刀，乘风食露水而行，征战之日以人肉为食（并非事实，札木合在给太阳汗吹牛皮，危言耸听吓唬吓唬老家伙而已）。"

另外，汉译的"四杰"（木华黎、博尔术、博尔忽、赤老温），其实原本被蒙古人称作"四骏"，在草原人心目中马的地位和分量是很重的。

以退为进

话说泰赤乌首领塔里忽台悄悄开溜之后，却被他的属民纳牙阿一家逮住了。纳牙阿一家子相当兴奋，狂喜程度不啻于中了彩票头奖。要知道这个被铁木真悬赏的肥大叔满身的赘肉相当值钱，估计一斤肉兑换一斤黄金绰绰有余。虽然当时没有广播和报纸但是纳牙阿家中了大奖的消息很快便传开了。塔里忽台的弟弟和儿子们听到了这个消息直追而来企图解救肥仔。由于这位兑奖券肥得出奇"体肥不能骑马"，只好"载于车内"，所以一家人虽然怀着迫不及待的心情急着赶去兑奖，可是行进速度却怎么也快不了。不久塔里忽台的亲友团就如狼似虎地追赶上了，纳牙阿他爹费力地将待宰肥猪似的肥仔仰面推倒后骑在他肚皮上拔出腰间快刀，将冰冷的寒刃贴在赘肉重叠的喉咙上，大声疾呼道："谁敢上前来，我就一刀宰了这头肥猪！"

脖子上架着尖刀的塔里忽台吓得涕泪横流，冲亲友团杀猪似的哭嚎着：

“千万不要冲动，这个亡命之徒若杀了我，你们抢回去一具死尸又有何用？我就是被送到铁木真那儿也未必会死。”（退一步讲，万一被押到铁木真那儿再处死也算是死缓比当下被这个急红了眼的阘货就地捅死要强些。）他反复呼喊，亲友团们只好停止追赶眼睁睁地看着他被劫持走了。

纳牙阿父子赶着马车前进，忽然纳牙阿一拍脑袋说，不对！快快停车，立即把这个肥仔放生！他爹和他哥感到莫名其妙，咱们赶去投奔铁木真汗，好不容易得到这么好的一个见面礼，没准儿大汗一高兴赏金赐官不在话下，怎么能平白无故地就将他放走了？这不是中了彩票头奖却将票券扔了吗？纳牙阿神秘一笑，说：“不放他，咱们的脑袋都得搬家；放了他，咱们不但没有损失反而能大受嘉奖。相信我，这叫以退为进！”纳牙阿父兄虽然不知他葫芦里究竟卖的是什么药，可是拗不过他，只得极不情愿地将肥仔放走了。纳牙阿看着父兄阴沉的脸拧成疙瘩的眉头撇着的嘴巴，不禁暗自发笑：过不了多久，你们就会眉飞色舞笑逐颜开。

重获自由的塔里忽台心中充溢着幸福在草原上撒欢狂奔。

“塔里忽台！”一个人影冷不丁从他身后蹿出来。

塔里忽台吓了一跳，但在看清来人之后，像见到亲人似的脸上现出惊喜的神色，亲切地问：“没想到在这儿碰到你，太好了！快救救我，你真是我的福将哪！”

来人眼睛中闪烁着惊喜的光芒：“不，塔里忽台，我是来求你救一救我的。”

塔里忽台困惑不解地问：“什么？”

来人笑眯眯地解释说：“当初我本是也速该的那可儿。因为你抛弃诃额仑母子，我才离弃了他们。此后又在你的指使下三番五次迫害铁木真一家。现在大势已去，我已经走投无路了，铁木真会放过我吗？”

塔里忽台关切地问：“是啊，那你打算怎么办？”

来人从牙缝里挤出一句话，狞笑着朝塔里忽台逼近。

塔里忽台错愕得“啊？！”了一声，吓得面如土色瘫倒于地，“别，别，不不，咱们相处了一场，啊！——”

两个投奔者

铁木真居中高座，众将分列两侧。传话官报告说有两个泰赤乌人请求面见可汗。一个是昨天晚上来的，一个是今天早晨到的，号称都带有塔里忽台的重要消息。传二人进帐，二人下跪叩拜。

大汗问：“你们请求见我，有什么话要说吗？”

大汉答：“我是来请罪的。”

中年男人答：“我是来请功的。”

“哦？那么请罪的先说，你有什么罪？”

大汉不卑不亢地说：“我们父子捉到塔里忽台本欲押来送给大汗，但是终究不忍背弃本主，在半路上将他放走了。”

“哦？你这样忠于他，为什么又来投奔我？”

“塔里忽台是不配我忠实于他的乞邻秃黑（吝啬而贪婪的家伙）。而可汗您是人人敬慕的草原英雄，所以冒死前来投奔。”

大汗离座走到他面前，绕着他转了一圈突然问：“你叫什么名字？”

大汉抬起头来直视着大汗的眼睛答道：“纳牙阿。”

大汗怒斥道：“你不知道我与塔里忽台是不共戴天的仇敌吗？”

纳牙阿毫无怯意地答道：“知道。”

“亏你还知道！”大汗怒火难遏，退步走回座位，“让请功的说一说。”

中年男子把包裹打开，献媚道：“可汗请看，这是塔里忽台的人头！”

大汗一怔：“是吗？纳牙阿，你看看，是不是塔里忽台的人头？”

纳牙阿别过头去，固执地说：“我不看。”

大汗怔了一下：“嗯？！传赤老温！”

赤老温进来跪下：“可汗！”

大汗指着人头对他说：“你辨认一下，这是不是塔里忽台的首级？”

赤老温看了看包裹中的人头，启奏道：“不错，正是塔里忽台的脑袋。”

大汗颔首称赞：“嗯，是大功一件，你叫什么名字？”

中年男子变得吞吞吐吐：“我……”

赤老温这才认出他来，惊叫道：“脱朵？！”

大汗蓦地站起：“谁？！”

脱朵叩头：“是我，我是脱朵。”

蒙力克冲上前抓住脱朵：“原来你还没有死？！”他拔出匕首要戳脱朵，脱朵大呼：“慢，我有话说！”

大汗一挥手道：“讲！”

蒙力克推倒脱朵。脱朵哆哆嗦嗦地：“三十年前，我是受塔里忽台威逼，才离开了诃额仑夫人和可汗。塔里忽台是罪恶的渊薮。所以，在这个可恶的纳牙阿放走了塔里忽台的时候，是我抓住了他，杀了他，替可汗，替诃额仑夫人，也是替也速该首领报了仇，求可汗念及今日的功劳，饶我不死吧！”

蒙力克："可汗，是他杀了我的父亲察剌合，可汗要替我报仇！”

众人公愤："杀了他！杀了他！”

大汗站起身来，威严地说："脱朵，我是要杀了你，并不是因为你助纣为虐帮助塔里忽台险些杀死了我，而是因为你先是背叛了你的首领我的父亲；这次又背叛了你现在的主人塔里忽台！如果我收留了你，你下一个背叛的人就是我。把他拖出去！”那可儿架走了已经瘫软的脱朵。

蒙力克的儿子阔阔出请命道："可汗，请允许我替祖父察剌合处死这个恶人。”大汗首肯。阔阔出跟了出去。

大汗转向纳牙阿，亲切地说："纳牙阿，你可以留在我的身边做那可儿！”

蒙力克进谏道："可汗，他放走了你不共戴天的仇人，这种人安置在身边怕靠不住啊！”

大汗器宇轩昂地笑道："不，他连塔里忽台都不背弃，还能不忠实于我吗？”

纳牙阿赶忙磕头谢恩表衷心。后来智勇双全的纳牙阿为成吉思汗的大业作出了卓绝功勋，被封为千户，兼领中军万户，统率怯薛军。

第六章

为父报仇

落实科学发展观

经过阔亦田之战，札答兰部、泰赤乌部被彻底消灭了；蔑儿乞部的脱黑脱阿只带领极少数人逃到贝加尔湖之东苟延残喘了；弘吉剌部投降了，只剩下塔塔儿部还没被收拾。1202 年春，40 岁的铁木真率军大举征伐毒死父亲的塔塔儿部。

在征讨塔塔儿部之前，咱们先来看看制约铁木真军队科学发展的两大突出问题。

第一个问题。为了方便叙述假设铁木真的军队共有 10 个士兵（当然了，他的军队不会只有 10 个士兵，10 个士兵代表 10 个部落或氏族），假想敌也有 10 个士兵。我军以迅雷不及掩耳之势偷袭敌国，趁其不备杀死敌方 2 人，余下的 8 位敌兵为了保家卫国拼命抵抗，于是我方的 8 名士兵冲上去与敌方的 8 名士兵展开了肉搏战。细心的朋友就纳闷了：咦？好像人数不大对吧？我方不是共有 10 名士兵吗？怎么仅有 8 名冲上去和敌人作殊死搏斗呢？怎么少了 2 名士兵呢？那俩家伙上哪儿去了？别说您不知道那俩家伙上哪儿去了，就连他俩的亲密战友——另外 8 名士兵也不知道。

经过一番血战，消灭敌军 4 人，我军牺牲 2 人，敌军见大势已去仓皇逃走，我方剩余 6 人身体上都挂了不同程度的彩，有的擦破了皮、有的打破了头、有的被砍断了胳膊。然而此时此刻大家眼睛中闪烁着恶狼般的幽光，心中有一种难以抑制的兽性在膨胀在冲撞。他们手持马刀，兴冲冲地闯入一间间蒙古包中，迫不急待地想要尽情掠获、纵欲享用自己靠拼命厮杀与抛洒鲜血赢得的战利品——娇嫩的花姑娘、金银财宝、牛羊马狗、毡帐勒勒车。他们此时亢奋疯狂的心情大概只有掉入蜜罐中的耗子、混进羊群中的恶狼、关入酒肆中的酒鬼、独居女儿国中的得道高僧八戒能够体会得出。

当兽血沸腾的他们闯进一间间毡包中，登时傻了眼了，仿佛一瓢凉水从头上泼下来浇灭了满腔的热血。花姑娘的干货，没有！值钱的干货，也没有！剩下的就只有些大爷大妈、歪瓜咧枣、锅碗瓢盆、鸡毛蒜皮。唉，难道是敌人在仓皇逃跑之时，顺便将美女、财宝全都携带走了？

乘兴而出败兴而归的战士们捂着打破了的头、拖着打残了的腿，牵着长得奇形怪状的丑姑娘的手，背着抢来的锅碗瓢盆、针线靴袜，无精打采唉声叹气地回到营地。他们忽然发现那两位不知所踪的士兵已经回到营地了，正左拥右抱偎红倚玉同掠来的美貌女子调笑着欣赏抢来的金银珠宝。（噢——，我说这俩哥们儿上哪儿转悠去了？弄了半天是趁大伙儿死掐玩命的档口，偷偷溜去抢美女夺财宝去了。）俗话说货比货得扔，6位士兵嫉妒地看着人家抢来的娇艳美妞，羞愧难当地狠狠甩开丑丫头的手，离我远点儿，肉食类恐龙妹！6位士兵看到人家手中把玩的精致玩意儿，气哼哼地摔掉自己背回的锅碗瓢盆，我又不是收破烂的讨吃货，干嘛尽拣这么些废铜烂铁？

夜深了士兵们还翻来覆去睡不着，瞪大眼睛盯着圆锥形的蒙古包顶棚，愤愤不平地想着两个狡猾狡猾的家伙红袖添香把玩宝物的欠揍模样：太不公平了！根据按劳分配的原则，多劳多得、少劳少得、不劳不得。我觉得打仗也是一种特殊形式的劳动，凭什么我们在兵荒马乱刀光剑影中拼命厮杀，闹不好落得个缺胳膊断腿的下场，赌上性命费上半天劲儿结果却抢回眼斜嘴歪呲牙咧嘴的丑女人和破罐子破靴子之类不值钱的破玩意儿？而那两个窃取我们玩命赢得的战斗成果的贼花刺子却金玉满堂香艳满怀。什么世道啊？下回我也学他俩冲锋陷阵躲到后面，奸淫掳掠冲在前头。

大家想一想，照此苗头发展下去，如果一打仗士兵们就全都像撒欢的狗似的狂奔向蒙古包去抢掠，那么谁来跟敌军对抗？这样的军队（可能用匪帮更贴切）就会蜕化成无组织无纪律丧失凝聚力和战斗力的一群乌合之众。

制约铁木真军队科学发展的第二个突出问题。一些氏族首领只考虑小集团利益不顾全大局，战斗中承受较大压力时，怕自己的部落受损失于是就一退再退，甚至干脆率部众提前开溜，这样作为一个整体布阵体系就出现了缺口。大家知道Windows操作系统如果出现了漏洞，病毒就很容易突破防御体系攻入电脑中来，极有可能致使整个操作系统瘫痪崩溃。古语说：千里大堤，可能会因为蝼蚁打洞而崩塌决堤；百尺高楼，可能会因为烟囱的缝隙冒出火星而失火焚毁。（“千丈之堤，以蝼蚁之穴溃；百寻之室，以突隙之烟焚。”——《韩非子·喻老》）所以一个部落丧失阵地极有可能导致整个防御链条的断裂。

为了解决这两点突出问题，大汗发布了一道重要军令：“我军各路虽然衣甲有别、旗帜不同，但必须统一号令、一致行动。进攻时任何人不得贪财取物，所有俘获等战后论功分配；如果敌人迫使你的部下退至防守底线，一定要翻身力战，不可再退！任意抢掠者罚，退至底线不翻身力战者斩！”此军令刚一出台，便有几位部落首领以身试法，遭受处罚。

广大草原牧民紧密团结在以铁木真汗为核心的孛儿只斤氏周围，准确把握“提高思想认识，解决突出问题，完善体制机制，促进科学发展”的目标，着力解决影响和制约科学发展的突出问题，着力构建有利于科学发展的体制机制，提高领导科学发展、促进社会和谐的能力，争取推动铁木真汗国又好又快科学发展。

安乐死

与塔塔儿人的战斗开始了。秃黑旗下，铁木真汗站在高处总揽军情。但见塔塔儿军洪水一般涌向者勒蔑防线，者勒蔑奋力据守，由于敌人众多轮番突击，三次退回到防御底线又三次翻身力战，眼看着这道防线就要被冲破。铁木真命两个弟弟哈撒儿和别勒古台率人马火速赶去支援。

速不台飞马来报："可汗，蒙力克、术赤台久攻塔塔儿的古列延而不下，伤亡惨重！"

铁木真当机立断："博尔术、赤老温，率领中军预备队支援蒙力克父子和术赤台叔叔！"二人闻声冲出，旋即又停住。

博尔术请示说："可汗，您身边没人戍卫怎么行呢！"

铁木真大手一挥："战场在前面，机不可失，快去吧！"

博尔术和赤老温领命率军冲下山去。

大汗身边只剩下木华黎、纳牙阿和百余名那可儿。

我方首领站在高处总揽军情，敌方首领也会这一招。一个小山丘上，塔塔儿首领札邻不合立在马上观察敌情。他老远就望见了秃黑军旗下光杆司令铁木真，顿觉眼前一亮，激动地大喊道："将士们，看，铁木真！捉到那厮重重有赏！"

将士们看到铁木真几乎是光杆司令，听到"重重有赏"四个如雷贯耳的大字，兴奋得连眼睛都红了，仿佛屁股上挨了鞭子的马，呐喊着疯狂地朝秃黑军旗下的值钱人物冲去。在像潮水般涌动的士兵们看来铁木真手到擒来，得到赏金最大的障碍在于身边像自己一样被巨大的利益冲昏了头脑发疯似的不顾一切往上冲的战友们。战士们发自内心地觉得铁木真是那么的可爱，这种爱甚至超越了老鼠爱大米、猫咪爱小耗子；战士们喘着粗气用血红的眼睛瞪视着身边的战友，可恨可恶的贼花刺子们，恨不得怒餐尔等肉、痛饮若辈血，这种恨甚至超越了一起龇牙咧嘴争夺撕咬猎物的恶狼。利欲熏心的家伙们，敢跟俺抢！铁木真注定是俺一人的！

秃黑军旗下，大汗等人看见一群群敌人像决堤的洪水般朝他们涌来。敌首札邻不合与也客扯连也迅速将马队摆成二龙吐须之势向山头包抄过来，漫山遍野响起了“活捉铁木真”的呐喊声。

大汗俯瞰着黑压压涌过来的敌人，神色严峻地问道：“他们是从谁的防线突破进来的？”

木华黎：“是从忽察儿、阿勒坛和答里台的阵地。”

纳牙阿催促道：“可汗，咱们得赶快突围出去，让塔塔儿人合围就糟了！”

大汗纵身上马，策马说：“就往忽察儿那儿突围，看看发生了什么事情！”

木华黎喊道：“我来开路，纳牙阿断后，随我冲啊！”

一行人冲向敌人来的方向。木华黎率人挥舞着大刀在前面杀出一条血路，纳牙阿率人在后面边打边撤，保护着大汗从重重叠叠的包围圈中突围。

正在这危急时刻，我方众将领也发现了一拨拨敌兵像注射了兴奋剂似的疯狂地冲向秃黑军旗，心知大汗被重重包围，纷纷率众来救援。这样一个更大的包围圈将塔塔儿人团团围住，形成关门打狗之势，敌军哪里招架得住，彻底溃败，死伤无数。只有其首领札邻不合领着少许残兵败将逃亡到兀鲁回——失连真河地带（今内蒙古锡盟乌尔浑河及色野尔集河地带）。

败将札邻不合正是那位被也速该抢夺掉冠名权的铁木真兀格的儿子。札邻不合望着残破的营地和丢盔弃甲狼狈不堪的随从，绝望地走入帐篷，随从欲跟随进帐。他回首怒吼道：“你们不要像肉尾巴一样老跟着我！连点儿眼头见识都没有。别理我，烦着呢！”随即又冷静下来，哀伤地对他们说：“塔塔儿输了、败了、亡了，你们各自逃命去吧！”他目光呆滞地独坐帐中，黯然神伤。老子干不过人家的老子，小子又斗不过人家的小子，真他妈的伤心透啦！老爹你这不争气的儿子有太多太多的话要对您倾诉。于是他饮下一杯毒酒，去找他爹诉苦去了。

残阳似血，满身血污疲惫困乏的随从们悲痛地发现他们的首领抛弃了他们，自己寻找安宁去了。他们忽有感悟：人这一辈子其实可短暂了，有时候跟睡觉是一样一样的。眼一闭一睁，一天过去了，哈嗽——，眼睛一闭不睁，这辈子就过去了，哈嗽——。

数三声从我眼前消失

大战时，敌兵是从忽察儿、阿勒坛和答里台的防线突破的。这就违背了战前新发布的军令：“如果敌人迫使你的部下退至防守底线，一定要翻身力战，不可再退！退至底线不翻身力战者斩！”大汗率领亲信去找忽察儿、阿勒坛质询问罪。结果恰好碰上那俩家伙在纵兵抢掠。他们的部众个个满载而归收获甚丰——女人、牛羊骆驼、毡帐、奶制品、肉食品应有尽有。这就又违背了战前新发布的另一条军令：“我军各路虽然衣甲有别、旗帜不同，但必须统一号令、一致行动。进攻时任何人不得贪财取物，所有俘获等战后论功分配。任意抢掠者罚！”刚刚出台的新军令，你们立即就违抗！总共出台了两条军令，你们一条都不落地打破了。正好抓个反面典型，惩一儆百吧！

大汗走到近前，笑问道：“阿勒坛伯父、忽察儿兄长，看把你们忙乎的，干嘛呢？”

俩人脸红脖子粗，支支吾吾无以作答。

大汗不怒而威，正色道：“在战前我说过，进攻时任何人不得贪财取物，所有俘获等战后论功分配；如果敌人迫使你的部下退至防守底线，一定要翻身力战，不可再退！任意抢掠者罚，退至底线不翻身力战者斩！这话你们还记得吗？”

俩人理亏耷拉着脑袋不吭声。

大汗追问：“为什么你们不执行？！”

忽察儿硬着头皮答道：“因为它不对！不是为了在战争中抢得女人和财富，谁脑袋进水了愿意拼命打仗？”

阿勒坛忍不住笑了起来。铁木真不动声色地问道：“这些话你为什么当时不说出来？”

忽察儿不满地顶嘴说：“当时你又没问过我们。”

这话确有几分道理，想起一个小故事。一次，赫鲁晓夫开大会唾沫横飞痛心疾首地批评前任主席斯大林当政期间实施的种种不当举措。台下忽有人小声提出异议：“既然老早就意识到这些举措不妥，赫鲁晓夫同志为何不在当时就提出不同意见指正斯大林的错误呢？”赫鲁晓夫怒不可遏地吼叫道：“刚才是谁说的？”立即满场寂然，大家连大气都不敢出，会场上连掉根针的声音都能听到。沉默了一会儿，赫鲁晓夫笑了笑说道：“刚才提出不同意见的哥们儿，现在你应该明白当年的我为何不站出来指正斯大林的错误了吧？”作为氏族首领当本集团利益与全局利益发生冲突而被强压低头的时候，心中难免不服气，这也是人之常情。但是只盯住局部利益不放，置大局利益于不顾是行不通的。

“忽察儿、阿勒坛，即使你们的话有一万条道理，可是在战争中你们只顾抢掠财物，放走了塔塔儿首领——十恶不赦的札邻不合这难道不该受军法处置吗？”大汗咂了咂嘴原本想要继续指控他们的罪行，那一群群恶狼似的看到我就仿佛看到巨额彩票兑奖券的敌人是从你们的防线突破进来的，差点儿将我拿下用以兑奖，转念一想这事儿不大光彩不便于四处宣扬，于是又将这话咽回肚里去。

犯了错的俩人对视一下，有些慌乱。忽察儿偷瞟了大汗一眼，拿出死猪躺到案板上任你宰割的大无畏精神，问道："那你，你要怎么样？"

大汗从容笑道："你们在拥护我称汗的时候可都是发过誓的！"

咱们稍作回顾：

……在沙场激战时
如违您铁般号令
请灭我家门九族
将我那黑头抛于荒郊野外！
在太平之日时
如违您任何派遣
请掳我妻女属民
使我们流亡他乡无家归！

想到曾立下的毒誓，二人头皮发麻，心中大怵。忽察儿干脆破罐子破摔，刷地抽出刀来。他们的部下也都横刀在手。

大汗脸色一沉，剑眉倒竖："嗯？！"木华黎等随即抽刀在手，怒道："你们要造反吗？！"

忽察儿本欲像许多被压迫的小职员经常在梦中幻想的那样，痛痛快快地冲着领导反驳一声"爱谁干谁干吧！反正老子是不干了！"然后脸上带着高贵的微笑，大步流星头也不回地走了，留下目瞪口呆的领导傻站在原地。多解恨，多痛快呀！忽察儿正要扬眉吐气率性而为一回，一眼看见周围高地上满布着刀光剑影直刺得睁不开眼。算了吧，唯一也是最后一回忤逆领导，任性而为的机会也被剥夺了，还是人家领导想得周全哪！他立即将刀扔在地上。阿勒坛这时也看到了周遭的围兵，手一抖，刀落于地。二人齐刷刷地跪在地上，极力装出诚恳的语气哀求说："可汗！放走了札邻不合是我们的错。不，我们有罪！请你看在我们跟你流着相同的血的份上，不要像杀死撒察别乞那样杀死我！我们可是在你最困难的时候，离开札木合来投奔你的……”

大汗闭上了眼睛，过了良久才淡淡地说了句：“走！你们走吧！我再也不想看见你们！”

二人爬起来，连滚带爬地跨上马，飞驰远去。奔出老远，才惊慌失措地停了下来，咬牙切齿地说：“哼，铁木真，你会为今天的事儿付出代价的！”不久之后二人投到了王罕麾下。

日思夜想的可人儿

大获全胜后，铁木真营地热闹喜庆，一片欢声笑语，大家尽情喝着马奶酒，放声高歌。

入夜，合答安款款步入毡包，看了一眼躺在毡床上半睡着的大汗。轻轻走过去静坐在他身旁，伸手抚摸着他的脸。大汗猛地睁开眼睛，一把握住她的手：“好合答安！”

她语气中略带娇嗔，关切地问：“你喝了多少马奶酒啊？”

大汗长叹一口气，说：“不知道。今天太高兴了！好像是从生下来最最高兴的一天！从我看到父亲发青的遗容那一刻起，就盼着这一天的到来。三十多年了，终于盼来了这一天！来得这么迟，你看看，我的鬓角都有白头发了！”

她柔声劝慰道：“是啊，可不管怎么说，大汗到底报了杀父之仇！证实了自己是英勇的蒙古人的儿子！”

大汗酒后性起，拦腰抱住合答安：“等回到斡难河老营，我就跟母亲说，要纳你为侧妃！”

她莞尔一笑：“谢谢可汗！”

大汗品赏着她身上散发出的特有的成熟女人丰韵，笑道：“哎，你忘了，我们约定好的。”

她醉人一笑，娇滴滴地叫了声：“谢谢铁木真！”

大汗一把抱住合答安，将她那丰韵香艳的娇躯压在身下。

她挡住了大汗凑上来的嘴唇，娇哼道：“等一等！”

“怕什么？我吩咐过了，今天晚上谁也不许进来。”

合答安飞红了脸，轻声吟哦道：“是女人的事。你等我，我这就回来。”她走到门口，羞答答地回眸一笑：“人家怕羞，你命人把灯火都熄了嘛！”

大汗怔了一下，旋即心领神会地笑答：“好好，好！”

不一会儿，铁木真听到轻盈的脚步声渐渐走近，然后她一下子钻进了他的被窝里。大汗轻抚着她那滑腻细嫩的肌肤，笑问："心肝宝贝儿，你怎么去了这么半天？"（有人就反对了：你写得自相矛盾了，本段第一句你说"不一会儿"最后一句你又说"你怎么去了这么半天？"呵呵，反对无效！根据爱因斯坦相对论的原理——当你身边坐着一个如花似玉清新优雅的美女，一小时感觉就像一分钟；而当你身边坐着一位奇形怪状身有异味的丑女，一分钟感觉像一小时。本段中"不一会儿"是客观描述，"你怎么去了这么半天？"是心理感觉，故而非但不矛盾还很能凸显出大汗当时猴急的心情。）

女人娇滴滴嘤咛一声，将头深埋到他的怀中，瀑布般的秀发撩拨得人心里痒痒的。

"来吧，我日思夜想的可人儿！"

……

漆黑中，女人用双臂紧紧缠搂着大汗的脖子，用双腿紧紧夹着他的身躯恬静地睡着了。被索求无度的女人折腾了一夜精疲力竭的大汗忽发小宝之叹。（韦小宝曾感叹罗刹国苏菲亚公主床上功夫太生猛的时候，后怕地感叹说："骚得很，有劲，吃她不消。"这句话话见于《鹿鼎记·第四十七回云点旌旗秋出塞风传鼓角夜临关》）

也许有人会连连摇头说：不对，越看越感觉不对劲儿！合答安是一位端庄正派、温柔贤淑的女性，而你在上文中所描写的女人却是风骚妩媚、大胆主动的女人。俗话说江山易改本性难移，她的性格特质不会有这么大的突变！其中大有蹊跷！

纳宠

清晨大汗醒来，笑着推了推身边的娇躯："小懒猫，太阳都快照到屁股了。快起来吧，啊，乖嘛，一会儿众将领该来觐见了。"

女人慵懒地伸了个懒腰，迷迷糊糊娇哼了一声翻身继续酣睡。铁木真一眼发现她不是合答安，惊叫道："啊？！你是什么人？"

女人被惊醒了，吓得惊坐起来，匆忙用衣服挡住酥胸，胆怯地低声答道："奴婢是塔塔儿人。"

大汗质问："你，你是怎么进来的？！"女人飞红了脸，低头不语。

恰在此时，合答安走了进来："可汗，请洗脸。"

大汗恍然大悟："啊，合答安，是你安排的？"

合答安不置可否，放下水盆走了出去。

大汗这才细细打量起与自己缠绵了一整夜的女人："啊，你长得可真是娇美无比呀！你叫什么名字？"

女人心中的一块石头落了地，娇羞可人地答道："奴婢叫也速干。"

大汗下了毡床，到门口对外边喊了一声："外边是谁当值？"

一个汉子应道："是我，纳牙阿！"

"你告诉众官之长者勒蔑，我不唤，任何人不许进来。"他吩咐回来，跳上毡床一把将女人拥在怀里："从现在起你就是我的也速干妃了。"

也速干妃浅浅一笑："谢可汗恩典！"

大汗陶醉在她浅笑的酒窝中，痴痴地赞赏："啊，你笑起来更美！"女人忧郁地低下头，淡淡哀叹了一声。大汗关切地问："怎么了？为什么这么伤感？"

也速干妃飘然伏身下拜："臣妾冒犯了可汗，请可汗降罪！"

大汗爽声大笑，说："告诉我，什么事让你不开心？起来说嘛！"

也速干妃不起："可汗答应不生气我才敢说。"

"好，我不生气。"

（紧急预警：从以上种种迹象来看，预计将有强劲的枕边风刮起！请大家提前做好心理准备。）

"可汗，臣妾是您的俘虏，不要说您册封我为妃，即使是让我做牛做马，也是对我的恩典，我还会有什么不开心呢？只是我的父亲也客扯连是塔塔儿仅次于札邻不合的首领。"

"只要他真心归降，非但不杀他，还可以在我的帐下为将。"

果然轻易搞定！趁热打铁再提一个请求："谢可汗！我还有一个姐姐。"

"姐姐？让她当个自由人就是了。"

"她长得比我好看而且聪明伶俐。她才配做可汗的妃子呢！"

"哦？"这位已是倾城那位莫非倾国不成？大汗开心地笑道："果真如此吗？"

"臣妾不敢妄言。"

大汗绷住脸正色道："那好，我马上派人去找她，不过，找到之后，你肯把自己的地位让给她吗？"看来大汗要对她的思想品德进行初步政审了。张翠山他老婆说得好："孩儿，你长大了要提防女人骗你，越是好看的女人越会骗人。"大汗深知这个道理，女人光有妩媚迷人的外表还不够，真正重要的是心灵美，要有高尚的德操。切不可耽于美色，为妲已、褒姒所魅惑，万一落得个祸国殃民、身败名裂的下场可就糗大了。

女人没有丝毫地犹豫立即答道："只要可汗降恩，也速干愿意让位于家姐。"

大汗大悦拉起也速干将她揽入怀中："啊，想不到你不仅有花朵一般艳丽的容貌，还有一颗金子般的心肠！"

上了编制的老婆被抢了

经查发现了也速干姐姐也遂的下落，可是众将却大为头疼。因为她已被豁儿赤正式收编列入三十位合法妻子的队列之中了。这下大家可是束手无策了，毕竟可汗亲口答应过人家可以挑选三十个美女做老婆的。不将也遂交给大汗吧，没法儿交差；将也遂强抢回来交给大汗吧，又违背了大汗曾许诺下的金口玉言。正在大伙儿左右为难之际，总是嫉妒人家豁儿赤御赐特许娶三十位老婆的者勒蔑亲自出马了。

夜幕降临了，蒙古包里。豁儿赤怜香惜玉地欣赏着嘤嘤抽泣的也遂，幸福地揽住她那微微颤抖的香肩，温存体贴地劝解道："心肝儿宝贝，求求你不要哭了，眼睛哭得跟个桃儿似的，心疼死好哥哥了！我可是乞颜部的开国元勋，可汗对我都言听计从。你嫁给我做小妾也是你的福分嘛！哥哥今后好好疼你爱你宠你亲你！来，过来，来吧！"说着话豁儿赤开始帮她脱衣服。也遂干脆奉行印度国大党甘地领导印度人民反抗英国殖民统治运动时的策略——非暴力不合作不反抗不回应。豁儿赤兴致勃勃地抱起赤条条的娇躯放在铺位上，开始解自己衣服。

女人虽不作任何配合，但豁儿赤却莫名的感觉兴奋，任咱摆布不也蛮有兴致吗？情至浓处，正待入港，猛听得帐外一阵喧哗，夹杂着几个大嗓门："扫黄了！"

情绪高涨的豁儿赤先是吓了一跳，接着被坏了好事儿的他恼羞成怒。是哪个愣头青活腻了，敢来太岁头上动土，厉声怒斥道："谁？"

一队人已冲破了护卫队，豁儿赤匆忙放开也遂，惊问："你，你们干什么？"

为首的者勒蔑过去推开豁儿赤，将衣服扔给也遂："穿上，可汗要召见你！"

豁儿赤气得笑道："者勒蔑，你怎么像匹闯入羊群的恶狼？"

者勒蔑反唇相讥道："豁儿赤，你怎么像头发情的公牛？"

豁儿赤眼瞅着也遂跑向纳牙阿，急得跳脚直叫："哎呀，等等，这是要强剜我的心头肉哪！她可是我抢来的女人，依惯例理应由我处置！"亲爱的，即将失去你才发现你竟比刚刚越发好看动人了许多！才发现我心里是这样的在意你！尤其是你看我的眼神中流露出的那种受到惊吓的小兔子般惊惧慌乱的神情，楚楚可怜，让我不知该怎样心疼你宠爱你。

者勒蔑笑曰："哥们儿，真是太不巧了！进攻之前可汗已经改动了抢掠归己的旧例，一切缴获先集中充公然后由可汗论功行赏。"唉，命苦不能怨政府哪！

豁儿赤继续为自己的性福生活而不懈抗争："你?！难道我这次的功劳还不配得到这个女人?"

者勒蔑坏坏地笑了："不，不，不。"他走到蒙古包外拉进一个粗陋的女人，笑着说："你这次的功劳只配得到这样的女人。"说着，不顾气极语塞的豁儿赤，与纳牙阿等领着也遂走了。

但见面前站着的女人蓬头垢面眼斜嘴歪五官长得奇形怪状，仿佛是上帝恶作剧的杰作。她冲豁儿赤龇牙咧嘴一傻笑露出参差不齐的几颗黄牙。豁儿赤但觉纯洁的心灵遭到了粗暴野蛮的猥亵，顿时直觉得手脚酥软耳热心跳呼吸急促地险些昏厥，踉踉跄跄勉强站稳，气得拿起靴子有气无力地砸向那直勾勾盯着自己嘿嘿傻笑的女人："你给我滚出去！快，快！"仿佛那女人多停留一刻、多看他一眼，都是对他的莫大侮辱和对他心理承受能力的巨大考验。

杀光每一个高过车轮的塔塔儿男人

夜已经很深了，大草原上昏暗的夜空中稀稀拉拉闪着几颗星星。黑暗中隐约可见一个幼小的身影仰望着朦胧的天际边间或一烁的星星。他幽幽地低声呜咽着："爹，你升天之后不久，在泰赤乌人的威胁下咱们所有的属民全都背叛我们抛弃我们离开了。原来每个人见了我们都是笑呵呵的可热情了，现在大伙儿见了我们就像躲瘟疫似的离得远远的。很多人都骂我们欺负我们，我看到有好几次妈妈一个人躲在角落里呜呜地哭鼻子。爹，你为什么要离开我们?要是你还陪在我们身边就没有人敢欺负我们了！都是可恨的塔塔儿人，在酒里下毒害死了你！"幼童咬紧牙关，攥紧小拳头，坚定地发誓说："爹，你放心，我一定会替你照顾好妈妈和弟弟妹妹们的。我也一定会替你报仇雪恨的！"他用朦胧的泪眼望着遥远的天际边那颗火星子大小的星星，感觉自己的报仇理想就像昏暗的夜空中那颗黯淡的星一样虚无缥缈。自己一个一无所有任人欺凌的幼童，要去消灭一个整整拥有数万人口的部落。哼哼，痴人说梦！天方夜谭！开什么国际玩笑?你目前应该考虑的问题是：如何能在天灾战祸中存活下去。

幼童在内心深处顽固地认为无论如何自己也一定要为父亲报仇，虽然连自己都很清楚这个愿望虚无缥缈好似海市蜃楼。

只要我还在这个世上活着就决不会放弃这个愿望，无论它看起来多么遥远、多么虚无！只要你还在遥远的天际中闪烁着，我就还有机会将你摘下来，不是吗？

30年后，曾经在深夜里一个人泪眼迷离地望着遥不可及的星星呜咽的小男孩儿长大了，终于兑现了誓言灭掉了拥有数万人众的仇敌部落。

理想不怕遥远虚无，就怕死咬住不放。

金顶大帐里，大汗居中上座，众将领分列两厢坐下。大汗说："今天召开一个库里台大会！虽然我称为可汗，可是祖上留下的库里台大会——由全体将领和贵族共同决定重大事务的老规矩却不应该废驰。"他看了看答里台，继续说："依照惯例犯有重大过失的人是没资格参与议事的。现在就请答里台叔叔退席。"

大家的目光齐刷刷地投向坐在前排显赫位置的答里台。把个老大爷臊得老脸通红，吃力地站了起来，步履蹒跚地走了出去。你说这个老汉都这么大一把年纪了还当着众人的面遭受这种侮辱，真是臊得够呛！不过下回再开会需要退场回避的时候，你就不会像今天这么尴尬了，因为到时候将会有另一个人也享受到这种特权，俩人搭伴儿相跟上出去，就不会觉得这么臊得慌了。

等他出了大帐后，大汗才又开口说："那些夺我妻子和别母的蔑儿乞人被王汗的大军消灭了，可恨的是主谋脱黑脱阿逃到乃蛮部寻找太阳汗的庇护去了，我没有办法惩罚他们了。而长生天保佑，札邻不合的塔塔儿人被我的苏鲁锭长枪征服了！"突然，大汗神色严峻地问道："你们知道我为什么要把俘虏来的塔塔儿人均匀地分配给你们每一个人吗？"

众人一时不知该怎样回答。对呀，为什么分配得这么均匀？总不能说是共产主义提前到来了吧？

术赤台试探性地回答："是为了论功行赏，鼓励将士今后奋勇杀敌？"

"不！"铁木真失望地摇头说："连您也忘了先父被塔塔儿人用毒酒害死，临终前所说的遗言了吗？"

术赤台一惊。众将愕然。

蒙力克说："我记得也速该首领临终时留下遗言说，有朝一日我的后人替我报仇的时候，只要超过车轮高的塔塔儿男子，一个也不留！"

顿时，气氛紧张起来。以老实巴交著称于世的别勒古台不自在地干咳了一声。

大汗正如某些人类灵魂的工程师一样故意哪壶不开提哪壶，点名问道："别勒古台，你看应该怎样行动呢？"

别勒古台愣了一下，真是怕什么来什么，只得硬着头皮答道："我？在战场上杀敌，我连眼睛都不眨一下。可是，让我去杀手无寸铁的俘虏，我——缺少这种勇气。"

大汗有些生气地揭他伤疤说："是吗？你在攻打蔑儿乞人的时候，好像也杀了不少手无寸铁的俘虏吧？"

别勒古台语塞。此一时彼一时嘛！当时人家的妈妈被抢去睡了整整九个月，去营救的时候，她自惭臊得没脸见儿子了，趁兵慌马乱之际窜进北部深林里永远失踪了，在那种特殊情况下才恼羞成怒滥杀无辜的。

术赤为他加油打气道："叔叔，别担心，我教你一个秘诀——只要你想着塔塔儿人是怎样卑鄙地戕害了咱们三位先祖的，复仇的勇气就会源源不断油然而生了！"

合赤温拍了拍他的肩膀，鼓励道："三哥，不要紧的，我们几个兄弟可以帮助你。"看来在关键时刻还得靠家人！

大汗断然下了屠杀令："从今天后半夜到明天凌晨，我们就把这件事儿贯彻落实了。听我号令统一行动，不许任何人走漏风声，不许任何人心慈手软。留下一个祸根就是对三位先祖冤魂的背叛！"

原本以为这次大屠杀能够痛痛快快地解解恨——在心中压抑了三十多年的仇恨，没想到却付出了惨痛的代价。

猎犬被逼急的兔子咬了

散会后，塔塔儿人也客扯连遇到了别勒古台。也客扯连打探说："将军，大汗将怎样处置我们塔塔儿人？"

不擅长撒谎的别勒古台为难地敷衍说："你就不要问了，今天晚上呆在帐篷里不要出来就是了。"

也客扯连一惊心知不妙，面不改色，继续穷追狂问。愣是把个老实人逼问得山穷水尽不知该怎么办才好？说真话吧，泄密；说假话吧，不愿意不擅长不习惯不会。真是哪壶不开提哪壶，（有一位西方诗人说过自己在任何时候任何场合都不会说假话，但同时自己拥有不说话的权利。）可咱这位大汗的老丈人却非要逼迫人家不会撒谎说假话的厚道人放弃沉默权。

也客扯连将老实巴交的别勒古台追问得像即将下蛋的鸡似的脸憋得通红，折腾了半天却弄不出个结果来，才意识到自己无异于是在强迫公鸡下蛋。他立刻转变思路，调整战术，出其不意地诈道："其实你不说我也猜到了，可汗要实行种族灭绝政策，把我们一个不剩全都杀光！"

别勒古台当即反驳道："哪有？可汗只是说要杀掉高于车轮的男子并没有说要杀光所有塔塔儿人。"他看到也客扯连大惊失色、神情黯淡的样子，拍了拍他的肩膀，好意宽慰道："你不用担心，凡事皆有例外，怎么说你也是大汗的老丈人嘛！（新纳的也遂妃和也速干妃的亲爹）……不过，小心点儿也对，今晚最好是老老实实呆在毡包里别出来。"

说完别勒古台走了，也客扯连像火箭炮似的一口气跑到塔塔儿俘虏营告密去了。

当夜月黑风高之时，全副武装的蒙古士兵们包围了一处处塔塔儿人聚集的地方。精神异常亢奋的士兵们摒住呼吸，一场血腥刺激的围猎即将开始了。他们眼前仿佛已经看到了被从睡梦中惊醒的塔塔儿人眼睛中流露出的六神无主惊慌失措的神情，看到了自己的猎物四处乱撞惊慌奔逃的场景。可是他们万万没有料到，自己的猎物此刻并不是乖乖地呆在圈中待其宰割。

黑暗中，塔塔儿人竖起耳朵瞪大血红的眼睛，手执板砖、树干等各式各样的自制原创性武器，准备着，时刻准备着在自己被屠宰的时候杀一个敌人不折本杀一对敌人赚一个。事实证明：连命都不要了的人是异常可怕的！

大汗亲自立在马上指挥，看见队伍已经合围，右手毅然向下一劈，命令道："开始吧！"各路人马缩小包围圈，向塔塔儿人冲了过去。

顿时，一阵阵刀剑撞击声伴随着一阵阵嘶杀惨叫声响起。火光四起，映照出一张张扭曲恐怖的脸，一堆堆的死尸横躺竖卧。

天麻麻亮的时候，速不台等将领跑到大汗面前，气喘吁吁地禀报道："可汗，我们遭到了塔塔儿人的拼死抵抗，死伤惨重！"

大汗扫视了一眼像刚从战场厮杀归来，衣冠不整浑身血污的众将士。这哪里是在围剿屠宰猎物？简直就是无异于与困兽肉搏！他怒不可遏地："一定是有人走漏了风声！"

速不台请示道："怎么办？"

大汗怒道："杀！继续杀，一个一个部落地解决！"

速不台应了一声，就欲急着去贯彻落实。

大汗忽然又叫他回来，命令道："等一等，把也遂、也速干这两个该死的塔塔儿女人给我绑来！通知全体将领到哈撒儿的营地集合！"

蒙古军队逐渐将塔塔儿人聚赶到了一起，紧紧包围了起来。经过一夜的厮杀，双方的眼睛都是血红的。

大汗威风凛凛地立在马上，他的左右众星捧月般围拥着众将领。有人押着倒捆双手的也遂和也速干走了过来。

两位弱不禁风的娇柔女子孤零零地站在大汗率领的蒙古人与被逼入绝境的塔塔儿人之间。唉，红颜命薄也好红颜祸水也罢，总之历史上又要多两位政治牺牲品了。几乎可以断定接下来将要发生的事儿是这样的：大汗义正词严地将恩将仇报的二妃狠狠批斗一番，然后以泄露国家最高机密罪或者干脆以反革命罪就地正法，与其说是杀二妃以威慑众塔塔儿人不如说杀二妃以泄愤更妥当，因为塔塔儿人必死无疑，对于几分钟后就必死无疑的人而言，还有必要威慑他们吗？

然而历史是具有偶然性的。无论是二位妃子还是众位穷途末路的塔塔儿人，他们谁都没有死。这一点大大出乎了大汗的意料之外。

大汗，杀不杀（1）

大汗怒瞪着二位新纳的妃子："听着，你们这两个贱人，是不是你们走露了风声？"

也速干扑通跪下，急切地摇头："不，不是我们，可汗，连我父亲问我，我都没有告诉他！"

也遂非但没有丝毫的惊慌，反而比大汗还气愤地喝道："也速干，起来！你不要向这个杀人不眨眼的暴君下跪，他不配！"

大汗的那可儿急得大喝一声："你住口！"真是个糊涂家伙，人家老婆汉子拌嘴，你个小喽啰瞎掺和啥？

大汗下了马，众侍从护卫左右。他扬鞭一指："你们这两条毒蛇，我恩养你们，封你们为妃。在库里台大会议事儿的时候也没有让你们回避，而你们却利用了我的宽宏和仁慈，把这么重大的军机泄露给你的父亲，引起塔塔儿人玩命的反抗，让我的兵士死了那么多人！你们还想活么？"

也速干急得连连摆手否认："不是！不是我们！"

大汗对塔塔儿人群喊道："也客扯连，你敢否认么？"

他老婆也遂也随即大声喊道："父亲，你不必否认！"

也客扯连从人群中走出来："也遂、也速干，我的好女儿，是我害了你们！"

大汗下令道："已经真相大白了，来呀，先当着这些该死的塔塔儿人，把她们砍了！"

几个士兵上前拖住二位妃子，将她们按跪到地下，刽子手挥刀向天准备行刑。眼看着两位初绽的雏菊就要早早凋零了。

行刑！沉重的大刀带着疾风朝雪白的香颈砍下去。二妃感觉到一股强劲的风朝自己的粉颈劈下来，吓得赶忙闭上了眼睛。唉，临死前的这一瞬间才忽然发现：人这一辈子其实可短暂了，有时候跟睡觉是一样一样的。眼一闭一睁，一天过去了，哈嗽——，眼睛一闭不睁，这辈子就过去了，哈嗽——。

本以为眼睛一闭就不必再睁开了，却被一声"且慢！刀下留人！"的急促呼声惊奇得睁开了眼睛。大伙儿循声望去，大出意料。

"不要杀她俩！泄露消息的人是我！"别勒古台下了马，走前几步。

大汗眉梢一扬："你?！"

别勒古台坦诚地交待道："昨天入夜时分，也客扯连问我要怎样处置塔塔儿人，我不会撒谎，就跟他实话实说了。"

大汗双手揪住别勒古台的胸襟，恨铁不成钢地说："啊，你不会撒谎！啊，你忠厚老实！你知道因为你这一句话，昨晚有多少蒙古将士丧命于塔塔儿人的板砖之下吗?！"

发作之后的大汗松开老实巴交的别勒古台，以平静而威严的口气说："听着，今后凡议论军国大事，不准你参加，你可以在外边整治斗殴盗贼等事儿。库里台大会结束，进过一盅酒之后方准许你入内！"他又对木华黎等人说："把也遂和也速干放了！"

侍从给也速干松绑。而也遂却不让侍从给她松绑："不要碰我！我愿意和我的族人一起死。"她站起来昂首挺胸地朝父亲走过去。（这个妃子脾气倔得很，铁木真有的受了！很有个性！很有骨气！）

大汗愕然："也遂！"

也速干哭泣："姐姐！"

也遂平静地说："依据可汗的法律，臣妾应该去死。"

也速干疑惑不解："你又没有为塔塔儿人通风报信！"

也遂凛然道："那是我没有机会！否则我一定会把这个消息告诉生我养我的

塔塔儿人！我有了今天的荣华和可汗的恩宠，就忘了我的亲人和族人，那才是个见利忘义的女人。用方才可汗的话说，我就是条毒蛇！”

她男人冷冷地问：“噢，你是责备我不该杀塔塔儿仇人！！”

怨妇幽幽地说：“你不该！为了报答你一夜的宠幸，我可以向你进一言。”

她男人诧异地打量着怨妇：“说！”

女人不紧不慢地说：“你不是连做梦都想称雄草原吗？那你就应该放了这些塔塔儿人。”她男人的脸上扫过一丝鄙夷的神情，冷冷一笑：“你一个女人懂得什么！？”

怨妇被一激亢奋起来：“我懂得札木合和塔里忽台用七十口大锅煮了被俘的赤那思人以后，许多人离开了这两个暴君。如果你今天将塔塔儿男子都杀了，你就是同札木合和塔里忽台一样的暴君，他们的今天就是你的明天！”

大汗的那可儿刷地抽出了刀：“你竟敢诅咒可汗？！”

也速干大哭一声：“姐姐！”昏倒在地。

她男人不屑地说：“你知道千百年来草原争雄的战争都是怎样进行的吗？屠杀和掠夺！跟你这样的妇人说这些有什么用，你去死吧！”

他老婆失望透顶地苦笑：“我看你还是个草原上前所未有的英雄我才想跟你说！可汗如果不杀敢于抵抗的敌人和仇人，就不足以威慑对手，但擅杀归降的敌人，就是鼓动一切敌人和本可以成为顺民的对手，全都会同蒙古人决一死战。你虐杀俘虏实际上就是虐杀你自己的百姓和士兵！”

众人愕然，忽然一个小后生从大汗身后冲了出来，异常冲动地说：“等一等，也遂大姐姐，我陪你一起去赴死。”

大汗，杀不杀（2）

大汗惊诧：“失吉忽秃忽，你要干什么？”

小后生激动难遏地大喊：“我也是塔塔儿人，而且是高于车轮子的塔塔儿男子。”

“瞎胡闹！你是母亲的养子，是我的异姓兄弟！”

小后生的情绪稍稍平静下来：“那我就看在母亲的份上也向你进一言：我要问问可汗，你在屠杀塔塔儿人的时候所死伤的兵士，不是比打败札邻不合的时候死伤得还要惨重吗？这就是你举措失当的代价！方才也遂姐姐说得对，如果你进行一次次的战争只是为了报仇雪恨，那你跟铁木真兀格、札木合、脱黑脱阿、蔑兀真笑里徒、和刚刚死去的札邻不合有什么区别？我心中的可汗是有雄图远略的海东青，你应该飞得更高！更远！”

被说中心事的大汗低下了头。

他老丈人视死如归地大喊：“快动手吧！铁木真！”

他老婆幽怨地问：“你打算让我怎么死？”

大汗抬起头，他的眼睛里闪着泪光，喉咙哽咽着没有说出话来，只是挥挥手让他的人后退。

将领怯怯地请示：“可汗，动手吗？”

大汗不置可否，转身向自己的马走去。当他抓住马缰的时候，他老丈人大声叫住他：“铁木真，你等一等！”

大汗站住。他老丈人慷慨激昂道：“我知道蒙古人向来是恩仇必报的！我们这些人都是你的仇人，害死俺巴孩的有我们，害死也速该的也有我们，我们可以把我们的血偿还给你，只求你宽恕我们那些无辜的同胞，还有我的两个宝贝女儿。”

也遂、也速干早已泪流满面：“父亲！”

也客扯连：“也遂、也速干，铁木真是几千年来草原上最英明最伟大的共主，你们不要因为我的死而轻漫了对他的忠诚之心。这我就死而无憾了！”（临死前，说这番言不由衷的话实在是用心良苦，可怜天下父母心哪！）

话音刚落，也客扯连已经横刀自刎。他那十几个贴身随从也都自尽身亡倒在地上。

也速干、也遂跪了下来。

失吉忽秃忽也跪下来。

所有的塔塔儿人都跪了下来。一阵压抑的哭声响了起来。

铁木真一步步走近也客扯连的尸体，缓缓地跪了下来。

大汗的随从们都跪了下来。

在场的蒙古人也都跪了下来。

漫山遍野的人们黑压压一片无不跪了下来。

英雄如是，孰能不折服下跪！

大汗悲叹：“也客扯连，没有你这样的草原英雄辅佐是我一辈子也忘不掉的憾事。（有些事儿就是这么无奈：不失去它，你永远不会知道它的珍贵。可是一旦你知道它对你是如此弥足珍贵的时候，却已经永远失去了它。唉，逝者不可追，好好珍惜眼前人吧！）是长生天保佑，把你这么聪慧的女儿也遂给了我，我将给她可以随时提醒我不犯过失的权力，即使是说错了或者冒犯了我，也决不怪罪她！”

也遂把头触到地上：“可汗！”

铁木真深情地捧起爱妾的脸，但见粉面娇颜上早已梨花带雨。

哪位爱卿帮我劝劝老婆

大汗骑在马上，一会儿欣赏一下也遂姐妹，一会儿又陷入沉思：脑海中不断闪现出孛儿帖的一笑一颦——娇嗔的、高兴的、生气的，发怒的。

天色尚早，大汗却下令全军就地宿营！

草地上，十几位亲信围坐成一个大圆圈。请别误会，他们并不是童心未泯忙里偷闲要玩丢手绢的游戏放松放松。

大汗沉默了许久，终于十分为难地开口说话了：“有一件事，虽说是我自己的事，可是，我既然是可汗，那么就没有纯粹属于自己的家事了，对不对？”

众人一听便知道大汗即将有猛料爆出，都被吊起了胃口，好奇地竖起耳朵想要听一听大汗的难言之隐。只有豁儿赤低头不语，还沉浸于上了编制的老婆被强夺的恼羞之中。大汗继续说：“孛儿帖是我尊敬的父亲为我选配的妻子，是我四个儿子的母亲。多年来，我们同舟共济患难与共琴瑟相和。正因为如此，这么多年来我既没有娶别妻也没有纳妾。”

者勒蔑调侃道：“其实，连豁儿赤都想要三十个老婆呢！”速不台等人大笑起来。

豁儿赤委屈地抱怨道：“我只娶了一个，都编上号了，还被人给夺走了！”众人又笑。

大汗烦躁地瞪了者勒蔑一眼：“你不要开玩笑！”（不知道诸位朋友有没有同感，当你有一件很严肃的事儿要说的时候，此时却有人不识趣的打诨插科说笑话，你会觉得很反感他。所以并非任何场合都适合打趣讲笑话。）

者勒蔑大瞪着眼睛：“没有，我说的是真事儿。一个儿马还有十几匹母马呢！只要能照应过来，可汗娶三百个老婆，也不为过嘛！”大家的笑声更响了。

大汗无可奈何地笑道：“不要说三百个了，这回一下子娶了也遂、也速干两位妃子，我就已经感到回去不好向孛儿帖交待了。”

豁儿赤一语双关地说：“我也觉得这件事可汗做得有些欠妥。”

者勒蔑饶有兴趣：“嗯？”

豁儿赤瞪了者勒蔑一眼，正色道：“不是说可汗不应该多纳几个妃子。汉人的皇上还有三宫六院七十二妃嘛！只是事先您应该给大妃打个招呼。这样一下子带回两个妃子，大妃一定感到很突兀。如果影响了可汗与大妃的关系，那可就是整个乞颜部的不幸了。”

者勒蔑调侃道：“你的意思是不是让可汗把这两个妃子都赏给你呀？”

众人大笑。豁儿赤站起来反驳：“有什么可笑的？可汗答应过我可以娶三十个老婆嘛！”反正死猪不怕开水烫了，不争取白不争取。

博尔术和稀泥道：“豁儿赤，你的事以后再说嘛。现在是不是还商量可汗的事？”

者勒蔑：“对，豁儿赤，你别着急嘛，你现在已经有好几个老婆了，再多了怕你吃不消。”

众人又笑。博尔术制止大家，问道：“可汗的意思是——”

心虚不敢面对自己老婆的汉子说：“我是想，在诸位将军中，选一位先走一步，回去给大妃做思想工作疏通疏通！”

诸将不约而同地盯着者勒蔑，他脑袋摇得跟个拨浪鼓似的连连摆手说：“别看我！我这个人打仗，唱歌没说的，可要办这样比接驼羔儿还细的活儿，我可不行，绝对不行！（他见大伙儿仍旧不依不饶直勾勾地盯着自己，为了转移大家注意力，干脆祸水旁引。）哎，论说，博尔术可是跟可汗的时间最长了，又是众官之长。”

大家又一致转向大汗幼年朋友博尔术，他吓得摇头不止：“我？我一同女人说话，舌头就像打狼的棒子那么硬。”

者勒蔑落井下石道：“你跟自己的老婆说话不？不说话，你那娃儿是怎么制造出来的？”

众人大笑。速不台实事求是地说：“博尔术是不合适。”

者勒蔑又将烫手山芋推给速不台：“你合适？对，就让我弟弟速不台先回去吧！”

速不台急得打了者勒蔑一拳：“你胡说！我怎么行？”

大汗摇了摇头，有些失望地叹息了一声。俗话说隔行如隔山，这种事儿确实有些为难这帮叱咤风云驰骋沙场的彪形大汉了。术业有专攻，这种活儿还是由靠忽悠人吃饭的巧嘴媒婆或者夏衍先生《包身工》中那些“用他们多年熟练了的、可以将一根稻草讲成金条的嘴巴，去游说那些无力‘饲养’可又不忍让他们的儿女饿死的同乡”的人贩子来担当更能胜任。

正在大汗一筹莫展的时候，一个大伙儿都意想不到的人居然主动请缨要求去做大妃的思想工作。此君为人正派，平日里沉默寡言不喜欢多说话，似乎也并不擅长辞令，更谈不上能说会道。谁也没有料到他会在这种时候挺身而出，主动接下了别人都唯恐避之不及的烫手山芋。大伙儿更加没有料到的是，这个平日里沉默寡言不苟言笑的将军，居然一出马就成功地劝服了大妃。更没有料到，他与大妃之间的这段对话将会成为流传千古的经典对白。

做你的女人好难

女仆走进孛儿帖的斡儿朵禀报道："木华黎将军回来了，他说有要紧的事要求见大妃。"

孛儿帖虽然不懂英文，却也明白No news is good news!的道理，她不安地自言自语起来："噢，不是有战报说已经消灭塔塔儿人了吗？还有什么要紧的事？快，快，快传他进来。"

风尘仆仆的木华黎走了进来："大妃殿下安好！"他毕恭毕敬地行了礼，然后就一言不发。

孛儿帖吃惊地询问："将军深夜赶回老营，不是说有紧急事儿要禀报吗？"

木华黎不置可否。

孛儿帖急问："是可汗的身体？"

木华黎不动声色地摇了摇头。

孛儿帖急切地问："那么我的孩子们？"

木华黎不动声色地摇了摇头。

孛儿帖舒了一口气，问："是哪位将领出了什么事？"

木华黎不动声色地摇了摇头。

孛儿帖又问："那到底是出了什么事？"

木华黎默默不语。

孛儿帖实在是猜不透他的哑谜，疑惑地说："木华黎，这就奇怪了。你先一步回来，说是有重要事情见我，为什么一言不发？是有什么难言之隐吧？"

木华黎终于开口说话了，一开口就给大妃出了一道选择题："我有一件好事要告诉大妃，还有一件坏事也要告诉大妃，我是没有想好，先说好事，还是先说坏事。"同志们，当你听到这种选择题的时候，十有八九意味着只有坏事没有好事。坏事仿佛是天上的月亮，而好事则是水中的月亮，虚的！或者也有可能坏事是颗西瓜而好事是粒芝麻。

孛儿帖怔住了。她沉吟道："好事让人欢喜，坏事让人忧愁，如果先听了好事，一定是先喜后忧。先听坏事，那就是先忧后喜。你就先说坏事吧。"

木华黎语气平缓地说："大汗没有听从诸将的忠告，被两个塔塔儿美女迷住了眼睛，收她们为第二、第三侧妃了。"

孛儿帖一惊："什么?!"（那个杀千刀的黑心贼，从外面讨回两个小狐狸精?）

孛儿帖闭上了眼睛。半晌才缓缓地说："那件喜事呢?"

木华黎语气平缓地说："大汗没有听从诸将的忠告，被两个塔塔儿美女迷住了眼睛，收她们为第二、第三侧妃了。"

"这件坏事你已经说过了。"

"不。这件喜事同那件坏事，都是这同一件事。"

伤心女人软弱无力地说："你说什么?我不明白。"

"可汗以前只爱您一个女人，现在他又同时爱上了两个女人，这对您是坏事;从前只有你一个女人关心可汗，现在又有两个女人像您那样替您关心可汗，这当然应该算是好事。"这位仁兄在无意中不自觉地运用了马克思辩证法中一分为二的观点看问题，在先进理论的指导下，怪不得能说服大妃呢!

孛儿帖委屈地喃喃着："我不愿意有别人像我一样地关心可汗!"

"此事木已成舟，不可挽回了。大妃如果做个顺水人情，可汗定会为您的宽宏而更加敬重您，您的大妃地位永远也不会撼动。这就是好事。如果您公然反对可汗纳这两个侧妃，即使你能阻止可汗，他也一定会因为要得到的东西没有得到，而怨恨你。那么对您来说，就是坏事。是坏到不能再坏的坏事了。"

"是可汗让你来说服我的吗?"

"不是。可汗让谁来谁也不愿意来。是我自己要求来的。"

"你为什么要揽这件得罪人不讨好的差事?"

"因为您是可汗四个儿子的母亲。我不愿意看到您与可汗失和。那样不只是您和可汗的不幸，也是整个蒙古人的不幸。"

女人满怀委屈地低声问："这么说，不管我愿意不愿意，已经无可改变了?"

木华黎无奈地摇摇头。

被丈夫深深伤害了的女人扑在床上呜呜哭了起来。越哭越伤心。

木华黎宽慰道："大妃，您有什么委屈，只管倒出来吧!"

悲伤的女人忍不住哭诉起来："在我九岁那年就跟他订亲了。那时我俩形影不离，一起剪毛，一起套马，一起在湖边嘻戏。后来，他父亲出事了，他一走就是八年。这八年里我无日无夜不在惦念着他。是我父亲耐不住我一再要求，没有按着草原的规矩，让铁木真去弘吉剌部成亲，而是我的一双父母把我送到斡难河边，跟他完婚的。可喜庆的酒香还没有散尽，他的仇敌便把我抢去了九个月，使我在痛苦和思念之中苦苦煎熬了整整九个月呀！他是把我救出来了。可是他对我少了从前那样的亲密无间，多了夫妻之间不必要的过分尊重。我一边给他一个个地生儿子，一边把悲伤的泪水往肚里咽，我不苦吗?！这回可好，他又找了女人，而且一下子找了两个！大概在不久的将来，我就像被他穿破了的靴子一样，远远地扔掉了吧？”女人越说越伤心趴在床边抽泣起来。

木华黎站在那里，并不解劝。半晌，被丈夫深深伤害了的女人擦擦眼泪，强打精神说：“你回去告诉他——”

木华黎：“我知道应该告诉可汗什么了。”

孛儿帖怔住。木华黎平静地说：“我将告诉可汗，大妃说：‘当年我们的父亲也速该不过是个部落首领，还有一个别妻呢，铁木真是可汗，自然应该有更多的妻子。可汗派人先来告知这事，根本没有必要。因为妻子服从丈夫，部民服从可汗，这是天经地义的道理。作为最敬最爱他的大妃，很高兴可汗找到了中意的侧妃。我正在为可汗的新人准备新的斡儿朵。’”淡淡的语气中，流露出真挚的同情和理解。

孛儿帖睁大眼睛吃惊地盯着木华黎。木华黎恭恭敬敬地问：“我没有领会错大妃的意思吧？”

女人无奈地叹息了一声，说：“你说得不错，就这么告诉可汗好了。”

唉，做女人难，做可汗的女人更难！

第七章

反目为仇

王汗其人其事（1）

1201年－1202年的几场大战使蒙古草原的形势发生了重大转折。草原群雄尽扫，仅剩下蒙古乞颜部、王汗的克烈部、西方的乃蛮部，三家对峙。插一句，并非仅剩下三家，这三家就一定是成三足鼎立之势的。大家一说就是三国时期魏蜀吴三足鼎立，看看地图，人家的势力范围确实呈三角形分布。几何学中三角形最稳定，三方互相牵连互相制衡，谁也不敢轻举妄动。而此时蒙古草原上的三家并非鼎足而立而是一线排开，这种分布结构最不稳定。

闭上眼睛回顾一下以往历次战役，就会发现这样一个作战模式：某一部落越看铁木真的所作所为越觉得闹心，最后终于突破了忍耐的极限，登高而呼，联合十来个同样怎么看铁木真怎么觉得不爽的部落，组成一支人数众多却各怀鬼胎的乌合之众，蹑手蹑脚地朝铁木真驻地摸来，企图趁其不备从后心窝上狠狠给他一下子。凑巧的是每次联盟中都有人仰慕大汗威德，连夜赶来给铁木真报信。大汗得到消息后，一面积极备战，一面立即派人去请王汗率军来支援。王汗毫不耽搁风风火火率军赶来。双方联合起来，一起将来袭的敌军打得落花流水屁滚尿流地逃跑了。然后两军向闯进羊群的恶狼般纵兵烧杀淫掠，忙得不亦乐乎。瓜分战利品的时候，铁木真每次都发扬孔融让梨的精神自觉地取小份，而王汗也是老当益壮当仁不让直取大份。

当是时，草原诸部已经灰飞烟灭，仅剩下一个乃蛮部还在龇牙咧嘴张牙舞爪，铁木真实在是看它不爽，于是约定王汗一起出兵打算去俘它的男人做奴仆、掠它的女女搞娱乐、抢他的毡包让他无处可住、夺他的饮食让他无饭可食无水可饮。

王汗其人其事（2）

在成吉思汗时代向前追溯三代人之时，克列部的大汗马尔忽思—不亦鲁黑（marcus，名字很难记）曾进攻居住在戈壁滩东部的塔塔儿人。当时塔塔儿人还依附于北京金政府。马尔忽思—不亦鲁黑汗战败被塔塔儿人俘获并被押送至金国。金人像刑毙蒙古部首领俺巴孩汗一样处死了马尔忽思—不亦鲁黑汗，即把他钉在木驴背上，使之辗转惨死。观其受刑时代兼查刑法风格，我个人猜测就是金熙宗干的好事。

他的遗孀美丽聪慧的忽图黑台—依里克赤（跟她男人一样名字也很难记）决心为丈夫报仇雪恨。她假装豁达大度，不记丈夫被害之仇，带着一百个鼓鼓囊囊的羊皮袋，诡称羊皮袋里装满了牧民特别喜欢喝的发酵马奶酒，以此作为礼物，前去向塔塔儿部首领致意。实际上，每个羊皮袋里都藏着一名武士。（是不是觉得故事情节似曾相识？）塔塔儿部首领信以为真，立即设宴为客人接风。

咱先插叙一段历史小故事。

古希腊神话《木马屠城记》中记载，特洛伊王子帕里斯访问希腊，诱走了艳后海伦，希腊人因此远征特洛伊。围攻九年后，到第十年，希腊将领奥德修斯突发奇想，让一批勇士埋伏在一匹高二丈的巨大木马腹内，然后大部队假装撤退而将木马摈弃于特洛伊城下。城中得知解围的消息后，遂将“木马”作为奇异的战利品拖入城内，全城饮酒狂欢。到午夜时分，全城军民尽入梦乡，匿于木马中的将士开秘门游绳而下，开启城门并在四处纵火，城外伏兵涌入，部队里应外合，焚屠特洛伊城。后世称这只大木马为“特洛伊木马”(trojan horse) 简称“木马”。

如今黑客程序借用其名，取“一经潜入，后患无穷”之意。特洛伊木马病毒没有复制能力，它的特点是伪装成一个实用工具或者一个诱人的游戏，这会诱使用户将其安装在电脑或者服务器上，从而中毒。

不懂历史知识真可怕！塔塔儿部史盲首领乐呵呵地引狼入室，分宾主入席，觥筹交错，互致祝愿。当宴会进行到一半之时，俏寡妇一声暗号，藏身于羊皮袋里的一百名武士瞬时一齐破袋而出，闪电般冲上去，手起刀落，塔塔儿部首领及其随从顿时血溅毯包，做了刀下之鬼。这就是蒙古版本的特洛伊木马故事。

这位被钉死在木驴上的马尔忽思—不亦鲁黑汗有两个儿子，其中一个继承了汗位。这位仁兄贼英勇与蔑儿乞人发生了冲突，结果他的娇妻和幼小的儿子被掠为奴被迫在薛凉格河畔舂米劈柴洗衣做饭专司又脏又累的粗重活。这个被掠的小毛孩儿名字叫脱斡邻勒(即王汗)，后来他爹将他们母子二人救了出来。可是好日子没过几天，他这位贼英勇的爹又与塔塔儿人发生了冲突，13 岁的小家伙和他妈妈又被掠去了，他爹也逃亡到乃蛮部去了。

他爹死后，乃蛮部帮他复国，王罕继承了克烈部的汗位。这哥们儿有些疑心病，总怀疑有人想要篡夺权位，于是就无缘无故地将有可能威胁汗权的叔叔和弟弟们统统杀掉了。其中有一个叔叔眼看着亲戚一个个被害死，自已成了秃子头上的虱子，下一个迫害对象毫无悬念就是自己了。与其躺在砧板上任人宰割，倒不如起兵反他娘的了！兔子被逼急了还会红着眼咬人哩，何况老子是亲王！结果王罕被他叔叔打败，只带了一百多人灰溜溜地流窜入合剌温山隘。王罕想从山隘中逃出来，不料每次刚刚一露头就遭到他叔叔的攻击，只得像缩头乌龟般龟缩回来。在困境中，终于找了个机会溜出来一位使者，可怜巴巴地哭求铁木真他爹也速该救援。也速该将他叔叔赶到西夏去了，然后又帮王罕恢复了统治并帮他召回流散的百姓。王罕感激地涕泪横流，与也速该磕头点香拜把子，结成了安答。

后来等到王汗配合铁木真初战塔塔儿时，一条漏网之鱼——曾经配合王汗一起诛杀其他诸弟后来怕遭毒手而逃亡到蒙古西部阿尔泰山一侧的他弟弟额儿客哈剌，在乃蛮国王的支持下，乘黑林空虚之际抢了王汗的地盘。当王汗率凯旋之师猴急赶回来，双方二话不说噼里啪啦暴打一场，结果王汗惨败，只好弃众逃跑，逃入西辽国境内避难。

王汗逃往突厥斯坦，投靠赫赫有名的哈剌契丹王（其国君称为古儿汗）。但还未满一年，他又被哈剌契丹古儿汗驱逐出境，被迫流亡于戈壁滩畏兀儿部和唐兀惕部交界处，处境很凄惨。

他赖以活命的只有五只奶水充足的母山羊和一头骆驼。他骑着一匹瞎马，孤零零地游荡于古泄兀儿湖附近（古泄兀儿湖是戈壁滩上一个小小的水塘，位于甘肃或河套地区）与克鲁伦河上游之间。正当老大爷在荒凉的沙漠中吹着西北风孤零零地骑着羸瘦的瞎马，老泪纵横地看着枯藤老树昏鸦，可怜巴巴地感伤夕阳西下断肠人在天涯之时，一个特大喜讯传来了。

王汗其人其事（3）

老大爷意外地得到了铁木真的口信。铁木真对他的悲惨处境十分同情，便派人前去请他。王汗绝处逢生，喜出望外，恨不得立即飞到干儿子处。当时铁木真驻扎在靠近克鲁伦河和桑沽儿河上游的不儿吉岸。他特地亲自前往古泄兀儿湖去迎接干爹，并向部下征收实物税，以供养王汗，帮助他恢复健康。

第二年（公元1197年）秋天，他们一起驻扎在土兀剌河草原（意即“黑林”隘的河谷）上，摆设酒席，相互祝贺，关系融洽，气氛友好。双方在此订立盟约，约定遇到战事，共同对敌。需要打猎，共同出猎。假如有人像长着大牙的毒蛇那样挑拨、煽动，我们切不可为其鬼蜮伎俩所迷惑，而应该当面核实，澄清事实，解除误会，相亲共处，地久天长。订立好盟约，铁木真与王汗重申了父子之盟，这就是历史上著名的黑林之盟。

不久之后，铁木真远征蔑儿乞部，在哈迪黑里黑山附近的木鲁彻薛兀勒地带击溃了蔑儿乞人。蔑儿乞部首领逃跑大师脱黑脱阿再次逃往贝加尔湖东岸的巴儿忽真地区。铁木真汗把从蔑儿乞部缴获来的蒙古包、食物、马匹等所有战利品全都送给了王汗。公元1198年，在干儿子的力挺下，王汗再次登上了克列部汗位。

俗话说吃人家的嘴短，拿人家的手短。此后，铁木真汗和王汗之间的地位发生了明显的变化。诚然，铁木真很谦虚很低调仍然一如既往地自称是干爹的附庸，仍然一如既往地尊奉王汗为"父汗"。但实际上，在搭救了狼狈潦倒的老大爷并帮他重登汗位以后，铁木真汗已经同王汗平起平坐了。

随着铁木真势力的不断壮大，王汗越来越感觉到干儿子在发展中已经明显压过自己一头。作为一位名声在外的著名国王，老大爷忍受不了这种被干儿子压制住的生活。于是在1200年春天，趁在萨里河原野上举行库里台大会的时候，他企图策划一次"鸿门宴"将那个不服服帖帖顺从自己意愿的小兔崽子抓起来好好驯服驯服。

在宴饮之时，八邻部勇士阿速那颜察觉出气氛不对，起了疑心。干脆将刀子往靴筒里一插作出一副准备着时刻准备着冲上来抓住老汉头发拼命的架势，大大咧咧地一屁股坐在了王汗与铁木真中间，一边抱着个羊腿狂啃不已，一边不时地用警觉的目光回首监视着心怀鬼胎的王汗。（这哥们儿跟鸿门宴里那位抱着生猪腿狂啃的屠狗夫樊哙有得一拼！）王汗意识到对方已经猜到了他的阴谋诡计，犹豫了好半天，终究没好意思扯破脸皮狠下毒手，最后极不情愿地放虎归山了。

王汗的背信弃义引起了他的诸弟和手下亲信的不满，大家在背地里就议论了：咱们这个老大尽爱干残害手足、以怨报德的事儿。前些年老头子骑着瞎马在荒漠里喝西北风的时候，是他干儿子亲自将他迎接回来帮他重新登上汗位的。这还没过几年呢，如今却好了疮疤忘了疼（有人不怀好意地坏笑道：老东西上年纪了，脑袋瓜子糊涂了很正常嘛，哪能还像咱们一样记性这么好？众人一阵哄笑），想要把救命恩人往死里整。跟在这种讨吃老大后面干革命，那才是地地道道的兴，手下苦；亡，手下苦。

不料，他们的这些非议被人作为讨好领导的政治资本告发到了王汗那儿。自我评价良好（自我感觉诚实守信、忠厚老实）的王汗觉得受到了莫大诽谤和诬蔑，下令逮捕这些造谣中伤的不良分子。他的弟弟札合敢不以及不少将领流亡他国。王汗后院起火，内部军心不稳，因而没有再敢与铁木真公开分裂。

正是在这种形势下，王汗与铁木真再度并肩作战，取得了1201—1202年一系列战争的胜利。每次分配战利品的时候，王汗都当仁不让直取大份（老夫并非贪财好色之人，主要是为了让人民群众得实惠嘛）。每当分头打击敌人的时候，铁木真总是将自己缴获的战利品拿出一部分来孝敬干爹（老夫是在给年轻人创造尊敬长者的机会嘛）。而王汗却从来没有将自己抢夺来的战利品慰劳过干儿子（老夫是在培养他独立自主的意识嘛！要不然他哪能悟出自己动手丰衣足食的道理呢？）。

一直奉行孔融让梨政策的铁木真以德报怨、处处迁就。你心怀鬼胎企图搞个鸿门宴，我就装傻充愣小心提防；你猴急地争抢大的好的，我就从容不迫坦然收揽回剩下的小的次的；你来而不往独吞战利品，我下回俘获战利品送个更大份的给你。你以为自己耍小聪明逮了便宜，我笑你是鼠目寸光、井底之蛙。

王汗注定要失败，而且将败得一败涂地！因为他的对手实在是太强大，太可怕！草原群雄为了抢夺财物、奴隶、美女争得头破血流，铁木真却安之若素，因为在他眼中有比这些更重要更远大的东西。

突然想起一个小故事。某君与一美眉谈恋爱。比肩坐于校园长条石凳上，二人对话如下。

美眉问曰：杏仁？

此君悠然答曰：你的！

美眉复问：鲜橙多？

此君复答：你的！

德芙巧克力？

你的！

玫瑰花？

你的！

……

沉默片刻，此君忽作自问道：你？

遂自答曰：我的！

险些成为瓮中之鳖

不过现在还不是收拾王汗的时候，乃蛮部正龇牙咧嘴张牙舞爪嚣张得很，铁木真实在是看它不爽，于是约定王汗一起出兵去俘它的男人做奴仆、掠它的女人搞娱乐、抢它的毡包让它无处可住、夺它的饮食让它无饭可食无水可饮。

乃蛮部前国王死后，长子太阳汗继承了汗位。他的弟弟不亦鲁黑汗，与他交恶，分部而治。这家伙不服从他哥哥的领导，率部离家出走，自行占据了阿尔泰山地区，自号“不亦鲁黑汗”（意即发号施令的可汗）。大家是不是觉得这个名字很熟悉啊？没错，他正是在阔亦田之战时加入札木合联盟并且谁也拦不住非要逞能作法求暴风雨结果犯了方向性错误，最后施展凌波微步率先逃命的那位活宝法师。

王汗、铁木真联军识破了这哥们儿是个不中用的纸老虎，死咬住不放，愣是把人家追得逃回老营。法师国王心急火燎地讨饶：“我逃回老窝了，你不许再追了！”联军硬是把人家的老巢给掀掉了，吓得人家越过阿尔泰山拔腿就往南逃。这一回不知大法师为什么没有施展神奇的法术阻截追兵？（吓得心惊胆战给忘了？上回施法出了事故，羞着啦？百思不得其解……）不过在逃跑的过程中，他部署了将领殿后阻截。可惜联军顺着忽木升吉儿（臣吉里河）、兀泷古水（乌伦古河）而下，势如破竹一举干掉了他安置的后哨将士。当追至乞湿泐巴失湖（今乌伦古湖）附近时赶上了不亦鲁黑汗的主力。三下五除二歼灭了乃蛮军大部，不亦鲁黑汗再次施展凌波微步领着少数人落荒而逃，一直跑到叶尼塞河上游谦谦州（今唐努山地区）才敢停下来。联军大获全胜，瓜分战利品的时候，王罕又给了铁木真一次孔融让梨的机会。联军本打算班师回营，直到目前为止似乎一切都很顺利。但是天有不测风云，就在回营的途中，一件出乎铁木真意料的事儿发生了，险些酿成一场毁灭性的灾难。

王罕、铁木真率领大队人马，赶着敌人的牛羊、骑着敌人的战马、搂着敌人的妻女兴高采烈地唱着嘹亮的牧歌凯旋而归。他们基本是按进军的路线原路返回的，穿过阿尔泰山北麓，然后沿拜达里格河河谷，向杭爱山南麓进发。他们万万没有料到由一位骁将统领的一支精锐之师已经扼住了杭爱山谷险要地带，正在耐心地恭候着他们的到来。

这支军队的统帅是乃蛮部勇将可克薛兀—撒卜勒黑（唉，好长的名字）。

虽然太阳汗和他胞弟素来不合，但是他很明白唇亡齿寒的道理，当然不会坐视王罕和铁木真消灭他的胞弟。你们可以欺负狂揍那个不顺眼的臭小子，但决不允许你们干掉他。他对王罕、铁木真的行动并没有袖手旁观，而是决定在他们回营途中阻截伏击。他算准了他们返程时必须翻越杭爱山脉，于是挑选了一员猛将，即可克薛兀—撒卜勒黑，命他扼守住杭爱山前的拜达里格河谷，切断联军的归路，打算将寂静的河谷变成一个大型屠宰场。

薄暮时分，联军挺进杭爱山南麓，与早已在此以逸待劳的乃蛮军队不期而遇。联军大怖，吓出一身冷汗，如果此时埋伏在山上的敌兵切断他们的退路居高临下先往下砸巨石滚木，再像猛虎下山般狂冲而下，己方何异于瓮中之鳖，只有闭上眼睛任人屠宰的份儿。

然而这位奉太阳汗之命率二万精兵等着王罕和铁木真撞到枪口上来的将军实在是一位赫赫有名的名将。既然是一位有身份有地位的著名人士，自然就很爱惜自己的美誉。他自恃兵强马壮，占据着有利地势，而且是以逸待劳，觉得根本就没有必要搞偷偷摸摸的伏击战，那多掉架子啊！于是他在杭爱山下河谷安营扎寨摆下战阵，准备发扬FAIR PLAY的风格从正面堂堂正正地发起冲击并一举击溃联军。

起初，王罕、铁木真察觉乃蛮军队扼守住险要地带，遭到截阻感到大惊失色。后来发现乃蛮军并没有充分利用有利地势给他们来个包饺子伏击战，打他们个措手不及人仰马翻全军覆没，才长舒了一口气。

眼瞅着天就要黑了，双方都不喜欢摸黑夜战。于是联军与乃蛮军营相对峙着扎下营寨，准备先好好休息一夜等明日养足精神蓄满锐气再作决战。

一方凭借有利地势以逸待劳，另一方凯旋归来士气高涨，双方都对战胜对方充满信心。

那一夜，草原上的夜晚像以往一样宁静怡人。无数士兵却跃跃欲试磨刀霍霍，亢奋而不安地盼望着明天的那场恶战。

原本以为当翌日的第一缕晨曦照耀到大草原上时，会迎来一场血战，没想到始料不及的事儿又发生了。呵呵，有时候历史仿佛是在故意恶搞，着实让人琢磨不透。

敲鼓的山羊

第二天一大早，铁木真大军雄赳赳气昂昂严阵以待，士气高涨的将士们勒马待命，跃跃欲试地只等一声号令就准备冲向敌营英勇厮杀。

大汗派人去联络盟军打算互相配合共同出击绞杀敌军。不大一会儿工夫，联络员火急火燎地快马奔回慌慌张张地报告说："启禀可汗，此刻王汗营地中连个鬼影子都看不到了。他们早已人去营空，只是虚设篝火罢了。"

大汗神色凝重，沉默不语。

众人不敢相信自己的耳朵，疑惑不解："怎么会呢？王汗大营一直是红旗招展锣鼓喧天哪？"

大汗沉着脸一夹马肚子飞马而去，随从急忙追随而去。

大汗一行飞驰到王汗杂乱的荒弃阵地上，亲眼看到一堆堆篝火在晨雾中燃烧，才不得不相信了这件难以置信的事儿。

哈撒儿激愤地骂道："老东西半夜逃走，岂不是要把咱们往火坑里推吗？"

博尔术生气地："老奸贼是想拿咱们当牺牲品啊！"

别勒古台气冲冲地大嚷道："这个无耻的叛徒！可汗，咱们追上去，把老滑头抓回来！"

大汗阴沉着脸，一言不发，摆摆手示意大家不要吵了。

木华黎不急不躁地提醒道："可汗，王汗一撤，把我们的左翼完全暴露给乃蛮人，如果乃蛮人从那边斜插过来，我们就有被拦腰截断的危险哪！"

大汗当机立断，下令道："立即命令全军火速渡过阿勒台河谷，向南撤退！"

回过头来交代一下，为何王汗连个招呼都不打，突然间就率部连夜撤走了呢。

话说昨天夜里，王汗、札合敢不和桑昆正在一边爱抚着小十字架，一边口中念念有词地作晚祷。

札木合进来了，歪着脑袋用不解的眼神看着三人稀奇古怪的举动，强憋着不笑耐心地等到三人在胸前划了十字并从口中吐出"阿门！"二字之后，神秘兮兮地说道："都火烧眉毛了，可汗还有闲情逸致在这儿悠哉游哉地做祷告，看来，您还不知道……"

王汗有些不高兴地问："别磨磨唧唧的，有什么事儿直说。"有话快说，有屁快放，说完赶快滚蛋。

札木合压低声音阴里阴气地说："您的好儿子铁木真背着您多次与太阳汗暗送秋波往来勾搭……"他顿了顿，直盯着王汗疑惑不信的面孔，嘲讽地坏笑着反问道："不会吧？难道您还一点儿都不知情？"

桑昆急道："啊？有这种事？！"

札合敢不不相信地摇了摇头："不对，铁木真不会干这种事的！"

札木合循循善诱："怎么不会？乃蛮部是您相邻的宿敌，铁木真隔着克烈部远征，战胜了太阳汗，得利的是您。"

札合敢不质疑道："我们多次联合作战，得利多少并不能说明什么。"

札木合："可是，铁木真要是联合乃蛮，战胜了您，得利的是他铁木真！这能不能说明什么？"

桑昆劝谏道："父王，札木合说得有道理！"

刚刚在上帝面前洗涤过心灵的王汗一双眼睛盯住札木合，札木合连眼都不眨地直视王汗。王汗鄙视地说："札木合，上帝作证，你和铁木真曾三次结为安答。你多次与他为敌，他却对你仁至义尽。而你到现在还对他无中生有恶语中伤，你究竟生了一付什么样的心肠？你难道不怕上帝的惩罚吗？"

札木合仰天长叹一声："唉，可惜呀，可惜！好，我不说了，您……好，好，我不说了！"抬脚就往帐外走。

桑昆提醒地："父王！"

本来口才一般，算不上能说会道的札木合几乎已经被宣判为说服失败，差一点儿就这么无功而返了。孰料这哥儿们走到门口却倚门回眸一笑，说："可汗，我对您来说是一只白翎雀，而铁木真对您来说却是一只告天雀。"说罢他怅然若失头也不回就往外走。

两只小雀儿勾起了王汗的兴趣，他急忙道："站住！你这话是什么意思？"

札木合回身，语气诚恳地说："可汗，我对您来说是一只白翎雀，无论寒暑常在北方；而我的好安答铁木真对您来说却是一只告天雀，遇到冬天可就要飞到南方去了。我札木合的存亡荣辱全靠王汗您了，而铁木真要称霸草原的头一个障碍就是您！到底应该相信谁？您可要三思而行哪！"

札木合走了。王汗陷入沉思之中：乃蛮，数次容纳我那些叛逃的弟弟并趁我出征讨贼之际偷袭我的老营，毫无疑问应定性为奸诈之国也；铁木真，势力渐盛，现在虽然处心积虑给我玩孔融让梨这招麻痹我，然而卧榻之侧岂容他人安睡？将草原群雄一个接一个全都干掉的那天，就是他开始翻脸不认人调转矛头收拾我的同一天，不共戴天的竞争对手。现在两个坏家伙暗中勾搭起来，将我夹在中间，那我不成了三明治，任人咬食了吗？

这一番权衡只有一个疑窦，那就是这两股恶势力究竟是否真的勾搭在一起了。起初，王汗觉得二者勾结到一起的可能性不大。不过，他越想越觉得二者勾结到一起的可能性越来越大。在他眼中乃蛮是个彻头彻尾的流氓国家，根本就没有信誉可言。铁木真，上次差点儿被我在鸿门宴上阴死，对我心怀怨恨心存戒心，会不会效仿北燕后裔慕容复以其人之道还治其人之身，阴我一个蛋？

在奸诈小人的眼里，世界充满了阴谋诡计。人与人之间没有真情与信任，只有互相利用。

最后，王汗决定宁可信其有不可信其无。我先走一步，你们两个讨厌的家伙在这儿死掐吧，打死一个少一个，最好是两败俱伤，我也坐收一回渔利。阿门！

临走时，他还没忘记命人将营地中尽量多的燃起篝火，另外还突发奇想地干了一件技术活儿，创造性地将许多山羊绑到大鼓上面。于是他沾沾自喜地在自己营造出的“灯火通明、锣鼓喧天”的热闹气氛中率部连夜逃之夭夭了。

这不明摆着欺负人嘛

老东西悄悄开溜也不打个招呼，还精心设计出个“灯火通明、锣鼓喧天”的热闹艺术氛围。铁木真气得够呛，估计孤军作战难于取胜，当即命令火速撤退。大军从杭爱山的另一条峡谷穿过，渡过阿尔泰山之南的依德尔河谷，安全顺利地撤回到克鲁河西南的撒阿里草原上。

乃蛮名将可克薛兀—撒卜勒黑本打算痛痛快快干一仗，没想到两位对手争先恐后地逃跑了。这哥们儿很有个性，离他近的铁木真部，他视而不见，偏要舍近求远下令狂追早就逃之夭夭的王汗部。

话说王罕率部连夜行军，绕道越过杭爱山，跑到土兀剌河（今土拉河）流域。他的儿子桑昆和弟弟札合敢不分别率众向他靠拢，驻扎在今色楞格河右岸的支流依德尔河畔。

老子跑了这么远应该不会追来了吧？想到乖儿子铁木真天亮后才发现自己被狠狠忽悠了一顿，老大爷忍不住心里就直乐得慌。现在那两个该死的恶势力正在浴血火拼吧？跟老子斗你们还嫩点儿，姜还是老的辣啊！呵呵，他们斗得头破血流却万万想不到此刻老夫却坐在草地上逍遥快活？突然发现大草原的景色好美啊！天似穹庐，笼盖四野。天苍苍，野茫茫，风吹草低见牛羊。

王汗正窃喜自己的英明决策，万万没有料到，乃蛮部吃柿子捡软的捏，不搭理铁木真部，驱众穿过杭爱山山口，一路狂追老大爷而来。苍天哪——，这是什么世道啊？这不明摆着欺负人嘛！

可克薛兀一撒卜勒黑将军指挥乃蛮军队向克烈部的营地发动突然进攻，矛头直指王罕部。桑昆首当其冲，被乃蛮人打败。

乃蛮军队击溃桑昆部，俘获他的妻子儿女及大批百姓和畜群，然后挥师杀向王罕的老巢。乃蛮军一路烧杀抢掠，锐不可当。

王汗获悉乃蛮部大军压境，后悔莫及，一面令桑昆和札合敢不重整军队，准备迎战乃蛮军，同时硬着头皮派急使向铁木真求援，特别点明请求铁木真派手下四杰前来增援。

蒙古秘史记载，铁木真对自己的义父一片忠心，回营后并没计较他在杭爱山前的背信弃义行为。他也猜出，王汗那样做，多半是受札木合唆使所为，也就不怪罪王罕了。当他收到王汗特使的请求时，毫不犹豫地答应了并立即派四杰（博尔术、木华黎、博尔忽、赤老温）率精兵前往增援。

以上记载给我的感觉是苍白而伪善的，让人觉得大汗是一个没心没肺的滥好人、毫无原则的活雷锋。铁木真是一个满腔热血、恩仇必报的性情中人，怎么可能轻易忘记不该忘记的事儿呢？他立即派人去援助王汗决不表明他不记恨王汗背信弃义的恶行，他选择放弃快意恩仇只是因为在他胸中有着更为重要的理想要实现，所以他不得不忍耐，不得不理性地克制。

以下描写比较贴切地反映出了大汗当时的心境。

四弟、四子匆匆进了铁木真的大帐，问正在梳洗的也速干和也遂："可汗呢？"

也速干回答："同纳牙阿上山遛马去了。"

哈撒儿生气地说："他倒有闲情逸致？"

一行人匆匆出帐，望见铁木真与纳牙阿和几个那可儿正飞马而归。大汗兴致蛮高地跳下马来："你们怎么？乃蛮人打王汗去了，我们不用急着赶路了，回去吃完奶茶再走呗。"

术赤上前："父亲，您为什么派四杰去帮助背信弃义的王汗？"

哈撒儿着急地抱怨："这个老得掉了牙齿的瘸狼，让乃蛮人剥了他的皮算了，你为什么要救他呢？"

察合台："他倒霉纯粹是自作自受，是他言而无信反复无常的报应！"

大汗不动声色地问："窝阔台，你怎么看？"

窝阔台略作思索，不紧不慢地说："我觉得王汗收容了背叛父汗的蒙古人（札木合、阿勒坛、忽察儿、答里台之流），他就不是一个可靠的（这一条没什么新意，地球人都知道），至少不是一个明智的盟友（请注意这个词。这条无异于在说王汗这家伙大脑不够用，分析不透问题，有可能做出不明智的决策，蛮干瞎胡闹，咱们还是提防着点儿为妙）。与这样的人相处要十分小心。”

大汗笑了：“你们说得都有道理。可是，咱们没有力量同时对付许多敌人。事实上，如果不是同王汗结成联盟，咱们早就被札木合、塔里忽台或者塔塔儿人、蔑儿乞人消灭了。”

别勒古台说：“这倒是实情，可王汗这个人像窝阔台说的，早晚靠不住。”

大汗敛住笑容，叹了一口气说：“不错，我以德报怨的目的，不是为了索取财物、奴隶的报偿，甚至不是为了什么重申的父子之情。只是为了暂时少一个强悍的敌人！”

大汗抬头望去，但见天空中翱翔着一只苍鹰，那鹰飞得极高。

谢恩PARTY

在铁木真的援军赶来之前，可克薛兀—撒卜勒黑的部队已与王汗部展开激战。黑将军一马当先，挥舞一把长柄大砍刀，将王汗手下两大异密击毙。

插叙一个名词。异密，又译作埃米尔，源自阿拉伯文的“amir”，原意指军事统帅。是阿拉伯国家的贵族头衔，此封号用于中东地区和北非的阿拉伯国家，突厥在历史上亦曾使用过这个封号。在上文中咱们提到过金朝封铁木真为“札兀惕忽里”亦可译作“大异密”，意即大将军。

桑昆见状，调转马头欲走，忽然马腿被箭射中，跌下马背。几名乃蛮官兵一拥而上，企图活捉桑昆。

正在这千钧一发之际，铁木真的四杰率援军赶到战场。博尔术迅速张弓搭箭，一连射倒好几个企图靠近桑昆的乃蛮官兵。四员大将与众精兵呐喊着，一起杀入敌阵，杀声震天。克烈官兵也士气大振，个个奋勇当先，与铁木真的援军里应外合，很快就击溃乃蛮军队，夺回了被乃蛮人掳去的同胞和畜群。

黑将军见势不妙，急令部下且战且退，向杭爱山山口撤退。援军与克烈部将士追击了一段路程后，便见好收兵。战斗结束后，王罕父子对铁木真感激不尽。他赏赐给博尔术一件珍贵的皮衣和十只金杯，以谢搭救之功。同时，父子俩还亲自前往铁木真营中致谢。

王汗专门在黑林开PARTY款待铁木真及四杰，那天那家伙那场面那是相当大呀！那真是：锣鼓喧天，鞭炮齐鸣，红旗招展，彩带飘扬，人山人海呀。

歌手纵情歌唱，女子翩翩起舞。一队小美女手捧珍宝、绸缎、弓箭、宝刀，一队男子牵着九匹宝马走来。

王汗示意歌舞停止，清清嗓子讲话道："奉主的意志，铁木真帮我收集了流散的百姓，从乃蛮人手里夺回了黑林，拯救了频临灭亡的克烈部。这些珍宝和名马也算我略表寸心吧！"

铁木真站起来推辞道："父王同我父亲是安答，就是我的父亲，哪有儿辈替父亲做了点事就要酬谢的道理呢？"

札合敢不劝说道："铁木真，王兄的一片心意，你却之不恭啊！"

铁木真笑道："好，好，我们收下。"他端起酒碗敬酒道："让我借着主人香醇的马奶酒，谢谢主人们的美意。"众人喝了酒。

铁木真离座，走到阿勒坛等面前："阿勒坛伯父，忽察儿哥哥，答里台叔叔我们久违了。"

三位叛徒尴尬地站起来，老不自在了。

铁木真笑道："你们同我在一起还是同我的父王在一起，都是一样的。（真的一样吗？你们三个臭不要脸的倒霉家伙晚上睡不着觉的时候好好寻思寻思吧！）希望你们齐心协力，辅助父汗！为了这个，我敬你们一碗酒！"四人干了一碗酒。

铁木真走到札木合面前，笑道："好安答，咱们又握手言欢了！"

札木合笑得倒挺自然："时光过得真快，你我的脸上都被草原的风吹出了深深的皱纹了！"

铁木真叹道："是啊！你记得我们在斡难河边初次相逢时的情景吗？"

札木合陷入回忆："怎么会忘呢！你我撮土折草结为安答的时候，咱们的友情是多么纯洁真切哟！"

铁木真感慨道："好安答，就让我们再回到那个起点上，重新开始吧！"

札木合感怀说："但愿时光能倒流！"

仆人倒酒，二位草原英雄举碗相碰，一饮而尽。

此时一位小头目凑上前来给铁木真敬酒，铁木真面带微笑望着眼前陌生的大叔。"哦！你就是……那个谁……"札合敢不打圆场介绍说："他是蔑儿乞降将答亦儿兀孙。乃蛮部进攻时，其余的蔑儿乞人差不多都逃走了，只有他留下了。"

答亦儿兀孙巴结道："我很仰慕可汗的威名！"

铁木真出其不意地问："也包括你们蔑儿乞人抢走我妻子的那个时候吗？"

答亦儿兀孙一怔，臊得下不了台。铁木真爽声笑道："仇人变为朋友也是好事嘛！请！”二人干杯。铁木真并不知道在不久的将来他和这位大叔的关系将变得相当亲近。

铁木真走向王汗、桑昆和札合敢不，他举杯过顶说：“我以最崇敬之情、最诚挚之心，要对克烈部人说声谢谢。谢谢你们父子兄弟在我一无所有、并且被人羞辱的时候，同我的好安答札木合一起慷慨地扶植了我！没有克烈部和札答兰部就没有我铁木真的今天，为了这再生之恩我敬父王、札合敢不叔父、桑昆兄弟一杯！”

四人举杯同饮。王汗笑道：“铁木真，坐到我身边来！”铁木真到他身边就座。王汗显然有了醉意，长叹一声说了些你我二部长期共存、互相帮助、肝胆相照、荣辱与共的话。

后来王汗动情地说：“我老啦！就要被主召回天堂去了，有一天，我将头枕干草，背靠高山，尸体将成为一堆旧物被弃置在高山之巅。”

“父王！”

接下来王汗说的话相当有水平，几乎得罪了在场的所有亲人。咱先插叙一个小故事。

某君请客，眼看时间将至，尚有大半客人未到。主人心里焦急，便说：“怎么搞的，该来的客人还不来？”一些敏感的客人闻言心想：“该来的没来，那我们是不该来的？”于是很知趣地悄悄撤了。主人一看又走掉好几位客人，越发着急了，便说：“怎么这些不该走的客人，反倒走了呢？”剩下的客人一听，又想：“走了的是不该走的，那我们这些没走的倒是该走的了！”于是又都走了。最后只剩下一个跟主人较亲近的朋友，看了这种尴尬的场面，就劝他说：“你说话前应该先考虑一下，否则说错了，就不容易收回来了。”主人大叫冤枉，急忙解释说：“我并不是叫他们走哇！”朋友听了大为光火，说：“不是叫他们走，那就是叫我走了。”说完，头也不回地离开了。

某些雷人与生俱来就有这样的天赋。他们随便动一动嘴唇就能让别人的心情从风和日丽骤然变到黑云密布，让人从欢欣雀跃变到憋满一肚子闷气。王汗就是一位具备这种语言天赋的人。

妈了个巴子的，居然拒婚

王汗被自己的真诚感动了，泪眼汪汪地接着说下去：“我上天堂之后，我这些像鸟雀般纷飞的百姓能托付给谁呢？我的弟弟？他们也许是好人，可是他们的才干，主宽恕我，他们的才干没有一个配当克烈部的王汗。”

阴影从札合敢不脸上掠过。

王汗接着说：“我的儿子？感谢主的恩德，我有桑昆这么一个好儿子，可是，他胸怀不够宽广，怎堪委以大任。”

阴影从桑昆的脸上掠过。

乘着酒兴王汗拉着义子的手站了起来：“凉——风有兴，秋——月无边，亏我思贤——的情绪好比——度日——如年。现在好了，我终于发现了英明神武心怀宽广的铁木真。虽然我儿不是玉树临风，潇洒倜傥，可是他有他广阔的胸襟，加强健的臂腕！——我宣布，立铁木真为桑昆之兄长！我有了两个儿子就可以无后顾之忧了！”

他不看众人惊讶的反应，向前迈步说，“来呀，桑昆和铁木真，我要向我主耶稣，也要按蒙古人的习惯，面对太阳，与铁木真重申父子之盟！”

三人叩头。

众人之中忽察儿对札木合说：“人家相亲与共，日久天长啦！”

札木合冷冷一笑：“看看桑昆那一脸乌云！你就等着看一场暴风骤雨吧！”

1202年冬，铁木真与王汗驻扎在同一个驻冬营地上。铁木真想要用政治联姻的手段来巩固与克烈部的关系。于是提议相换结亲，具体方案是：将自己的女儿嫁给王汗的孙子，同时要王汗将女儿（论起辈分来，她是术赤的干姑姑，年纪也要比术赤大得多）嫁给自己的儿子术赤。王汗鬼精鬼精的，把心中的小算盘一划拉便欣然应允了。其一，政治联姻有利于巩固自己的地位、壮大自己的势力；其二，我家的老姑娘眼看着岁数一天天见长，正愁没地儿打发呢，能嫁给铁木真的长子做正妻，打着灯笼都找不到这样的好事儿，何乐而不为呢？

虽然术赤同志娶回个老阿姨做老婆吃点儿亏，通情达理的术赤同志表态说，男子汉大丈夫要以政治大局为重岂能只顾个人得失，而且老阿姨憋了几十年的爱心无处发泄，这一娶回来恰似决堤之洪水一发而不可收拾，指不定怎样温柔体贴想方设法地关心照顾人哩！况且大老婆寒碜点儿也没关系，毕竟她主要是担负政治联姻功能，至于生理等其他功能就不烦劳她了，由那群花枝招展的小老婆们分工完成就算了。

假如这事儿就这样成了，也挺不赖的。可惜，有一个愣头青坚决反对这桩婚事，阻挠婚事的“法海”就是王汗的独生子桑昆。他的理由很简单：术赤是野种（存疑），我的妹妹宁可老到掉光满嘴的牙齿还是一个老处女也决不可以嫁给这种下贱坯子。

这哥们儿不同意这桩婚事倒也罢了，你可以随便瞎编个借口婉言拒绝嘛。比如说，我们家这么优越的条件，按理说我妹妹是抢手货才对呀，可是她都这么大年龄了却还没嫁出去，为什么呢？咱是自己人，不瞒您说，我这个妹妹呀，丑得够呛、个子又矮小、脾气又暴躁……总而言之，你们家术赤少爷实在是个举世无双的人才，敝妹实在是配不上令公子，实在不好意思啊，来人哪，将这位远方的客人安排到五星级馆驿好生招待，吃好喝好娱乐好！

桑昆偏偏不搞这套虚伪的客套，横眉怒目指着使者的鼻子破口大骂："癞蛤蟆想吃天鹅肉！术赤是什么东西——一个野种！居然想娶我的妹妹？哼哼，天大的笑话！马上滚回去，告诉那个杂种，没门！做梦都别想！"说着怒不可遏地就要踢人家使者的屁股蛋子。吓得使者面如土色，一边抹拭喷到脸上的吐沫星子，一边夹着尾巴遛墙角夺门而逃。

受辱的使者添油加醋地将桑昆的话转告给铁木真夫妇。孛儿帖捂脸恸哭，铁木真龙颜大怒。没料到联姻不成反成仇敌。不识抬举的东西，实在是欺人太甚！敬酒不吃吃罚酒！激怒了铁木真，还能有好果子吃吗？于是大汗拿巨粗的黑笔在心里给他狠狠记了一笔。

挑拨离间（1）

桑昆的营地内，札木合、阿勒坛等挨过铁木真整的蒙古旧贵族首领在轮番煽动桑昆。

札木合先发起了进攻："照理说，我不该说你父亲的坏话，可他……他上次当着大伙儿的面宣布铁木真是他的长子，还说你心胸狭窄，不堪委以重任！"

"是啊，这不是等于说他百年之后，克烈部汗位要由铁木真来继承了吗？"阿勒坛一语中的，正戳到桑昆痛处。

札木合帮腔道："铁木真比你清楚这一点，不然他凭什么心甘情愿地给你父王当儿子？"

阿勒坛以一位见多识广的长者口气劝道："你要小心！我们蒙古贵族人才济济，可谁都没有斗得过铁木真！为什么？就因为他最卑鄙最无耻最下流！有道是：树不要皮，必死无疑；人不要脸，天下无敌嘛！"

札木合附和道："草原群雄一个个都被他翦灭了。现在只剩蒙古、乃蛮和克烈三足鼎立。"（前文中我已说过这三个部落之间的关系不适合用三足鼎立来形容。他还犯这种没水准的低级错误。唉，没读过俺的书，真可怕！）

"形势相当明显，有他无我，有我无他！"阿勒坛似乎是在作总结。

"我看少将军气宇非凡，将来定是个能成大器之人。可是你做人正直不阿，做事光明磊落，我担心你会被那个跟小日本鬼子似的狡猾狡猾的阴险小人给暗算了，所以才推心置腹，以诚相见。"札木合的马屁拍得恰到好处，一下子激起了桑昆的满腔热血，仿佛自己担当着守护人间正道的神圣使命，万不能让铁木真那个奸诈小人得势将朗朗乾坤玷污成臭气熏天的人间地狱。

义薄云天的桑昆一掌击案："我早就看出了铁木真的虎狼之心，可父汗竟被铁木真的小恩小惠蒙住了眼睛！"

札木合："你是他的独生子，克烈部生死存亡全靠你了！"

"你们说我该怎么办？"

札木合毫不迟疑地说："先下手为强！"

"干掉铁木真，然后再消灭乃蛮部！"阿勒坛提出了自己的战略构想，"那时整个草原就是你的了！"

铁木真的亲叔叔答里台凑上来："我倒有个主意。"

"你说！"

"无水不成江河，无根不成大树，我们可以先抢来他的百姓。失去了百姓，他就成了光杆司令，还称什么可汗？"答里台的这条计策可谓用心良苦，其中大有文章。后来他就是凭着这条献言赢得了铁木真的原谅。

札木合一怔。桑昆和阿勒坛兴奋地叫道："好主意！抢他的百姓！让他成为光杆司令！"

这样一条馊主意，居然令两个哥们儿激动地当做锦囊妙计依言施行，像这种政治素养，怎么跟铁木真过招呀？

说干就干！当天夜里，桑昆的人放火偷袭了铁木真的牧场，还抢走了一些属民百姓。

次日凌晨，桑昆慌慌张张地闯进札木合的毡包，气急败坏地说："咱们抢掠铁木真百姓的计划失败了！他们发觉了，带领部众离开了与父汗合牧的营地。你们说怎么办？"

札木合瞪了一眼答里台，然后说："惟今之计只有说服王汗大动干戈，消灭铁木真！"

桑昆皱紧眉头，犹豫不决地喃喃道："父王能同意吗？"

札木合胸有成竹地说:“众口铄金，积毁销骨。只要把同样的话让十个人去跟他说上十遍，他就会深信不疑了!”

散会后，札木合一把将答里台拉到一旁，逼视着他的眼睛恶狠狠地质问:“你出主意让那几个蠢货抢铁木真的百姓居心何在?”

答里台咕哝道:“无水不成江河……”

札木合威胁诈唬道:“政策你是知道的:坦白从宽、抗拒从严。你最好老老实实主动交待。”

置若罔闻，不理不睬。

札木合苦口婆心地劝诫道:“苦海无边，回头是岸。老实交待了吧!”

噤若寒蝉，缄口不言。

札木合决定不再浪费感情对牛弹琴，干脆一语点破:“打草惊蛇，对不对?”

答里台语塞。

札木合摇摇头:“我当时就该想到（可惜你的大脑反应速度还是比人家慢了半拍），你们毕竟是亲叔侄啊!”

“不对，他关押过我，还不让我参加库里台大会……”答里台心虚地支吾着。

札木合警告说:“老东西，你不要狡辩!你以为这样做就能留条后路吗?一旦铁木真打败了桑昆，你就能求得他的宽赦了，对不对?你妄想!谁也不会喜欢反复无常的小人!我警告你，这是头一次也是最后一次!你要再敢暗中帮助铁木真，我的马刀不会吝惜砍下你的黑头!”

挑拨离间（2）

接下来的几天里，札木合、阿勒坛、忽察儿等众多在铁木真阵营混不下去而被迫出走投奔克烈部的旧贵族像走马灯似的纷纷来劝说王汗。可汗，您还不知道吧?铁木真那小子表面上装出一副恭恭顺顺的嘴脸，可野心贼大，一直在背地里偷偷摸摸地准备图谋不轨哩!咱们万一被他从背后暗算一下子那可吃不消。倒不如先下手为强，趁其不备发起突袭置其于死地，彻底根除心腹后患之忧。

面对众人发动的一轮又一轮车轮战式的迅猛的挑拨离间，这一回王汗表现不错，经受住了考验。他无一例外地对来劝说的人进行批评教育，让他们今后不要再发表有碍双方团结的言论。

直到1203年春天，王汗仍旧每天念念圣经、做做祈祷，懒洋洋地过着小日子。他爹无动于衷的消极态度终于逼得桑昆沉不住气，亲自出马了。在桑昆充满感情几乎是声泪俱下地陈述了一大堆铁木真的坏话之后，他爹习惯性地对他进行了一番批评教育。

本身被动地上思想教育课就很无聊，再加上可能是因为上了年纪的缘故，他老爹把那点儿大道理翻过来倒过去唠唠叨叨个没完。桑昆看着他爹那双辛勤劳作的嘴唇，觉得自己像被念了紧箍咒的孙猴子似的头痛难忍，心烦意乱地脱门而逃。

王汗正说得吐沫横飞三千尺，高潮迭起九万回，忽见儿子捂紧耳朵企图脱门而逃。他怕父子关系破裂，心一软，把爱子叫了回来。

桑昆眼里充满泪花，哽咽道："父汗，我是您的独生儿子。您如今还健在，铁木真便想吞并克烈部。一旦您教白的呛着，黑的噎着了，祖父辛辛苦苦聚拢来的百姓，靠谁来保护呢？您不争气的儿子如果被铁木真干掉了或者逮去做了奴隶，那时您和我的老婆孩子都免不了成为铁木真的妃妾奴仆，您在九泉之下能闭上眼睛吗？"

王汗一震："不，这不可能！不可能！"

"可能！一切皆有可能！千万别被他伪善的外表迷惑，你别忘了当他还是个幼童的时候就残忍地射杀了同父异母兄弟别克帖儿！你同他再亲还能亲过手足兄弟吗？"

王汗心烦意乱地对着躺在十字架上的耶稣圣像跪下："主啊，您快来拯救我！"

桑昆在他身旁跪下："主啊，您那慈悲之心一定会教我有更好的办法说服我的父亲，千万不要让他继续被撒旦心肠的铁木真再次愚弄了！不要让您的儿女流血吧！"

王汗沉重地："你想怎么干？"

桑昆振奋地："以您的威名召集部众消灭铁木真！"

王汗沉吟着，他蓦地站起来，走动着，最后长叹一口气说："我同他爹是安答。而且他们不止一次慷慨地帮助过我们。我怎么忍心谋害他？！"

桑昆动情地叫道："父王！"

王汗接着说："不过，我看出来了，你是王八吃秤砣铁了心一定要这样干了。唉，我老了，不中用了，你想怎么干就怎么干吧。只是不要推卸责任，让我安安静静地度过风烛残年，以清白之心去面对我主耶稣吧！”

桑昆跪下叩头：“父王！”

王汗摇头叹息挥手示意。

桑昆起身，手握刀把，踌躇满志地走了出去。他觉得自己有扭转乾坤的伟力，有顶天立地的身躯，他示威一般举起拳头：“铁木真，我要打败你，抓住你，杀了你……”

在得到王汗首肯之后，桑昆恨不得立即率军队铲除铁木真。札木合拽住兴奋过度大脑充血的桑昆，劝他不要张扬，采取偷袭的办法，打铁木真一个措手不及。

首先，他们神不知鬼不觉地在铁木真的牧场上放了一把熊熊烈火。不久之后，又盛情邀请铁木真来赴宴，铁木真原本不想来，但是一听说宴席上将探讨一个重要议题，兴致大发，乐呵呵地就急忙往来赶，结果差一点儿就中了毒计。

那么，究竟是什么事儿勾起了铁木真的兴趣，使得原本极不情愿来赴宴的他，态度发生了一百八十度大转弯儿，乐得屁颠屁颠的急着往来赶呢？

赴宴差点儿变成赴死

不久之前，出于政治联姻的目的，铁木真委屈自己那英姿勃勃、威武勇敢的宝贝儿子术赤迎娶桑昆那位眼瞅着就有步入更年期危险却没人愿意收购濒临完璧归天的妹妹。术赤怀着我不入地狱谁入地狱悲壮的牺牲精神等着娶回个老阿姨做媳妇儿，连铁木真都被自己这种伟大的慈善义举感动了。万万没有想到的是热脸贴到人家的冷屁股上了，桑昆非但没答应这门婚事还骂他儿子术赤是杂种，劝他们趁早死了这条心吧，别癞蛤蟆想吃天鹅肉尽做美梦了。

铁木真父子出离愤怒了。术赤看着自己英气逼人的脸，气得无话可说，对方真要是个天鹅咱被骂个狗血喷头倒也认了！可偏偏……那家伙与其说是天鹅不如说是田鸡……唉，啥也别说啦！

这出子破事儿搞得铁木真丢尽了面子。没想到桑昆忽然派使者来道歉。老哥啊，小弟真是有眼不识泰山，原先误会令郎了。后来亲见才知是英俊潇洒、风流倜傥、玉树临风、年少多金、神勇威武、玉面郎君、仁者无敌、勇者无惧、金刚不坏、英明神武、侠义非凡、义薄云天、古往今来、无与伦比、谦虚好学、不耻下问、聪明伶俐、活泼可爱、待友热情、对敌冷酷、阴险狡诈、无所不为、心狠手辣、无恶不作，对友赴汤蹈火、再所不辞、两肋插刀、枪林弹雨、勇往直前、慷慨大方、头脑精明、仙福永享、寿与天齐、百折不挠、百打不死、侠中豪杰、人中龙凤、有情有义、有胆有色、举世无双、既酷又帅、人之表率、诚实可信、谈吐大方、风度翩翩、气势凌人、气质高贵、单身贵族、貌赛潘安、智胜孔明、勇比子龙、义超关羽、巧越鲁班、至尊至圣、至高无上、华丽绚烂、英勇无比、道德榜样、千杯不醉、坐怀不乱、知识渊博、才高八斗、傲视众生、世外高人、光明磊落、公正无私、震古烁今，第一大英雄大豪杰大侠客大宗师，急如风、静如林、掠如火、不动如山，号称一朵梨花压海棠，人送绰号上天下地无所不能玉面小飞龙，英俊与智慧的化身，侠义与仁义的糅合……总而言之，真是一个打着灯笼都找不着的好小伙儿啊。谁家要是能摊上这么个好姑爷，那真是祖坟上冒青烟了。俺妹子只远远偷看了令郎一眼，回来后就食无甘味夜不成寐天快亮了才睡着，不一会就喊着“术赤、术赤”惊醒了……大汗，您说她这是怎么了？难不成得了什么怪病吗？害相思病啦！——那可怎么办才好呢？解铃还需系铃人嘛！那就乞求大汗让令郎救救鄙部公主吧，求求您发发慈悲吧！

俗话说在哪儿跌倒的就在哪儿爬起来。在这婚事儿上起初铁木真丢人丢到家了。这回可好了，没想到风水轮流转你小子也有今天，哈哈哈！

人逢喜事精神爽，铁木真龙颜大悦仅率十骑便谈笑风生地赶赴桑昆驻地去喝定亲酒。

老虎也有打盹的时候，像铁木真这样的盖世英豪也有被小角色耍被小把戏蒙蔽的时候。照此发展下去，铁木真怕是要重蹈他爹的覆辙了。然而历史拒绝平庸无奇，天之骄子的使命才刚刚开启怎甘心让他匆匆谢幕退场？偏要你这一生过得轰轰烈烈多姿多彩！

得民心者得天下。铁木真是一个很有亲和力和感召力的人，在他身上有一种磁力吸引别人心甘情愿地为他战斗、为他卖命、为他流血、为他牺牲。

启发式提问

在他率领着十骑兴冲冲地赶去赴宴的路上，路过蒙力克（不是那个托孤重臣蒙力克）老人家，蒙力克的亲家翁是克烈人，他将桑昆图谋不轨的消息告诉了蒙力克。蒙力克已了解了内幕但不便明说，便启发式提问道：“为什么起初一口拒绝婚事并辱骂说是癞蛤蟆想吃天鹅肉！事儿做得很绝，根本不留后路！为什么突然无缘无故的态度发生了一百八十度大转弯？这么短的时间内先是鄙视到掉渣一转身却又爱慕到寻死觅活，不是很蹊跷吗？相思病？不是仅仅病发于戏曲小说中吗？你好好想想现实生活中有吗？”

大汗被蒙力克的启发式提问启发了，调转马头返回营地睡大觉去了，仅派了三个代表去喝定亲酒。

桑昆本打算磨刀霍霍对干哥，却见仅来了三个无关紧要的代表，心知阴谋败露，再也没有耐心搞这些技术含量较高的阴谋诡计，干脆痛快点儿直接带兵去打他娘的。

桑昆刚刚决定第二天早晨派兵去“围而擒之”，铁木真实在是人缘极佳，结果当晚就有克烈部牧民偷跑来报信。

大家是否发现几乎每次敌人有什么风吹草动，都会有知情百姓（注意：不是探子也不是卧底）火急火燎连夜赶来送信。这说明铁木真反对草原旧贵族的斗争，得到了各部奴隶和百姓的同情和支持。这种同情和支持在他统一草原成就大业的过程中起到了重要作用。

铁木真得知情报后，连夜通知附近军民抛弃一切笨重物品火速轻装转移。大队人马沿着卯温都儿山后而行，命亲信者勒蔑殿后，在卯温都儿山后选了几个隐蔽点设置了哨望所。第二天中午，队伍进入了哈兰真沙陀之地。此地位于卯温都儿山北面，今内蒙古自治区乌珠穆沁旗北境。折腾了一整夜，大家困乏难耐，安下帐庐，呼呼大睡。

第二天一大清早，桑昆率军浩浩荡荡赶到铁木真营地，已是人去营空，但见满目疮痍留下了一个烂摊子。虽然扑空，但是那么多人赶着牛羊成群结对连夜转移，想要寻迹追踪并不比在和尚油光锃亮的脑袋上追踪一只虱子更难。

王汗深知自己的儿子能力有限，放心不下，干脆亲自出马。在追踪的途中，他问札木合：“我儿（铁木真）麾下谁最善战？”札木合答道：“兀鲁兀惕、忙忽惕两族百姓最英勇。——这两部的人们啊，饮敌血为酒，食敌肉为饭，虽当混战时不乱，进退翻旋变化中间，一体浑然！——那两部的百姓嗯，有战神的魂，为王者的盾，便是箭雨也难困，自小惯在刀枪里混，铜额铁身！——他们出兵，惯常不与旁家同行，兀鲁兀惕黑旗擎，无人敢承迎；忙忽惕白花的旗旌，谁家不心惊？！厮杀疆场血盈盈，方显那战神后裔名！转告你的部下，如果不幸碰到这两个部族最明智的选择是远远避开，千万不要和人家死磕！”

王汗不敢掉以轻心，立即部署了严密的作战计划：特派勇将合答吉率领只儿斤勇士专门对付兀鲁兀惕、忙忽惕两族。继只儿斤之后，命大将阿赤黑失仑（音译得相当有水平，令人望而头疼）率众冲之；继其后，命斡栾董合亦惕氏（感触同上）的诸勇士冲之；继其后，由豁里失列门太石（感触也同上）率王汗的千员护卫军冲之；最后由大中军冲之。全军分为五个梯队，一个比一个强大。部署完毕，王汗突然拉着札木合的手语重心长地托付道："札木合老弟啊，你可是神机妙算，至精至微，神武不杀，用兵如神哪！我这军队就先由你来统帅着，这回咱们同心协力一定能大败铁木真！"

若是换了别人，多半会因为这么受领导的信任而受宠若惊，激动的心颤抖的手含着泪花给领导大表决心。说些什么粉身碎骨万死不辞，上刀山下火海不辱君命的话。可札木合的反应却大大的出人意料。他板着脸，只是一言不发。

不久之后，札木合借故离开王汗并对左右亲信说："我比铁木真棋逊半步，死活玩不过人家。如今王汗托我替他统帅全军，可见他连我都不如。像这种不中用的家伙根本没法跟铁木真过招。"他命亲信将王汗的作战部署透露给铁木真，并转告他说："像王汗这种二把刀三脚猫货色纯属送上门来找揍的。安答休怕，谨慎着！"

札木合与铁木真是一对冤家对头，那么他为什么要将军事秘密告诉给死对头呢？而且不仅这一回，后来又帮了他一回。原因很简单：气味相投，英雄惺惺相惜呗。虽然后来成了敌人，但哥俩儿一如既往地性情相投，彼此深度认同，打心眼儿里互相钦佩。当札木合落魄投奔其他部落酋长的时候，他在静静观察这些顶头上峰的智商、情商、志向、胸怀、气量、脾气、能力……结果越来越失望，失望到不满，不满到不忿，不忿到气恼，气恼到忿忿不平。我这样一位胸怀大志、神勇威武、桀傲不群、傲视群雄的英雄豪杰居然不得不委身屈从于这些鼠目寸光、小肚鸡肠、贪婪愚蠢、自以为是、俗不可耐的家伙。每念及此，寄人篱下怀揣宏志不遇良主的札木合便气愤难平忧郁难当。居有顷，倚柱弹其剑，歌曰："长铗归来乎！今天下英雄，惟木真与木合耳！"

两员虎将

铁木真得到情报后，马上与部下研究作战对策。当时，由于事出仓促，跟随铁木真转移的主要是亲近的那可儿，其军队总人数不足五千，而敌人王汗及阿勒坛、忽察儿等其他贵族的人数比他多好几倍。在这种敌众我寡的不利形势下，为了激励士气，铁木真召开了战前动员大会。

大汗得知兀鲁兀惕、忙忽惕两部的威名远播，令王汗闻风丧胆，于是就想做做思想工作，让他们当先锋杀杀敌军锐气。

咱先介绍一下兀鲁兀惕、忙忽惕这两部的首领。

兀鲁兀部首领——术赤台。忠心耿耿，铁木真的铁杆追随者。初，依附札答兰部札木合。十三翼之战后，因不满札木合的残暴（拿大锅煮人，还强迫人家分一羹），率众归附铁木真，随从参加统一蒙古诸部战争，深受器重，以智勇善骑射著称，“每遇战阵，必为先锋”。铁木真曾赞扬他说：“朕之望汝，如高山前日影也。”其所辖兀鲁兀部军作战英勇，在战争中屡承重任，充当主力军。宋嘉泰四年(1204)，征乃蛮部，在纳忽山(位鄂尔浑河东土拉河西)之战中，率军奋战，使敌军望而畏退，配合诸军一举灭乃蛮部。宋开禧二年(1206)蒙古国建立时，封千户长，为十大功臣之一。成吉思汗八年(1213)，随成吉思汗弟哈撒儿主左军，大败金兵，取蓟州、平、滦及辽西诸部。窝阔台汗八年(1236)分封时，念其功，赐其子孙德州二万户为食邑。

忙忽惕部首领——畏答儿。畏答儿与他哥哥畏翼本来同在铁木真麾下效力。当时泰赤乌部强盛，畏翼觉得跟塔里忽台混很有前途遂率众投奔，畏答儿千方百计想要劝阻他哥哥不要去，囿于口才有限，不听，追之，又不肯还，畏答儿就一个人回来继续追随铁木真。铁木真质问他说：“汝兄既去，汝独留此何为？”畏答儿厚道人，不会说什么花言巧语，无以自明，干脆顺手取来一支箭折而誓曰：“所不终事主者，有如此矢。”铁木真知道他是个真心拥护自己的实诚人，尊称他为薛禅，并同他磕头拜把子结为安答。薛禅者，聪明之谓也；安答者，定交不易之谓也。有人笑曰：笨嘴笨舌，不善言辞，何以谓之薛禅也？对曰：花言巧语，耍小聪明，貌似聪明实则愚不可及。畏答儿将军虽不擅言辞，能识明主，忠心耿耿，大智若愚是之谓也。

在战前动员大会上，大汗首先对术赤台说：“术赤台伯父，我欲请你做先锋。你意下如何？”或许是由于术赤台伯父有特异功能，预感到在不久的将来自己会得到一位风骚撩人的娇媚洋妞，激发起他对生活的热爱和对生命的珍惜，他低下头不吭气，只是横着马鞭抚弄马鬣（开会的时候还抚摸马鬃毛，可见动员大会是在户外举行的），犹豫不决。

畏答儿察觉出术赤台有畏难情绪，于是自告奋勇，奋然曰：“我犹凿也，诸君斧也，凿匪斧不入，我请先入，誓将大旗插上阙亦坛山岗，诸军继之，万一不还，有三黄头儿在，唯上念之。”术赤台见畏答儿抢战，顿觉热血激昂岂甘示弱，当即表态：我们兀鲁兀惕人愿与忙忽惕部同为先锋并肩作战！

于是畏答儿与术赤台各率本族人马列阵于铁木真中军之前。阵脚未稳，王汗第一路先锋只儿斤勇士就杀到了，兀鲁兀惕、忙忽惕两部上前迎战。只儿斤首领招架不住，虚晃一刀，调转马头就想溜，畏答儿身先士卒，单枪匹马死追不舍。一个在前面没命地狂逃，一个在后面玩命地狠追，王汗的军队被畏答儿的气势震慑住了，居然没人敢放箭阻挡。畏答儿一口气穿过敌人的阵地，果然将大旗插上了阙亦坛山岗。铁木真全军士气大振呐喊着挥舞着马刀朝敌人冲杀而去。此时，王汗的第二梯队在大将阿赤黑失仑的率领下迎面截杀而来，畏答儿不幸脑中流矢，伤得很严重。忙忽惕人回身列阵守护于畏答儿落马处，与敌军苦战。术赤台立即率军支援，向敌人猛冲，冲溃了王汗军第二梯队。术赤台挥军追击，王汗军第三梯队迎面冲来。术赤台今天状态不错，超常发挥，转眼间打垮了这支敌军。术赤台乘胜追击，敌军勇将豁里失列门太石率第四梯队迎战。这个梯队的士兵是由王汗的千员护卫军组成的，个个生龙活虎勇猛无畏，术赤台孤军奋战，拼死冲杀，愣是将强敌打得抵挡不住败下阵来。

按照王汗制定的作战部署，继第四梯队之后，就该中军发起总攻了。俗话说得好：计划赶不上变化。结果他的宝贝儿子见四批军队次第败下阵来并被追得四处逃窜，心中焦急沉不住气了，自作主张率领自己的人马向蒙古军冲杀。术赤台正杀得性起，忽见桑昆咬牙切齿地冲了过来，白白冲上来一个送死的，却之不恭。他从容不迫地搭弓射箭，一箭正中本事不大傲气不小的傻小子腮帮子上，桑昆痛叫一声滚落马下。大家见未来的准酋长捂着脸躺在地上痛得翻身打滚，纷纷集中到他周围列阵保护自己的主将。这就彻底打乱了克烈部原先制定的军事部署。

小宝贝儿

王汗结婚很早，老婆很多，可是到很大岁数了，还是没有创造出下一代来。家族这么大的产业，总不能拱手送给外人吧？看到别人家的婆媳抱着大胖小子，有时候羡慕得跟个什么似的，有时候却恨得牙痒痒。眼瞅着形势一天天严峻起来，急得他沐浴更衣、斋戒数日，特意设立了招子幡，闭上眼睛满心虔诚嘴里不住气地念叨着向上帝祷告：“阿贝巴贝（克烈语音译）、小宝贝儿（汉文）、little baby（英吉利文）、крошка（俄罗斯文）、比比（法兰西文音译）、bebek（土耳其文）、妮妮（西班牙语音译）……快点儿到爸爸这儿来报到吧，爸爸想你都快想疯了！只要你来，爸爸什么都给你最好的，什么都答应你满足你！……”（有人调侃说：“哈哈，王汗也不怕生个国际混血儿出来？”）后来，经过好一阵子的折腾，费了九牛二虎之力，工夫不负有心人，王汗终于勉强创造出了一个宝贝儿子——桑昆。因为来之不易，所以格外珍惜，进而疼爱过度陷入溺爱。

王汗见桑昆腮帮子上贯穿着一支箭，心烦气恼，急得跺脚直喊：“我早就说过铁木真是不可招惹的！这下捅马蜂窝了吧？你瞅瞅我那宝贝儿子脸上扎了多大一根刺儿哪！谁能救回我的命根子，重重有赏！大家冲啊！”

此时王汗手下一员将领阿赤黑失仑劝谏道：“哎呀，我说可汗哪！您先不要着急上火，冷静冷静！想当初您还没有儿子的时候，每天嘴里叫着‘阿贝巴贝’向上帝求子。现在咱们先将您那宝贝儿子夺回来就不要继续冲锋陷阵了，见好就收吧！咱们先回去好好医治桑昆的箭伤，等确保他安然无事再慢慢收拾铁木真这帮残兵败寇。铁木真已经穷途末路了，没有备用的马匹，没有居住的营帐，反正收拾他就像拾马粪那样容易。”这个主意出得实在是馊到不能再馊。王汗一心挂念着儿子的安危，便稀里糊涂地采纳了这个意见。

托这个馊主意的福，铁木真赢得了充足的时间，整顿残余军队，连夜狂奔逃出了王汗的魔爪。就这样王汗稀里糊涂地错过了一次捉捕铁木真的机会，而作为肩负着王汗掘墓人历史使命的铁木真是再也不会给他机会的。

铁木真深知敌众我寡如果被敌军围袭可能会有灭顶之灾，他生怕王汗会派兵追袭，沿着乌尔浑河和失连真河而上，逃到答兰捏木儿格思草原。到达后，他仍然觉得不安全，又沿着合勒合河继续撤退。一边撤退，一边收集失散的部众，清查人数，发现仅剩下四千六百余人。铁木真觉得将所有家当全放在一个篮子里太危险，于是兵分两路，由自已率领二千三百人沿着合勒合河西岸而行；兀鲁兀惕部与忙忽惕部率二千三百人沿着合勒合河东岸而行。

咱们的猛将畏答儿脑袋中箭伤势很严重，可汗曾经亲自替他换药。为了解决吃饭问题，将士们一边撤退一边打些野味充饥。当时，猛将兄金疮未曾痊愈，大汗在与这位仁兄分手时曾特意告诫他不要追逐野兽。但是身为一军主将，他不好意思不劳而获坐享其成，多次参加狩猎。在一次追逐野兽时，战马疾驰，引发伤口崩裂，一代名将就此陨落。

大汗得知死讯十分悲痛，下令两军立即停止前进，将畏答儿埋葬在合勒合河北边的鄂尔多山。大汗统一蒙古草原大封功臣，追赠畏答儿为第二十一千户，子孙袭职，世世不绝。

后来，元太宗窝阔台思其功，又将北方万户封给他儿子忙哥为郡王。忽都忽分城邑以封功臣，将泰安州民万户分给忙哥。元太宗觉得少得离谱，忽都忽解释说："少乎哉？不少矣！原先忙哥才有八百户属民。"帝曰："你这不对呀，畏答儿封户虽少，战功则多，给他增封为二万户，与十功臣同。"大臣兀鲁（术赤台的儿子）争辩说："过去，忙哥旧兵不及臣的一半，现在怎么一下子超出我数倍？"帝曰："难道你忘了你老子当年横鞭马鬣连个大气都不敢出的事儿了吗？"兀鲁吓得再也不敢吭气了。等到忙哥死后，子孙后代俱袭封为郡王。

强龙压不过地头蛇

大汗洒泪离开畏答儿的墓地，率军北撤到捕鱼儿海子（今贝尔湖）。大汗看呼伦贝尔大草原这一带挺好，想要在这儿休养生息、恢复恢复元气。不过他有点儿心虚。弘吉剌部两个分支帖儿格、阿蔑勒经常在这一带往来游牧。他们究竟会怎样对待败退的蒙古军呢？热情招待？和平共处？不理不睬？横眉冷对？不共戴天？……大汗心里没底。他们的态度是蒙古军能否在此安家落户的关键。唉，强龙压不过地头蛇，人在屋檐下不得不低头哪。有些时候，搁浅的神龙不得不看小虾米的脸色行事！

大汗委托术赤台率领兀鲁兀惕、忙忽惕人前去谈判。术赤台派了一位使者去做弘吉剌部的思想工作。这个使者说话很有条理性。首先，他先套近乎说，蒙古乞颜部与贵部世代姻亲，世界上与大汗最最亲近的两个女人都是出身于高贵的弘吉剌部。其次，他又高度赞扬了在与札木合领导的阔亦田之战等历次战役中贵部都热心地给我们递送过重要军事情报。特别值得一提的是贵部传送情报品质保证、服务上乘：

1．快。说情报，情报到——比曹操还快！

2．准。即便是情报发布者搞错了，你们也照样能传送对。

3．密。绝对是天知地知我知你知再无人知，一般人我不告诉他！

最后，他又勾画出了一个美好的蓝图。今后若是咱们建立了战略性合作伙伴关系，有草同牧、有肉同食、有酒同饮、有衣同穿、有钱同使，无处不均匀，无人不饱暖……别人尚在落后的奴隶社会徘徊，甚至有些人还在原始社会溜达着呢，最幸福的撑死了也不过生活在封建社会罢了，可咱们却提前步入共产主义社会了，多美好啊！

弘吉剌部一寻思：第一，这位使者说的第一条是中肯的。我们的确是爱好和平的部落，立国之本在于以甥之貌、女之色与他族结亲。也就是说，我们是靠超级男生、世界小姐与其他部落建立姻亲关系，提高国际影响力。第二，我们弘吉剌部其他分支的确是有过极个别人趁着月黑风高偷偷摸摸给他们送过军事情报。然而驴唇不大对得上马嘴，这种事儿并不是我们系统的人干的，不过既然对方是一种感激心情，那咱也不妨感同身受了。第三，这一条就忒不靠谱了。你违背历史发展规律，非要超前构建共产主义社会，这我们倒不在乎。可是你要用我们的草原（你们又没有）跟你们同牧，用我们的羊肉（你们也没有）跟你们同食，用我们的马奶酒（你们还没有）跟你们同饮，用我们的衣服（你们依然没有）跟你们同穿，用我们的钱（你们照样没有）跟你们同使，用我们的财物（你们依旧没有）来跟你们互相均匀，用我们的衣食（你们有吗？）来跟你们互相饱暖……你们这些外来无产牧民可真会算账，这种无处不均匀，无人不饱暖的共产主义，那不是坑害我们这些有产牧民吗？

牢骚归牢骚，抱怨归抱怨。弘吉剌的两个支部倒还是挺有自知之明的，他们懂得搁浅的神龙还是神龙，暂时处于优势的小虾米也还是小虾米的道理。弘吉剌部向铁木真发出了友好信号，术赤台的军队一到他们就全部归顺了。弱者的生活就好像被人强奸一样，如果你无力反抗，就干脆闭上眼睛去享受它带来的阵阵快感吧！

道德谴责

铁木真在呼伦贝尔草原董哥泽站稳脚跟之后，一边养精蓄锐，一边收聚部众，并派出了两名使者去稳住王汗，争取时间徐图再举。

铁木真原本只想稳住克烈部，只要别来攻打我们就行了，没想到这次外交活动却起到了意想不到的效果。

两位使者先虚张声势地说：我们已经在呼伦贝尔大草原上安居乐业了。那儿水草鲜美，我们不仅恢复了元气而且兵强马壮实力大增。这番话的潜台词是：老大爷，您就规规矩矩地在家里呆着吧，别再有趁虚而入捞上一笔的非分之想了。

然后他们对王汗进行了道德谴责和良心质询："我们可汗让我俩问问大汗，我们究竟犯了什么罪过，使大汗发此雷霆之怒？您为什么这样惊吓自已的贱子贱妇？为什么不让他们睡足吃饱之后再教训他们？为什么黑天半夜就拆了他们的铺，卸了他们的座，毁了他们的炉灶，熄了他们的火？使他们心惊胆战，流离失所？”

估计当时恰巧老爷子刚在上帝面前做过忏悔，王汗道德遭到了谴责，良心有所发现，语塞，汗流浃背，坐立不安。

使者见质问起了效果，提高声音继续臊他说：“王汗，我记得去年当我们可汗帮助您从乃蛮人手里夺回部众财物牲畜和首都黑林以后，重申父子之盟时，您明明信誓旦旦地当众宣布说：如果有人像长了毒牙的蛇一样恶意挑拨的话，双方要当面对质澄清事实。黑林之盟言犹在耳，您就如此听信谗言践踏誓言，还谈什么相亲共处日久天长呢？”

王汗老脸上红一阵白一阵。

为了避免王老汉下不了台，使者语调一转，温和地接着说道：“我们可汗说，王汗您为人忠厚。对我们可汗一向爱护关怀。这一次一定是有人挑拨离间，绝不会是出于您的本意。”

王汗见好不容易给了个台阶，赶忙顺势下了台，连连点头说：“是啊，是啊，是啊。”

使者列举了铁木真父子对王汗的五大恩德。

恩德一，遥想当年你叔叔古儿汗谋权篡位，吓得你只带了百来人逃到了河西。如果没有铁木真他爹的帮助，你能夺回汗位吗？

恩德二，前些年你和铁木真汗联手初战塔塔儿时，你弟弟额儿客哈剌在乃蛮国王的扶持下，乘黑林空虚之际抢了你的地盘。当你率领凯旋之师猴急赶回来，结果被打得惨败，只好弃众逃跑，逃入西辽国境内避难。你被迫流亡于戈壁滩中处境很凄惨。赖以活命的只有五只奶水充足的母山羊和一头骆驼。正当你在荒凉的沙漠中吹着西北风孤零零地骑着羸瘦的瞎马，老泪纵横地看着枯藤老树昏鸦，可怜巴巴地感伤夕阳西下断肠人在天涯之时，若不是铁木真汗将你迎奉回来，恐怕现在你还在戈壁滩里遛马呢。

恩德三，为了帮你尽快恢复振兴，我们流血玩命打败了蔑儿乞部，然后将俘获的全部马群、畜群、帐幕、斡耳朵和好衣服原封不动毫无保留地赠给了你，使你的百姓不用再饿肚子，不用再衣不遮体露着腚，这难道不算是再造之恩吗？

恩德四，一起约定攻打乃蛮部，没想到你个老狐狸却趁黑夜率部开溜了，还绑架山羊给你敲鼓，结果乃蛮部勇将可克薛兀—撒卜勒黑将军吃柿子喜欢捡软的捏，对你们死缠烂打把你们打得稀里哗啦惨不堪睹。你弟弟札合敢不一把鼻涕一把泪地哀求大汗派四杰去营救你，替你夺回地盘，帮你重建国家。

恩德五，王汗啊，后来铁木真汗像鹰一般飞向赤兀儿忽——蛮山，飞过捕鱼儿海子（贝尔湖），为你抓住了灰腿的鹤。如果你要问：“那是谁呢？”——那就是朵儿边部和塔塔儿部！我再次变成宽胸的鹰，飞过阔连海子（呼伦湖），为你抓住了灰腿的鹳。如果你要问：“那又是谁呢？”——那就是合答斤部和山只昆部还有弘吉剌部！（这个恩德比较有诗意）

如今草原各部的属民百姓十有八九都汇集到你的帐下了，你倒好反而依靠他们来吓唬我们、欺负我们，大汗你于心何忍哪？你究竟为什么要视我们为眼中钉肉中刺，为什么要无缘无故地惩罚我们？恳请你派出使者去给我们的铁木真汗醍醐灌顶一下，因为我们的大汗实在是百思不得其解啊！

使者接着说：“其实我们可汗几十年如一日，把您当成父亲一样地孝敬。他常告诫我们，克烈和蒙古犹如一辆车上的两根辕子，折断一根辕子，牛就不能拉动了。就好比一辆车的两个轮子，毁掉一个轮子，车就不能走了。我们大汗正是出于这种考虑才同您一起征讨草原各部，学习孔融让梨将大半俘虏给您做百姓。您这次却依靠他们来攻打我们。可汗，您为什么要惩罚我们，我们实在百思不得其解呀！”使者诉到委屈处，不禁声泪俱下。

（既然有人问这俩善于辞令、能言善辩的使者何许人也？俺就透露这俩仁兄的身份吧。一个是札剌亦儿氏的阿儿孩哈撒儿，另一个是速客虔氏的速客该者温。）

面对义正词严的质问，老王头一句话都回答不上来，等使者说完了，他蓦地站起来，叹息道：“别说了，啥也别说了！都是我老糊涂了，老糊涂了呀！”他拿出一把小剜刀刺破了小手指肚将鲜血滴进了一只牛皮小桶中说：“你们回去告诉我儿，我对我主耶稣发誓，从今以后，我若再对我儿怀有恶意，也像这样出血，死无葬身之地！”（小拇指肚子上拉一刀就能玄到血流不止死无葬身之地？有点儿太夸张了吧？投资成本有点忒低了吧？真不豪爽！）

最后，王汗庄重肃穆地把小桶交给使者：“你们务必要把这个小桶交给我儿！”

早起的小雀儿有虫吃

使者从王汗大帐出来之后，马上去见札木合，传达了铁木真的口谕：“哥们儿你从中挑拨我和王罕的关系，使我们离析分崩，无非是想多喝几口青潼！

现在好了，你可以安安心心地放开肚皮畅饮了！但不知兄弟衰矣，尚能饮否？”

札木合臊得脸上白一阵儿红一阵儿。

要想充分理解这句话的弦外之音，咱得插叙几句。

“青湩”是啥玩意儿？

草原牧民喜欢喝酸马乳，汉译为“马湩”或“忽迷思”，味道极甘美。酸马奶中，撞马乳至七八天后，马乳就会变得色清而味甘，成为一种高级食品。这种酸马乳略呈青色，蒙古人称之为“青湩”。他们以“黑”为“青”，故又称做“黑马乳”。只有草原贵族和尊贵的客人才能喝到这种“青湩”。在元代，元世祖忽必烈为能经常饮用酸马乳，还专门令土土哈“掌尚方马畜，岁时挏马乳以进”。

札木合小朋友与小真真幼年时曾经在王汗处共同生活过一段日子。札木合小朋友早晨总是起得很早。他早起的原因并不是比小真真更勤快，而是懂得“early bird cat ches the worm”的道理，抢先去喝“青湩”。有几次小真真不小心起得比他早喝掉了“青湩”，结果札木合小朋友就变得非常不高兴，并立即作出了以下回应：1.对小真真发起冷战，不理那个馋嘴猴了；2.趁天还不亮就爬起来溜去喝光“青湩”。

这回你再翻回去重读一读大汗口谕，跟刚刚的感觉不一样了吧？

然后使者又去将阿勒坛、忽察儿等叛将臊了一顿。

最后使者来到桑昆那儿，对他传达了大汗的口谕：“兄弟你是咱爹生的光着腚的儿子，我是咱爹生的穿着衣服的儿子。咱哥俩儿情同手足，哪能同室操戈？”

桑昆气得跳脚大骂：“当面说得比唱得还好听！背地里却是另一副丑恶嘴脸。别以为我不知道，有一次他骂我像回回羊的小尾巴一样，说我是个败家子。还有一次，他骂我爹说别看那个老不死的家伙整天假慈念经，实际上是个彻头彻尾的老屠夫。”桑昆气不打一处来，干脆叫来两员大将，命令道：“你们立即回家收拾收拾行李，跟老婆孩子告个别。然后即刻出征攻打铁木真！”

两位使者互换了一下眼色，知道这个从小被惯坏了的败家子说了不算，心中暗骂：“小样儿，屁大点事儿，就把你冲动成这副德性！翻着个逼脸吓唬谁？”

两位出公差的使者很不愉快地返程了。他们走后，王汗总觉得不好意思面对一位先生。谁？铁木真吗？当然不是！是耶稣先生。良心不安的老信徒为了坦然面对安然躺在十字架上的耶先生，于是不顾桑昆、札木合等人的强烈反对，决定派出使者去与铁木真议和。这一决定导致了王汗阵营的公开分裂。札木合、阿勒坛、忽察儿、答里台等异部小头目对老王头相当不满，于是暗中约定帮助老信徒提前去见他朝思暮想的上帝。

计划败露了，王汗派军队来捕杀这些企图擅自安排他与上帝秘密见面的家伙们。这些多管闲事的坏男人如鸟兽般一哄而散。有的顺着向西的道路一直走下去，投奔到了乃蛮部太阳汗的麾下；有的走了回头路，厚着老脸去央求铁木真重新回到了蒙古部。道路是你们自己选的，在路的尽头等着你们的将是截然相反的结局。

桑昆拍着桌子叫嚣着要立即派兵去踏平蒙古部，结果老头子却非要派人去和人家议和。堂堂克烈部预备首长说出去的话还不如放出去的屁有影响力，这一回桑昆生他爹的气了，愣是跟老糊涂虫对着干上了。你说黑，我偏要说白；你说子怡，我偏要说曼玉；你说熊市，我偏要说牛市……

似曾相识燕归来

1203年，哈兰真沙陀战役之后，克烈部逮住了一群衣着华贵、满身珠光宝气的贵妇人和小少爷。王罕和桑昆二人喜出望外，乐得屁颠屁颠地亲自跑去看其中是否有诃额仑与孛儿帖。要是有这两个女人，哈哈，那就可以狠狠敲他铁木真一笔了。

父子俩趴到人家脸上反反复复看了N遍，失望全写到了脸上。别说诃额仑与孛儿帖了，就连也遂妃、也速干妃，甚至连合答安都没有！

失望之余，有些好奇。这群妖艳美妇人和娇贵小少爷究竟是哪位皇亲国戚的家眷呢？

还真有识货的主，有小喽罗指出这群人是铁木真首席弟弟哈撒儿的妻子、女儿、两个儿子、一群小老婆和婢女。

哈撒儿的老婆孩子做了克烈部的俘虏，他们盼星星盼月亮盼着哈撒儿来解救他们。可是他们并不知道此刻他们的救星却也生死未卜下落不明。

铁木真中军营地，夜已经很深了。诃额仑蓦地从睡梦中惊醒，坐了起来："哈撒儿，哈撒儿你可回来了！"

铁木真被惊醒："在哪？哈撒儿在哪儿？"

诃额仑明白过来，用手捂住脸哭了起来："我的好儿子哈撒儿，这么多年，他跟你吃了多少苦，不应该这么早就离我而去了！"

铁木真宽慰道："母亲，您别担心。正因为哈撒儿从小就吃尽了苦头，再苦再难他也能挺过来。放心吧，不会有事的！没准儿明儿个一大早那小子就傻笑着回来了！”

诃额仑悲痛地念叨着：“可是他在哪？现在他在哪儿呀？

哈撒儿，我的好儿子，
你在哪里呵，你在哪里？
你可知道，我们想念你，

——你的亲人想念你！
我们对着穹庐喊：
哈撒儿——
山谷回音：
“他刚离去，他刚离去，
革命征途千万里，
他大步前进不停息。”

我们对着草原喊：
哈撒儿——
草原轰鸣：
“他快来了，他快来了，
你不见那苍茫的大草原上，
还闪着他英勇的汗滴……”

铁木真：“他一定在找咱们。正向咱们赶来。”

诃额仑担心地哀吟：“可我们越走越远，他能赶上我们吗？天这么冷，他们又没有吃的。”

铁木真振奋一下精神说：“有草原！只要有草原在，蒙古人就能生存！（请留意这句话！虽不是什么豪言壮语却刺出一股震撼人心的气势。我觉得这句平实质朴的话甚至道破了草原民族的民族精髓。）”

1203年夏，为了避免克烈部发起突然袭击，铁木真被迫将营地向呼伦湖西南的班朱尼小湖边转移。

大汗领着十来个将领站在沼泽地边，望着班朱尼湖兴叹。他不无感伤地叹息说："兵败如山倒哪！自从哈兰真沙陀之战以后，我们辗转数千里，原先数万的部众，只剩下几千人了。再这样下去，我恐怕要变成孤家寡人喽！"

术赤台宽慰道："怎么会呢？您的四杰、四子不都在分头收集各路兵马吗？"

众将安慰道："是啊。东部草原天高地阔，部民众多，一转眼就能招来数万兵马。"

铁木真笑了笑："我知道，我知道！可是，损失了那么多辛辛苦苦收集起来的百姓和财物，死伤了那么多的将士和亲人，心里好堵得慌啊！"众人亦随之伤心难过。

好了，众位英雄豪杰不要再愁眉苦脸的了，你们革命事业的低谷就在此刻已经触底反弹了，接下来将会"嗖嗖嗖"地往上直窜。那才是春风得意马蹄疾，谈笑间强虏灰飞烟灭。

忽然传来一阵马铃叮咚声，铁木真等惊愕，奔向营外。只见一群马帮向这里走来，为首三人做金人打扮，紧走几步来到大汗面前下拜："可汗，还记得我们吗？"

铁木真诧异："二位是大金国的使者吧？不可行此大礼！"

来人深鞠躬，自我介绍道："臣耶律阿海，这是舍弟耶律不花，这位是货通天下的畏兀儿富商镇海。"

铁木真心中纳闷：在我困窘潦倒之际，金狗派使者来见我不知又要耍什么鬼把戏？十有八九没有什么好事儿。心中隐隐有些不快，试探性地问："三位这是……"

不料三人齐刷刷地跪倒便拜："我们是来投奔可汗的！"

铁木真怔住，随即哈哈大笑："可我现在已经是溃不成军啦！"

耶律阿海道："不，可汗您生于危难之中，长于穷困之时。志存高远，胸襟宽广，英明善断，德威兼施，必成伟业。我与舍弟愿随可汗重整家业，图谋中兴，以报女真人灭我辽国之仇，望可汗收容！"

镇海说："我经商走遍天下，唯见可汗智勇双全，德威远播，日后必是夺鹿举鼎之人。我愿意弃商从军，将全部家财献给可汗充作军资，万望笑纳！"

铁木真感动地将他们搀扶起来："好，好，谢谢，谢谢你们！耶律阿海，上次在松树寨，没有接收你也是情非得已，还望见谅！"

耶律阿海付诸一笑："当初也怪我们太过孟浪了！"

大汗哈哈大笑说："大家席地而坐吧，耶律阿海，我要听你们弟兄讲讲金国皇帝、大臣、百姓和一切有关金国的情况。"

耶律阿海："还是让镇海兄讲吧，他除了金国之外还可以给可汗讲一讲宋朝、西辽、西夏、花剌子模、伊拉克、阿塞拜疆和斡罗斯呢！"

大汗兴致勃勃地催道："讲，你们都讲，讲上七天七夜！"

"方才可汗还垂头丧气地说自己快要成为孤家寡人了呢，怎么现在又猴急地关心起草原外边的事儿来了。"

镇海喜形于色，赶忙下拜："恭喜大汗！"不服不行，还是人家商人头脑反应快。

大汗怔了一下，然后哈哈大笑起来，众人也都跟着笑了起来。

咱采访一下，大伙儿缘何而笑。

"请问您为什么要笑？"

甲：我唯大汗马首是瞻，大汗笑，我就跟着笑。

乙：皇帝的新装呗！笑，说明是有好笑的事儿发生了。谁笑，说明谁IQ够高，能品出这事儿的可笑之处来。谁不笑，说明谁IQ有限，理解不透这事儿的可笑之处来。假如我不笑的话，岂不是暴露出自己的愚蠢和迟钝了吗？

丙：无可奉告！

丁：既然大伙儿都笑，我就跟着笑呗！要是我一个人傻愣愣地杵在那儿不笑，那不是脱离群众了吗？

戊：镇海那老外太滑稽有趣了，都把我逗乐了！

已：大汗自个儿笑了，我们不陪着笑。那样的话，大汗岂不是很尴尬、很没面子，下不了台来？

庚：哎，还是人家镇海先生反应快。可汗称孤道寡那可是个绝好的兆头啊！怎能不恭贺？怎能不开怀大笑？

……

倏的窜出个"野人"来

大汗带着众爱卿围猎。镇海在他身边感慨地说："可汗，蒙古人行猎，怎么跟打仗似的？"

大汗颔首笑语："你说得没错。在不作战的时候，必须让我的将士特别是未成年的孩子们行猎，教导子弟如何捕获野兽，锻铸出吃苦耐劳的意志力和强健的体魄。只有这样，将来在战场上，遇到凶恶如猛兽一样的敌人时，他们才能应付自如。"说着，他用手一指："你看！"镇海望去，但见一只狍子正在东张西望。突然，许多匹马蓦地弹了出去，一齐追赶狍子，片刻便无影无踪了。

镇海拍手笑着说："啊，我从东至西，从南到北，去过多少个国家，可从来没有见过这么勇猛的军队！"

狩猎的人们逼近那只狍子。狍子跑到一棵大树下，突然一个野人从天而降，拔刀刺死狍子。

镇海惊呼："野人！"

野人受到了惊吓，想要逃跑，见四周全是张弓待射之人，又猴急地蹿回到了树上，抱着树干睁大一双惶恐的眼睛瞪着众人。

速不台满脸兴奋地指着野人，跳起来发令道："千万别让它跑了！快逮住这只野猴子！哎呀，老是听说神农架那儿有野人出没，没想到咱们大草原上也有啊！哈哈哈，捉活的！卖到动物园里去，弟兄们也好换两盅酒喝！"

没想到，野人比他还兴奋地冲着他大声嚷嚷起来："速不台？！"野人像见了亲人似的，激动地喊叫着纵身跳到地上，一把抱住他，带着哭腔叫道："速不台叔叔！"

速不台等莫名诧异："谁？你是谁？！"啥时候咱又多了个这号亲戚？

野人冲动地叫道："我是脱虎，我是脱虎啊！"

有看官疑惑地问："脱虎是谁？"见到他爹你就知道这孩子是谁了。走，脱虎，快领我们去看看你爹。

小鸟在前面带路风啊吹向我们
我们像春天一样来到荒山里来到洞穴中
昏暗的山洞里横七竖八地躺着好几个野人
跳啊跳啊跳啊跳啊跳啊跳啊
激动的野人们让我们一齐过呀过这重逢的日子
花儿向我们点头大草原哗啦啦地响
它们像美丽的小鸟向我们祝福向我们歌唱
它们都说真好呀见到我们太激动
见到我们以后日子就好过啦
跳啊跳啊跳啊跳啊跳啊跳啊
激动的野人们让我们一齐过呀过这重逢的日子
感谢亲爱的长生天让我们再次见面
我们像小鸟一样等身上的羽毛长得丰满

就勇敢地向着高空去飞翔飞向我们的理想

跳啊跳啊跳啊跳啊跳啊跳啊

激动的野人们让我们一齐过呀过这重逢的日子

……

昏暗的山洞中，哈撒儿等十来个人全像野人一样横躺竖卧着，忍受着饥饿的折磨。脱虎冲进洞口："父亲，找到啦，大伯父在这儿！"说罢，跪在地上呜呜地哭了起来："长生天保佑，可找到他们了呀！"

见到铁木真等人走进来，哈撒儿等伪野人双眼放光，腾地跳了起来。他冲到洞口，激动的心，颤抖的手，一把紧紧攥住领导温暖的大手，泪光闪闪，嘴唇抽搐道："可算找到组织了！"然后身子一软瘫倒下去。

大汗搀扶住他："哈撒儿，我的好弟弟！你到底回来了。快，给他点水！"

脱虎掏出鸟蛋："这是我刚从树上掏的！"

哈撒儿把鸟蛋囫囵个儿放进嘴里，连嚼了几口，脸上浮出笑容，眼里含着泪水，有气无力地："这是真的吗？不是做梦吧？咱们兄弟俩真的活着相见了吗？"

大汗含泪颔首。

哈撒儿悲痛地："我的两个儿子，女儿，还有孩子他娘全被王汗给掳去了。我的百姓和财产全没了！"

大汗咬牙说："我知道，放心吧，我一定会把他们从王汗那里毫发无损地救出来还给你！"

帐篷里，大汗及将领们饶有兴致地观赏着哈撒儿父子狼吞虎咽的吃相。

士为知己者死

大汗对哈撒儿说："这两个人你是见过的。"

"哦，不就是在松树镇想投奔汗兄结果被拒收的那两位金国使臣嘛！"

大汗又指着镇海介绍道："这位就是走遍天下的畏兀儿大富商镇海先生。啊，全天下的事情没有他不知道的！这些天我们都听得入迷了！比王汗讲的一对馋嘴小夫妻偷吃了大花园里的果子被赶了出来，以防洪的名义在大船里面举办动物联欢会，正吃着晚饭就被弟子出卖了，好好的愣是把人给钉到十字木架子上的那些故事有意思多啦！"

哈撒儿好奇地："是吗？"

铁木真兴致勃勃地说："比如，你知道什么叫斡罗斯，什么叫花剌子模，哪里是阿塞拜疆吗？他都去过。"

哈撒儿脑袋摇得像拨浪鼓，同时还不耽误消灭食物。君不见那只被舔得干干净净的碗。

铁木真关怀地问："还要点儿吗？再盛一碗吧！"

哈撒儿抹了一下嘴，一不小心说出了一句至理名言："不，好日子不能一天都过完嘛。"大家笑了。

吃饱喝足了的哈撒儿开始有精力关注其他事儿了。他抬头看看蒙古包，"啊，还有蒙古包，你们混得不错嘛！"

察合台说："这也是镇海先生赞助的。此前，我们一直露宿了好几个月哩！"

哈撒儿沉下脸来："都是王汗那个老家伙害的，这个仇一定要报！"

大汗："快了。你回来得正好，等你休息好了，咱们就谋划一下打王汗的事。"

哈撒儿跃跃欲试道："我都等不及啦！"

忽然帐外传来一声野马的嘶鸣。接着有人兴奋地喊："一匹野马，快，抓住它！"

哈撒儿一下子跳起来，众人向帐外走去。

哈撒儿张弓搭箭，只一箭，那马便猝然倒地。他们奔了上去，一片欢呼喝采声响起。

镇海竖起拇指赞叹："哈撒儿将军真乃神箭手也！"

耶律阿海说："你可能不知道，咱们可汗也是神箭手！十六岁时便是草原上声名远播的射雕英雄了！"

大汗笑道："哪里，我们兄弟比起者别（四勇之一）来，就算不会射箭的了。"

镇海叹道："蒙古真是人才济济！"

我接触的领导干部十有六七是有功劳赶紧往自己身上揽，有黑锅指定了是让下属背。这些家伙一方面依赖手下人替自己卖命，另一方面准备着时刻准备着出卖手下人！说实话，哪个人也不比别人的脑袋瓜子更灵光多少。奉劝那些仅仅是由于屁股坐得比别人高一点的大爷们不要得意忘形地将脚搭到别人的肩膀上去。

不禁想起了臧克家为了缅怀迅哥儿而作的那首诗。

有的人活着

他已经死了；

有的人死了
他还活着。
有的人
骑在人民头上:“呵，我多伟大!”
有的人
俯下身子给人民当牛马。
有的人
把名字刻入石头想“不朽”;
有的人
情愿作野草，等着地下的火烧。
有的人
他活着别人就不能活;
有的人
他活着为了多数人更好地活。
骑在人民头上的，
人民把他摔垮;
给人民作牛马的，
人民永远记住他!
把名字刻入石头的，
名字比尸首烂得更早;
只要春风吹到的地方，
到处是青青的野草。
他活着别人就不能活的人，
他的下场可以看到;
他活着为了多数人更好地活的人，
群众把他抬举得很高，很高。

所以真正聪明的领导是不会跟下属争风头抢功劳的。试问伯乐需要通过标榜自己能日行一千零一里来打压千里马，进而拔高、凸显出自己吗?士为知己者死!士人最需要的是真心实意的理解、认可、赏识和推崇。我觉得这是铁木真赢得无数人才死心塌地拥戴的重要原因之一。

战士们兴高采烈地跑上前去抬野马。一场历史上著名的野餐会即将开始。

跟着你，吃糠咽菜我也乐意

大汗高兴地说："好，这匹野马是长生天为了庆贺我们兄弟团聚特意赐给我们的佳肴。"

大家在湖边围坐着吃马肉。可是还有一点儿缺憾：无酒不成宴啊。宴席之上有肉无酒就好像喝稀粥缺了咸菜，皇宫大内百花群中缺了太监，风流潇洒体魄强健的男人缺了命根子，和尚班里缺了女生（哪怕是长得丑不拉叽的也明显好过缺失），婚姻之中缺了爱情，夫妻之间缺了性爱，春节联欢晚会上缺了小品，小品界缺了本山大叔，美剧《越狱》中缺了T－Bag那个变态男……总觉得有点儿锦上缺花。

大汗爽朗地笑道："不要紧嘛，只要咱们解放思想，头脑放灵活些，没有解决不了的难题嘛！今日咱们就以水代酒，哈哈，这可是一辈子也忘不了的酒宴啊！"

者勒蔑积极响应，乐呵呵地跑到湖边，合拢双手从浑浊的湖水里舀了一捧水。举过头顶，直啧嘴："这酒真稠啊！"

大家纷纷效仿，乐呵呵地跑去用手捧水。那一刻，这哪里还是十九位叱咤风云名震天下的将领，简直就是十九个天真烂漫无拘无束的孩童。

大汗开玩笑说："者勒蔑，这酒不叫稠，叫醇，来，连饮三捧！……干！……干！"大家喝了手中的水。

大家脸上的笑容消逝了，代之以一种庄严悲愤和激越的情绪，大汗跪下来，众人也都默默跪下来。

大汗摸着胸口对天发誓："长生天！今天我等以野马肉为食，以浑浊的班朱尼湖水当酒。遭到如此磨难，而这十九位将领始终忠心耿耿不离不弃。如果您开天恩，保佑我日后成就大业，我铁木真一定要与他们同甘共苦永不相忘！假如我背弃誓言，愿像这河水一样有去无回！"

大家一起叩头，捧起一掬浑浊的湖水。流下了热泪，将湖水和着泪水饮了下去。十九位将领共饮班朱尼湖水成为铁木真创业史上的一段佳话。饮过班朱尼湖水的将领都成为以后的功臣，受到特殊的优待和尊崇。尊崇到什么程度呢？用以下类比来说明：

几个军人围坐闲谈。一个新兵蛋子拍着胸脯自豪地说："我是雄赳赳气昂昂跨过鸭绿江参加过抗美援朝的光荣的中国人民志愿军人。"

大伙儿夸道："好样的！小后生不错！"

一位成熟的青年说道："我是参加过淮海战役的中国人民解放军人。"

大伙儿夸道："真不赖！青年人有前途！"

一位中年军人说道："我是老八路了，在平型关大捷中把小鬼子打得屁滚尿流、哭爹喊娘的，真是痛快！"

大伙儿用崇拜的眼神望着他，异口同声地叫道："前辈！"

另一位中年军人激动地说："好怀念我们叶挺军长啊！"

老八路如见亲人一般亲热地拍着他的肩膀，声音颤抖地说："新四军，咱的好兄弟！"

大伙儿用崇拜的眼神望着他俩，尊敬地叫道："两位前辈！"

大伙儿见坐在角落里的一位老兵一直沉默不语，随口问道："老兵，您是哪个部队的？"

老兵默默地吟咏起毛主席作的一首诗：

红军不怕远征难，万水千山只等闲。
五岭逶迤腾细浪，乌蒙磅礴走泥丸。
金沙水拍云崖暖，大渡桥横铁索寒。
更喜岷山千里雪，三军过后尽开颜。

未及吟毕，老兵早已老泪纵横，沉静在往昔峥嵘岁月中的老人家低声自言自语道："爬雪山，过草地的时候，死了好多战友啊！"

众军人肃然起敬，赶忙起立脱帽敬礼！深鞠躬，齐声叫道："老前辈！"

经历过二万五千里长征的老红军啊，我们这些后生小辈怎能不肃然起敬，心生敬意！

那么后辈军人们对老红军的尊崇程度可以同蒙古人对喝过班朱尼湖水的将领们的尊崇程度有得一比呢！

扯得有点远了，咱往回收拢收拢。

春秋末期，由于颜渊同学"一箪食，一瓢饮，在陋巷，人不堪其忧，回也不改其乐"，大教育家孔丘先生实在是喜爱得不得了，把他夸的！

颜渊同学确实是很优秀，不过比起铁木真同志就差了一大截。小颜只是做到了自己乐呵呵地躲到犄角旮旯里吃糠咽菜，这是别人所不堪忍受的，而他却能以积极乐观的心态吃得很开心，所以说他很优秀。贤哉，回也！

咱们铁木真同志就更了不得了，小颜仅仅是一个人乐呵呵地吃糠咽菜而已，铁木真却凭借非凡的个人魅力，让一群叱咤风云的杰出将领围坐到一起一边乐呵呵地吃糠咽菜，一边还感动地抹着眼泪发自肺腑地说："跟着你，吃糠咽菜我也乐意！"

唉——，同样是领导干部差距咋就那么大呢？不少领导干部给下属丰厚的待遇，下属们吃香的喝辣的却对领导不满意。而铁木真这种领导即便让下属们就着西北风吃糠咽菜，大家也会感激得涕泪横流，死心塌地为他卖命效劳。

天差地别，原因何在？以诚待人，发自肺腑的赏识别人、尊重别人，自然能换回别人对你的尊崇和爱戴。

克烈部的覆灭

半年后，呼仑贝尔草原上的铁木真新营地中战车环绕，战马成群，旌旗招展，兵强马壮。铁木真觉得是该好好收拾收拾老王头了，于是派两名哈撒儿的亲信重新换上野人装到克烈部去忽悠王汗。

这俩家伙一见到王汗就哇哇大哭，一把鼻涕一把泪地哭诉：自从哈兰真沙陀之战以后，我们老大哈撒儿一直在苦苦寻找他哥哥铁木真汗，可是他哥哥像惊弓之鸟一样不知吓得藏到什么鬼地方去了，愣是死活找不着。这可坑苦了我们，我们没地方住只好跑到山洞里像野人一样过着茹毛饮血的日子。现在我们实在是受不了了，既然我们主子的老婆孩子都在您这儿了，我们主子说恳求王汗看在上帝的面子上，可怜可怜我们，让我们也一起搬过来住吧！然后俩家伙拖着长长的鼻涕，抱头哇哇大哭。

王汗一看这俩家伙，认识！不就是哈撒儿手下的两员亲信爱将嘛！看来那家伙真是混不下去了，都被逼到学白毛女上山当野人的份儿上了。既然她老婆孩子都软禁在我这儿，把他也一起软禁在这儿，将来从铁木真那儿狠狠宰一笔赎金，这种找上门来白赚大钱的买卖，何乐而不为？

老王头慈祥地笑了，安慰道：哈撒儿恳求说看在上帝的面子上请收留你们。任何人的面子都可以不给，上帝的面子岂能不给？！况且他是我儿铁木真的亲弟弟，也就是我的好儿子，热烈欢迎你们马上回家来，我这就派人准备最好的毡包、美酒佳肴，安排哈撒儿全家团聚。

两个诈降使者在王汗营地里好酒好肉好歌好舞享受了一夜，第二天一大早就回去将侦查到的王汗军情报告给了铁木真。

不几日，使者报告说哈撒儿率领一小撮野人前来投奔，已在路上。王汗立即命人在者只儿——温都儿山的金帐中准备丰盛的酒宴迎接来降者。

当哈撒儿领着一帮披头散发衣不遮体的随从远远走过来，王汗一挥手，顿时红旗招展，彩旗飘飘，锣鼓喧天，鞭炮齐鸣。当哈撒儿越来越接近，直到能清楚地看到老王头苍老的脸上挂着的微笑时，他潇洒地挥了挥手。王汗见他冲自己挥手致意，本打算礼节性地挥挥手回礼。结果刚刚抬起手却发现四周旌旗翻飞，喊杀声四起，黄沙滚滚，万马奔腾。

蒙古部的突袭大获全胜，然而克烈部毕竟是个大部，它的各个部族奋力抗争，居然坚持了三天三夜才被迫投降。尤其是王汗的骁将合答黑巴特儿率领只儿斤人，三天三夜不合眼冲杀在战斗最激烈的地方。等到估计王汗父子脱离险境远远逃走了，他才率众归降。大汗很欣赏他的忠诚英勇，赦他不死并任命为百户长。

为了酬报已经去世的畏答儿的战功，大汗命令合答黑隶属于畏答儿的寡妻孤子麾下效力。规定只儿斤氏的百名勇士充当畏答儿家族的世袭奴隶。生子为奴，生女为婢，子子孙孙无穷匮也。

为了避免克烈部死灰复燃，铁木真将其属民百姓分给了各级将领。从此以后，克烈部被彻底消灭了，其属民百姓变成了蒙古部的部落奴隶。

王汗父子趁兵荒马乱之际溜走了。爷儿俩唉声叹气唏嘘不已，虽然败得一塌糊涂但总算顺利逃脱了，真乃不幸中的万幸！我这辈子也不是头一回输得精光了，可老子命硬，哪回不是照样挺过来反而变得更加壮大了！留得青山在，不怕没柴烧。铁木真，你等着，不久之后老子还会回来好好教训你的！

老王头素来就是言而无信的，这一回自然也不例外。他非但没能拍着胸脯自豪地说出“俺胡汉三又回来啦！”那样的豪言壮语，甚至连脑袋都被人强借去搞政治秀去了。接下来老王头作出的决定就好像一只羊主动将脑袋探进断头铡里一样愚蠢，真乃不幸中的最不幸！

归宿（1）

王汗父子带着数十骑逃离战场，只盼日头落西山头，他们才敢放慢了下来。

王汗气得够呛，在马上捶着脑袋哀叹：“哎呀，现在我又成了一无所有的光杆司令了！这些，都是那个脸上长脓包的家伙作的孽呀！”

他的宝贝儿子摸了一下脸上的脓包，恼羞成怒地顶嘴：“你说这些有屁用？

现在要紧的是赶快决定下一步该怎么办？”

王汗：“还能怎么办？只好去乃蛮人那里碰碰运气了！”

老王头一行人走到乃蛮边界。老人家上岁数了遭受了逃亡路途中的一番折腾再加上担惊受怕，远远望见一条小河（涅坤乌柳河）淌水清悠悠，顿觉口渴难耐，想要桑昆去帮助取些水回来解渴。

桑昆从小就被惯坏了，养成了刚愎自用、固执顽劣的臭脾气。刚刚被骂作是脸上长脓包的家伙，心中很不爽，于是故意不搭理他口渴的老爹，反而快马加鞭继续朝前赶路。

老王头只好自己去河边取水喝。正在他喝得很开心很尽兴的当口上，没想到乐极生悲，冷不丁一群乃蛮士兵吼喊着冲过来押着老头子就走。王汗心中纳闷：不就是偷喝了你们国家几口清水罢了，至于这么兴师动众吗？哼，今儿个老夫倒要看看你们这群张牙舞爪群魔乱舞的小喽啰能把我怎么样？有本事把老夫的脑袋砍下来？哼！不就是偷喝了几口破水吗？

一个边廷小吏坐在地上油嘴滑舌地大嚼着大鱼大肉，斜睨了王汗一眼，一边专心致志地剔牙，一边漫不经心地问：“这个老骨头就是你们抓到的奸细？”

兵士：“就是他。”

王汗：“不，不不，我不是奸细，我是克烈部的王汗。我叫脱斡邻勒。”

小吏一听，猛地呛了一大口酒，咳嗽了好一阵儿，才顺过气来，一本正经地说：“哦，原来老大爷你就是大名鼎鼎的克烈部首领王汗啊，幸会幸会！”说着他站起身来，伸出手来自我介绍道：“我就是大金国的皇帝！”

众喽啰早已捧腹大笑，直笑得前仰后合东倒西歪。

王汗急了：“我是真的王汗！我真的是王汗！真的我是王汗！真的王汗是我！王汗真的我是！举世无双独一份，如假包换没二话，货真价实的真王汗！对了，你们的太阳汗见过我的。还有，前不久我同你们的太子屈出律还交过手。你只要带我去见他们，他们就会认出我来的。”

小吏将站在眼前的这个蓬头垢面衣衫褴褛惶惶如丧家之犬的老头子上上下下仔仔细细重新打量了一番，然后扑哧一声笑了：“你想害我？我带你去太阳汗的王庭，他们认出你是从某某村庄里偷跑出来的疯子、骗子，我的脑袋还能长在脖子上吗？”

王汗苍白地辩解说：“我不是疯子，也不是骗子，我真的是王汗。”

小吏呸地一口脓痰吐在王汗的脸上：“呸！你是王汗？山寨版的吧？你的百人乐队呢？你的千人仪仗呢？你的貂皮皮裘呢？

王汗急得满头大汗："我战败了。我的汗国灭亡了。所以来投奔伟大的太阳汗。"

小吏不耐烦了："老大爷，你就不要再浪费口水编故事了，不要再侮辱我的智商了！"他挥挥手，对左右说："拉出去砍了吧！"

兵士一哄而上揪住王汗就往外拖。王汗大惊："不要，看在主的份上，你带我去见太阳汗吧！"小吏："你呀，还是先去见上帝吧！"说罢，抽刀，捅进了王汗的肚子里。

"你？"

小吏："我会把你的故事告诉太阳汗的。"拔出刀。

王汗倒在地上，眼睛瞪着天空："主啊，我是不是根本不该来这里？我儿铁木真即使是灭了我的汗国，也还会让我颐养天年的吧！"两眼一翻，尥蹶子见上帝去了。

归宿（2）

桑昆没有到那条小河边去，而是阴着脸嘟着嘴满腹牢骚地继续朝前走。走了一阵子，发现在小水滩边有一匹野马正在专心致志地跳踢踏舞。大伙儿觉得很奇怪，走近前去才明白原来是一群蝇虫正包围着野马群魔乱舞轮番叮咬，可怜的野马被蝇虫调戏得失去了脾气，暴躁地摇头摆尾乱蹦瞎叫，桑昆见蝇马相争，命令掌马官阔阔出（与他同名的人还真不少）趁机捕获了野马。阔阔出认为桑昆是秋后的蚂蚱——蹦不了几天了，于是决定骑马弃他而去跳槽到别人手下去工作。不就为了混口饭吃嘛，替谁效力不是一样的？

没想到他老婆却是个讲义气的女人，痛斥他丈夫说：主人让你穿金衣食甘脂的时候，你常常信誓旦旦地说忠心不二粉身碎骨在所不辞。可如今正值生死存亡之秋，你怎么能离弃主人自己逃走呢？阔阔出急了，用力扭住他老婆的胳膊破口大骂道："臭婆娘，你不想跟我走，还这么维护那个败家子，是不是心里想要嫁给他做小老婆？"

妇人霎时满脸飞红，恨铁不成钢地啐道：你个没良心的死鬼，虽然人们都说女人生性水性杨花，脸皮比狗皮还厚，但你还不清楚我是什么样的人吗？如果你非要离开桑昆，请把那个金盂留给他，让他自己去取水喝吧。（我原以为"盂"是吐痰或起夜用的，不曾知还有这些用途。）阔阔出把金盂扔到地上，拥着他老婆骑马飞奔而去。

阔阔出前来投奔，铁木真向他询问了桑昆一路逃亡的情形。问完话之后，大汗本打算给他安排个十户长之类的小官当当。没想到这哥们儿干了画蛇添足的事儿，结果丢了自己的小命。

问完话后，大汗挺满意，对这个汉子第一印象还不错。可这哥们儿还死赖着不走，干起了拍马屁的勾当。他满脸堆笑地献殷勤说：其实小人早就对桑昆那个头脑短路狂妄自大的败家子不满了，小人早就对英名神武光芒万丈的大汗崇拜得五体投地了，这一回小人狠下决心弃暗投明，誓死要死心塌地地跟着大汗干一番轰轰烈烈的霸业。

为了表明自己的忠心和决心，然后他讲述了前来投奔大汗时却遭到老婆阻扰，最后自己不为所动义无反顾地赶来了。妇道人家见识鄙薄，上街买菜讨价还价少交两个蹦子还行，国家大事跟着瞎掺乎啥？

结果马屁拍到了马腿上，大汗大怒，痛斥道："你的妻子远比你诚实忠心多了！像你这号见风使舵轻易背叛自己主人的小人，还有什么信义可言？"于是赏赐了他的妻子，把他拖出去咔嚓了。

这则历史故事告诉我们：拍马屁是一项具有一定风险的技术活，尚未熟练掌握者建议不要轻易运用，否则轻则适得其反，重则一命呜呼。切记：慎之慎之！

听说王汗被乃蛮边廷小吏杀了，桑昆吸取了他老爹用鲜血换来的教训，赶忙逃离乃蛮国境流窜到了波黎吐蕃部。来到这儿以后，他觉得反正这儿穷乡僻壤山高皇帝远，干脆当上了土皇帝，干起了强盗生意。正在桑昆过着山中无老虎猴子称大王的自在生活之际，受他蹂躏压迫的土著人民忍无可忍，联合起来，将他包围在一个小山头上，打算把他送上去见他爹的道路上去。可他并不想去探访他老爹，成功地突出重围，一口气逃到了今新疆南部库车一带。那儿的居民也不欢迎他，一个部落酋长顺应民意，把这小子逮住就地正法了。至此，王汗父子终于又在天堂上重逢了。后来这个酋长将桑昆的老婆孩子作为见面礼押送到铁木真汗那儿，他自己也归顺了铁木真。

灭掉克烈部是铁木真取得的一次重大胜利，至此铁木真已经是三分草原有其二，草原帝国基本奠定。

归宿（3）

王汗的弟弟札合敢不一直是个"亲铁派"（我瞎胡编的词，顾名思义指的是倾向于铁木真的政治势力。）他和铁木真私交不错，甚至还拜把子结成了兄弟。（草原民族不注重辈分，札合敢不他哥哥王汗是铁木真的干爹，他放着干叔叔不做偏偏又和铁木真称兄道弟。）克烈部败亡后，王汗要领他一起往乃蛮国逃亡，他拒绝了，转而投靠了铁木真。铁木真龙颜大悦，跟他亲上加亲，一下子解决了大叔三个女儿的婚姻问题。铁木真汗将他大闺女收编为妃子，将其二闺女聘给长子术赤做妻子，将其三闺女聘给幼子拖雷做妻子。（他三闺女唆鲁和帖尼可是一位了不起的女性，她就是建立元朝的忽必烈的生母。）这下大叔可就牛气起来了，想想看，人家既是大汗的干叔叔、干哥哥，又是大汗的老岳父，还是大汗合二为一的亲家翁，能不牛气吗？

在离开克烈部之后，答里台同阿勒坛、忽察儿二人分道扬镳了。阿勒坛、忽察儿继续向西走（越来越贴近西方极乐世界了），投到了乃蛮部下。答里台不愿意再跟他们一起过这种四海为家漂泊不定的日子了，干脆恬着老脸去恳求他亲侄子（小真真）重新回到了蒙古部。

答里台懂得一般来说女人比较心软的道理。他没有直接去恳求铁木真而是先从后方突破，跑去央求"老佛爷"诃额仑。

大帐中，答里台一把鼻涕一把泪可怜巴巴地恳求他嫂子帮他向铁木真求求情，就收留下这个孤苦伶仃的老头子吧。

诃额仑懒得搭理这个反复无常的小叔子，面朝里躺着，合答安替她赶着蚊蝇。老头子见老嫂子不搭理自己，不敢吭声，一脸苦相垂手站立着。

过了很久，诃额仑突然感叹说："合答安，那个老小子脸皮可真厚的啊，都赶上长城拐弯儿处的城墙了！"

老年人忘性大，老佛爷准是以为老头子早就离开了。合答安干咳一声以示提醒。

答里台尴尬地咳了一声："嫂子！"

诃额仑翻过身来："你怎么还没走啊？你听不懂蒙古话了么？我说过了，铁木真已经四十多岁了。我不再管他的事了，你自己去跟他说好啦。"

答里台憋得脸红脖子粗，跟蚊子哼哼似的说出一句心里话来："可我害怕他……"

"你害怕他什么也跟他去说好了，我不想听。合答安，送他出去！"

合答安望着快要憋屈哭了的老大爷，客气地说："请您出去吧。"

老头子无奈，耷拉着脑袋走了出去。

合答安劝道："夫人，我看大叔怪可怜的。"

诃额仑哼了一声:“可恨!他两次离弃我们。现在，我儿子出头了，他还有脸回来!”

合答安继续开导说:“他是有可恨之处。不过可汗就只有这么一个亲叔叔了!”

诃额仑叹了一口气说:“合答安，你把他领到也遂妃那里，就说是我的意思，让她替答里台在可汗面前求求情。”

合答安应声走出门去。

跟霜打了的茄子似的答里台听了合答安的话之后，心里悬着的石头终于落地了，立即变得像雨后的竹子般挺拔。因为他知道这件事交给也遂妃去办，按蒙古人的说法那就是一只羊羔安全地生下来了。

“是嫂子这样吩咐的么?”几大滴老泪落了下来，“说起来，我也是有大过错的人。我对不起铁木真一家。可是，合答安，我可以对天发誓，就是在离开铁木真的日子里，我也没有放弃过对他们母子的亲情啊!我的血管里流的毕竟是孛儿只斤氏高贵的血啊!”

合答安:“也遂妃的斡儿朵就在前边，你跟我来吧。”

大叔，算你运气好!也遂妃可是可汗最聪明睿智的妃子，我给她送一外号“女中诸葛”。她办事儿，你就放心吧!再棘手的事儿，她都能拈花一笑轻松摆平!

归宿（4）

大汗谈笑风生地跟也遂妃走进大帐来:“你说我双喜临门?打败了王汗这是一喜，那一喜是什么?快告诉我!”

也遂妃莞尔一笑:“你坐下等着嘛。”她对合答安使了眼色，合答安走出门去。

大汗好奇地问:“什么事儿?整得这么神秘。”

也遂神秘兮兮地说:“我让你见一个人，你一定会喜出望外的!”

“是吗?”铁木真兴趣大发，“我倒要看看是什么人?”

这时，合答安领答里台进了斡儿朵（宫帐）。

答里台上前一鞠躬:“可汗，你好啊?”

铁木真怔了一下，立即满脸乌云密布:“是你?!你回来做什么?嗯?!”原本兴致高涨想要看看这位一出场就能让自己喜出望外的神秘嘉宾是谁，没想到特意睁大的瞳孔中印出的影像居然是自己极不乐意看到的人。

恐怕只有经历过以下这种情形的仁兄才能切身体会到大汗此时如从云端坠入深渊的深沉失望感。假如你在网上聊天有幸碰到一位柳眉如烟、眸含秋水、樱唇皓齿、风髻雾鬓、冰肌莹彻、婀娜沈腰，恰似柳摇花笑润初妍，幽韵醉人，宛若兰心蕙性韵春华，温婉柔顺的女孩子。更幸运的是这位瑰姿艳逸、莺惭燕妒的美女居然对你情有独钟。你们相见恨晚，于是决定待月西厢。当你春风得意飘飘然如在美梦中行进，热血澎湃地来到西厢之时，蓦然发现等待你的竟是一场令你毛骨悚然的噩梦！网络中的那位自称是香娇玉嫩、桃羞李让的美女缓缓回过头来冲你嘿嘿一笑，露出几颗稀稀拉拉东倒西歪的黄牙。(但愿你买过意外保险了！）毫无遮掩惊现在你眼前的是一位长得极具偶然性、梦幻感、野兽派风格，容貌好像车祸现场，若她去问魔镜这个世界谁最丑魔镜却仿佛遭受了惨绝人寰的猥亵悲愤流着血泪玉碎守贞，若她对着苍天大喊神啊我丑吗顿时瓢泼暴雨落在身上摸了一把却全是呕吐物举世无双的雌性活物。

大汗咬着牙对也遂说："见着他我是太高兴了！我真是太高兴了！"

答里台膝一软跪下了："可汗！"

也遂笑盈盈地上前搀扶："哎，你们叔侄俩私下里相见就不必行此大礼了吧。快起来，快点起来呀，你没听可汗说见到你真是太高兴了嘛！"

答里台想站起来，腿脚却不听使唤了。他见亲侄子一直对他怒目而视，嘴一瘪老泪纵横地哭道："铁木真，我老了，大概是快死的人了，我多想在闭上眼睛之前，身边有自己的亲人啊！"

"哼！你不辞而别的时候是怎么想的？你和王汗一起在哈兰真沙陀向我杀来的时候是怎么想的？你，还有忽察儿，阿勒坛把我逼得在班朱尼湖边喝浑水、吃野马肉的时候是怎么想的？我数万蒙古乞颜部只剩下四千六百人的时候你是怎么想的？！"

老头子哇地一声哭了："我，我一直想着你呀！……"

厉声喝止"胡说！你一直恨我不死！"

气氛顿时紧张起来。

也遂把双腿瘫软的大叔搀扶起来："答里叔叔您起来。铁木真应该向您道谢，您为什么反倒像负了债似的呢？"这个观点相当有创意。

"什么?!"铁木真瞪大了眼睛看着爱妃，哭笑不得，"我还，还应该向他道谢?!"

也遂从容不迫地："可汗还记得我们和王汗一起设冬营的时候，桑昆火烧牧场，抢掠百姓并未得手的事吧？"大汗不吭气，也遂接着说："那正是答里台叔叔给桑昆出的主意。”

铁木真：“嗯？”

“他那是给你一个知会，暗中提醒你多加小心。您不正是因为知道了桑昆的阴谋才赶忙转换了牧场的吗？如果没有答里台叔叔暗中帮你，那一次你即使不被桑昆、札木合杀掉，哈兰真沙坨之战，你也不会逃出他们的毒手！”

铁木真看看答里台：“真的么？”

答里台不作答，只是抽抽嗒嗒地哭。

也遂妃接着动情地说：“就说哈兰真沙陀之战，如果王汗死战到底，乞颜部就要全军覆没。你知道为什么王汗停止了进攻么？又是因为答里台叔叔。是答里台叔叔劝阻王汗，撤离了战场。你才有了休养生息的机会。难道不是孛儿只斤氏的骨肉之情使他这么做的吗？”（注意：答里台大叔偷偷学雷锋作的这一件好人好事没有确凿的史料支撑。据《蒙古秘史》记载劝老王头不要穷追猛打的是其手下大将阿失黑吉仑同志）。

铁木真看着他叔叔，目光温和了许多。

老头子摇头捶胸地说：“铁木真，铁木真，叔叔从来没有想当可汗的野心。是忽察儿和阿勒坛的妖言蛊惑了我，尤其是你关押了我，又当着众人的面让我回避库里台大会，伤了我的心，丢了我的老脸。我是因为在晚辈和外姓人面前抬不起头来才走的啊。我不是为我离开你辩解，我其实不想求得你的原谅。只是，现在我老了，只求你可怜可怜我这个孤老头子，给我一小块颐养天年的地方，我什么也不求了！铁木真，你肯么？”

铁木真长嘘了一口气，眼圈也红了，他抓住老叔叔的手，把他拉了起来：“叔叔，我恨你！可我再恨你也忘不了你！你这个不争气的老头子啊！”

大汗的泪水也流了下来。

在一旁看着铁木真的也遂妃和合答安也哭了起来。

第八章

统一草原

太阳汗其人其事（1）

乃蛮部是西部草原上的一个文化先进、人口众多的大国。它将是铁木真汗征讨的下一个对象。伟大的孙武先生教导我们说“知己知彼，百战不殆。”咱们就先来了解一下，乃蛮国王太阳汗是一个什么样的人？

一言蔽之，他是一位浑身充满优点的人。

优点一：他是一位非常懂得怜香惜玉的人。

他爹死后，他怕她爹的小老婆古儿别速妃伤心难过、孤枕难眠，于是他无私地牺牲陪自己老婆孩子的时间，来陪伴孤独寂寞的小妈咪。应该的，毕竟百善孝为先嘛！后来他觉得仅仅是白天过来陪一陪还远远不能抚慰他小妈咪的丧夫之痛，因为到了夜深人静的时候，她难免还会偷偷的黯然神伤，于是他主动过来加夜班陪她度过一个又一个漫漫长夜。为了彻底抚平丧夫寡妇在肉体和心灵上的伤痛，他干脆发扬了“俺不入地狱谁入地狱”的高尚风格，一次就让他小妈咪超值体验到了人生四大喜中“久旱逢甘霖、洞房花烛夜”两项内容，终于使她愁眉舒展露欢颜。他依据“肥水不流外人田”的原则给他小妈咪安排了个好归宿，黄泉下的他爹也就能安心长眠了。

优点二：他是一位非常关照兄弟的人。

他弟弟不亦鲁黑汗看到他爹遗下的小媳妇儿古儿别速妃长得挺有些韵味，于是也想怜香惜玉娶回来好好疼爱。爹死了，教育弟弟的重任责无旁贷地落到了哥哥身上，太阳汗为了让弟弟学会孔融让梨的美德，于是抢先将小妈咪收编到了自己的小老婆行列中。可是他弟弟不明白哥哥的良苦用心，气呼呼地领着一支人马，离家出走了。

优点三：他是一位懂得实践是检验真理的唯一标准的人。

当札木合、阿勒坛、忽察儿企图私自安排王汗与他朝思暮想的上帝见面的阴谋败露后，王汗决定改派这仨家伙先去拜会上帝，结果这仨家伙不乐意，连夜跑来归附乃蛮部。

当他们来到金殿，跪倒参拜太阳汗之时，古儿别速妃突发奇想凑到太阳汗耳边嘀咕了一句，太阳汗哈哈大笑，接着从宝座上走了下来，贴近三人跟前绕了一圈，像猎犬般呼抽着鼻子嗅了又嗅，然后乐得屁颠屁颠地回到宝座上。

古儿别速妃急忙探过身来，猴急地问道：“怎么样？他们蒙古人身上是不是有一股难闻的膻气味？”

太阳汗笑望着神机妙算的爱妃，瘪着嘴乐道："嗯，果然不错！"

两旁的文武官员欣赏着三个蒙古人的窘相，乐得捧腹大笑。

太阳汗这种坚持"没有调查就没有发言权"和"实践是检验真理的唯一标准"的求真务实精神，值得我们学习。

优点四：他是一位善于听取别人意见的人。

当边廷小吏报告说处死了一名自称是王汗的疯老头时，足智多谋的古儿别速妃提议说："实践是检验真理的唯一标准！命令边将把那疯老头的脑袋用特快专递送来，是真是假，水落石出。"心思缜密的她还特别强调指出一条注意事项：天气炎热，这份包裹在传递的过程中一定要注重快捷性，小心别生蛆臭了！

通过科学分析合理论证，太阳汗觉得他小妈咪的提案符合哲学、物理学、生物学尤其是解剖学等诸多科学原理，于是便采纳了她的意见。

太阳汗其人其事（2）

优点五：他是一位仁慈的君主。

王汗的头颅以特快专递的形式送到了太阳汗的手中。

经多位非专业人士用肉眼目测观察法鉴定得出了结果：这颗半腐臭的头颅无疑是摘自王汗先生那儿。

太阳汗摆手，札木合等退回原班站立。克烈部遗民跪爬几步："伟大的太阳汗，我们王汗一定是走投无路才来乃蛮部寻求保护的，虽然乃蛮部与克烈部过去有过争端，但毕竟同是耶稣信徒，和睦相处多年的邻邦，想不到他竟死得这样惨！"

太阳汗很生气地责备手下大将说："撒卜剌黑，都是你治军不严，这样一位久负盛名的邻邦君主，怎么能随意杀掉呢？！"

古儿别速妃本着实事求是的精神指出，反正脑袋已经掉了，你埋怨他也长不上了。好在亡羊补牢为时不晚，请神甫来给他举行一次隆重的葬礼也就是了。

太阳汗坐下了："也只好如此了。我要让自己的文臣武将以臣子之礼，儿子、儿媳以家人之礼，用国王的葬礼祭奠王汗。"接着他补充了一句贼有水平的话："就像祭奠我一样！"

古儿别速妃咳了一声。太阳汗知道说错了话，赶紧顾左右而言他："塔塔统阿（乃蛮掌玺官），拿印玺来！（可人家捧着大印侍立老半天，他也没有使用印玺的意思）。对了，要把王汗的头颅上镶满白银！”

当夜，汗廷变成了灵堂。

用白银镶裹着的老王头的脑袋威严地摆在太阳汗的宝座上。牧师在念悼词：“他的一生伴着不胜枚举的光荣，而他的为人却谦和善良。他的地位使千万子民向他顶礼膜拜，而他却安详得像只羔羊。如今他离开了纷扰的尘世升入天堂了，上帝啊，请接受这无罪的灵魂吧！”

太阳汗、古儿别速妃、屈出律太子、太子妃、乃蛮群臣以及札木合等外臣一边在胸口划着十字，一边从宝座旁依次绕过，走出汗廷。

大伙儿感慨说：王汗死后享有如此荣耀也还算可以瞑目了。太阳汗真是一位难得的宅心仁厚的君主啊！

札木合却满脸鄙夷地挖苦道：“老王头可真够可怜的！脑袋被咔嚓掉了还不得不被作为搞政治秀的道具当众展览！看到太阳汗这套把戏，我直想笑。”

优点六：他是一位疼爱自己儿子的父亲。

屈出律太子对坐在椅子上的太阳汗说：“父汗，把这老东西的头放在您的宝座上，这么隆重的祭奠，有这个必要吗？”

太阳汗循循善诱道：“小兔崽子（用语亲昵，足见疼爱有加），你懂个屁？老子这是给活着的满朝文武看的（定位准确，精通策略）！让他们知道我是个仁慈的国君（很注重良好自我形象的塑造）！老王头算个啥玩意儿？连狗屁都算不上（语言酣畅淋漓，直抒胸臆）！只有我才是我主耶稣在这个世界上的最垂青的儿子（洋溢出自信十足的良好素质）！”

屈出律太子嘟囔了一句：“也许有人会认为你是个糊涂的国君！”说罢走了出去。

太阳汗气极语塞：“你，你，你这个逆子（恨之愈切，爱之愈深。），怎么可以这样对你的父亲讲话！你就不怕主的惩罚吗？（何等疼爱？可怜天下父母心哪！这时候还替儿子担心，担心他会遭到主的惩罚）。”他气得跌坐在椅子上，对着王汗的头大发脾气，咬牙切齿地骂道：“都是因为你这个死鬼！”

忽然他吓坏了！

他疑惑地揉揉眼睛，看见王汗的眼睛笑眯眯地在看着他，他顿觉毛骨悚然，一边划着十字一边对阶下大喊：“快来人哪，把那颗臭头从宝座上拿下来！”侍卫们跑进来把王汗的头提留下来，太阳汗指着廷角：“扔掉，扔掉！”侍卫把头扔到地上。太阳汗见王汗还在朝他傻笑，“快，快踩，用脚踩，踩得粉碎！”侍卫们一顿乱踩。太阳汗看着踩扁了的王汗的头，舒了一口气：“主啊，求你接纳这个无依无靠的灵魂吧！”真是个心地善良的好人，被死鬼这样无礼惊吓之后，还宽容地替他在上帝那儿说好话。

太阳汗其人其事（3）

优点七：他是一位胸襟广阔包容异己的君主。

古儿别速妃给太阳汗摩挲着前胸后背：“一定是你又累又气，眼睛花了，死人的头怎么会笑呢？”

侍卫走来报告：“撒卜剌黑将军觐见！”

古儿别速妃不耐烦地摆手：“不见！”

上班时间不把工作办完，下班时间跑来打扰领导休息，依据劳动法的规定，拒绝接见他是太阳汗神圣不可侵犯的正当权利。

撒卜剌黑仗着自己是先可汗委托帮助太阳汗辅国的重臣已经怒冲冲地走进来。私闯民宅是违法行为，强闯宫殿其罪当何以处置乎？

太阳汗不满地问：“你怎么这么没有规矩？！我不是说过不见你吗？”没有规矩不成方圆，对不懂规矩的下属进行批评教育是为了他们好。

撒卜剌黑气呼呼地：“人家王汗已经死了，你派人把他的脑袋割来辨认，这合乎什么礼仪？！”

太阳汗循循善诱道：“我用隆重的葬仪，用银子镶了他的头骨，难道这还不是最最崇高的礼仪吗？你没看见他的遗民们都对我感激涕零了吗？”下级无理质问上级，上级非但可以不作答，而且可以劈头盖脸骂他个狗血喷头。可是人家太阳汗是个很有涵养的人，很耐心地给下属作解释。

撒卜剌黑顶撞道：“可是葬仪刚刚结束，你就把王汗的头骨踩得稀巴烂，你那种所谓的仁爱之心，早被这种惨绝人寰的暴行给冲刷得荡然无存了！”

太阳汗不厌其烦地启发说：“那个脑袋是不祥之物，不踩碎它，毁灭就会降临到我们头上！”作为一个疾恶如仇的君主，哪能容不祥之物留存于世，必将其粉碎得稀巴烂；作为一位爱民如子的仁君，怎忍心让毁灭降临到黎民百姓身上，必将其保护得很安全。

撒卜剌黑毫不相让：“死人的脑袋有什么可怕？亏你还是鼎鼎大名的太阳汗！难怪先君对你不放心，临升天之前还担心国家前途未卜呢！”

“担心什么？”太阳汗不高兴了。臣子干涉起国王的家务事儿来了，岂有此理？连普通公民都享有的人权，可是国家元首的人权却遭横加侵犯，岂有此理？

“担心你是一个祈祷而生的孩子，是一匹无经验、未经训练的小马。尤其是未经战阵，很难成为乱世有为之君。”撒卜剌黑悲愤地说。

“够了！”太阳汗不耐烦地打断他说，“我就不喜欢乱世，感谢主，给了我们安宁和平的生活，让祖国一向太平无事！”如果人人都能像他这样爱好和平，世界将变成美好的人间。

撒卜剌黑觉得他不可理谕：“什么太平无事？太平无事王汗还会掉脑袋？”

太阳汗气势不凡地说：“这有什么可奇怪的？东方有那么一小撮为非作歹的蒙古人，用弓箭把老迈昏聩的王汗吓跑了，死在我们边将的手里，你说的不就是这件事吗？值得这样大惊小怪的吗？”

撒卜剌黑还欲争辩，太阳汗抢着说：“铁木真算什么东西？莫非他也想做草原上的太阳？主说，天上只有一个太阳，那就是我！(气魄盖世）你看着，我现在就去把那个令你吓得发抖的小厮活逮来。”我们的革命口号是：不怕做不到，就怕想不到！翻译成英吉利语即I am possible is nothing!

坐在一旁的古儿别速妃开始皱眉不语，继而撇嘴冷笑，这时接过太阳汗的话头，以一个大国皇后的语气说：“我们要那些蒙古人干什么？他们浑身膻气，衣服油污，你如果真地把他们抓来，也要让他们离我远点。我可不愿意闻他们身上的那股膻味儿！”

太阳汗潇洒地一挥手：“那就一个也不要留！把他们统统杀掉算了。”

小朋友们，现在你们终于明白了吧！幼儿园小阿姨要求你们从小养成讲卫生的好习惯，纯粹是为了你们好啊！

古儿别速妃眨巴着一双桃花眼，开心道：“呃，如果有长得清秀的女孩儿啦，小媳妇啦，倒不妨挑选几个，给她们好好洗个澡，换件干净衣服，可以派个挤牛奶、羊奶的差事让她们干干。对了，听说蒙古人唱歌跳舞还可以，留几个小妞给我唱唱歌，跳跳舞也行。”

上面一段话，充分体现出她求贤若渴、知人善任的优秀品德。

太阳汗鼓掌笑道：“好，我马上派使者去汪古部邀集那些与我们同一信仰的人们，一起发兵，把野蛮的蒙古人都杀光，把他们的箭筒和弓矢统统夺过来！”刚毅果断，说干就干，气势宏大，直冲云天。

撒卜剌黑哭笑不得：“求求二位祖宗别再做白日梦了？我的太阳汗！战争是

关系到国家兴亡的大事，怎么可以当做儿戏一般，你这样草率从事，真是无以伦比的糊涂！”

太阳汗反唇相讥：“你自己才是糊涂得登峰造极哩！你方才还说我未经战阵，现在又说我不宜用兵。真是语无伦次！自相矛盾！(陛下，您真是太有才了，连逻辑学都这么精通！）撒卜剌黑你看着，上帝做证，我就要做一个新世纪、有作为的乱世之君！”

古儿别速妃打了一个哈欠，站起来对太阳汗撒娇道：“你们怎么对打呀杀呀的这么感兴趣？除了这个就没有正经的话可说了吗？可汗，走，陪我去看看裁缝新给我做的小裙裙。”

俩家伙勾肩搭背地走了，把撒卜剌黑撂在那里。

撒卜剌黑愤愤然：“先可汗，你死的时候为什么不把这个狐狸精也带走？留下她嫁给你这个昏聩的儿子，乃蛮亡国无日了！”

怎样惩治坏女人

乃蛮部的东南方有一个汪古部，负责替金国守卫国界边壕。乃蛮部的先辈曾娶汪古部公主为妻，因此两国互为舅甥之国。

太阳汗派使者到汪古部去转达意图：近年来，东部草原出了一个不知天高地厚的新王，我们深知，一天不容二日，一山不容二虎。你做我的右手，出兵相助夺了他们的箭筒！

汪古部长认为铁木真与他同为大金国的官员，隶属于同一系统，说白了就是自己人。有人就疑惑了：咦？有没有搞错？铁木真啥时候成了金国的官员了？不记得了吗？在八年前，铁木真与王汗联军受金国丞相完颜襄之命，帮助他大败塔塔儿部，完颜丞相曾封铁木真一个荣誉称号——札兀惕忽里（统帅诸部的首领）以示表彰。当然了，只是给了这么一个现场直编的精神嘉奖而已，没有任何物质奖励。可是自从铁木真做了大金国的名誉官员之后就不得不年年朝贺岁岁进贡。实在是一笔不得不做的赔本买卖哪！

更重要的是，汪古部长不像太阳汗那样消息闭塞，估计经常看报纸听新闻，知道铁木真智勇双全，料定太阳汗不是他的对手，决意归附他。（料太祖知勇，终成大事，决意归之。）于是他将太阳汗的使者五花大绑塞入囚车，派王子不颜昔班押送着马二千蹄、羊二千角（这种计数方法显得比较出数），从冬天始发直到春天（1204 年）才在帖麦该川（意为骆驼草原）找到铁木真。

大汗重重嘉奖了汪古部众，并将自己的女儿许配给不颜昔班做媳妇儿。立即召开库里台大会讨论怎样应付乃蛮部的叫嚣挑战。

大会在轻松愉快的氛围中开幕了。

铁木真嗅了嗅自己身上的衣服，笑着调侃道："太阳汗从他老子那里继承的小妈咪古儿别速妃说，咱们蒙古人身上有一股难闻的膻味儿，我怎么没闻出来呢？啊？"

众将被逗乐了，哈哈大笑。

春秋时代齐国有个孙子说："知已知彼，百战不殆；不知彼而知已，一胜一负；不知彼，不知已，每战必殆。"铁木真不但深谙己方情况而且对太阳汗夫妻间所说的话都了如指掌，不可不谓知己知彼；太阳汗则恰恰相反，搞不清楚自己的能力和实力，对敌方情况一无所知，愚蠢地认为蒙古军是一群野蛮的乌合之众，不可不谓不知彼不知已。双方对战，高下立判。

者勒蔑起哄说："我有一个主意，等咱们把那只狐狸精活捉回来的时候，将她送给身上膻味儿最大的人做小老婆，怎么样？"

众人又是一阵大笑。

铁木真笑问豁儿赤："豁爱卿，你膻味大不大呀？三十个美女里算她一个怎么样？"

豁儿赤眼珠子一转，心想：太阳汗五十多岁了，那妖姬原先是他爹的小老婆，恐怕现在已经是资深美女了吧？我费尽口舌好不容易才从大汗那儿讨到三十个老婆编制，哪能就这样白白的浪费一个名额呢？于是他急忙摆手推辞道："我不行，我不行！"为了避免意外收编，赶忙指着身边的术赤台，力荐道："术赤台叔叔身上的膻味最大，不信你们闻一闻！"说着便凑上鼻子，夸张地嗅了起来。

不善言辞的术赤台直往后退，铁木真笑道："好吧，那洋妞就是术赤台叔父的了！"

大家看着术赤台低头害臊的样子，又是一通哄堂大笑。

后来，术赤台叔叔笑纳了这位娇艳妩媚的洋妞做小老婆。以好色为已任的豁儿赤眼红得直抓狂，吹胡子瞪眼睛连肠子都悔青了。

这则历史小故事告诉我们：

1．爱耍小聪明的人很可能会聪明反被聪明误！

2．老天是不会让憨厚老实的人吃亏的！

惨遭嘲笑的羸马

大会上很多将领认为时值春天，青草不接，战马消瘦，不利作战，不如等到秋天膘肥马壮再去收拾太阳汗和他的小妈咪。铁木真的弟弟帖木格、别勒古台力谏马上出兵去教训那对口出狂言的狗男女。大汗十分欣赏俩弟弟的勇敢无畏，高兴地说："以此众战，何忧不胜。"于是下令移营到合勒合河畔，准备对乃蛮发起进攻。

哈哈，术赤台叔叔，你很快就会有一个不带膻味的老婆了！

1204年，蒙古纪年鼠儿年夏四月十六日，铁木真大队人马祭旗出征，任命者别、忽必来为先锋，从呼仑贝尔草原到阿尔泰山行程五六千里。一路靠游牧和狩猎解决全军给养，愣是走了一百来天终于到达了乃蛮边境撒阿里一带。

太阳汗率领军队越过阿尔泰山前来迎击蒙古军，设营于杭爱山哈瑞河边。太阳汗志得意满地骑在马上，看着自己兵强马壮的军队。他身后跟着太子屈出律、大将撒卜剌黑以及札木合、脱黑脱阿等一大群亡邦之君。太阳汗乐滋滋地觉得自己是当之无愧的联合国首脑。紧紧跟在自己屁股后面的这帮家伙，原先可都是各个部落的首领啊！现在还不都跑到寡人这儿像小媳妇儿似的乖乖地听寡人的话任寡人摆布吗？再看队伍中那些形形色色的士兵，啥品种花色的人都有。用专业术语叫做"色目人"。

太阳汗心情大好，笑着鼓动士兵说："寡人本想带你们去呼仑贝尔大草原旅游一圈，顺便把蒙古人的箭筒夺过来。感谢上帝，铁木真那小子居然猴急地自己找上门来送死了！"

战士们哄笑，太阳汗又调戏道："听说那家伙只带了两个小妞，太少了，不够我的士兵们分的，没办法，其余的还得麻烦弟兄们自己去取了！"他向战士们眨眨眼，战士们又是一阵哄笑，笑得带邪味。

撒卜剌黑瞪了老不正经的一眼，低哼了一声："还是先保护好自己的女人吧！"

太阳汗听见了他的话，干咳了两声催马走了。众将跟上。

札木合压低声音对阿勒坛说："快回去准备准备吧，看下一步该投奔谁了！"

阿勒坛不解："啥意思？"

札木合哼道："这老不正经的脑袋像王汗的一样快要被人摘了，不过这次怕是不会有愣货给他的头颅镶银子了。"

阿勒坛生气地骂："札木合，你是只不吉利的鸟，尽爱唱丧歌！太阳汗兵强马壮以逸待劳，依我看，是铁木真的死期到了！”

札木合冷笑着摇着脑袋走了。

接下来一件意外的小事故恰好歪打正着帮上了蒙古军的忙。

在鄂尔浑河一带，蒙古一小队哨望轻骑兵正在侦察敌情，不幸被乃蛮巡逻部队发现了。轻骑兵吓得哭爹喊娘撒腿就逃，巡逻兵见敌寡我众愣是死追不放。最后吓得半死的轻骑兵终于死里逃生，甩掉敌人奔回营地。以上这事儿本身没啥重要的，不过在紧张激烈的追捕过程中，有一匹蒙古浅色青白马掉队了。

这匹马瞎转悠想要回到蒙古营地，估计不是一匹老马尚未识途，看见一个营地就大大咧咧地溜达进去了。结果可怜的小东西引发了一场嘲笑风暴。

吃饱了撑得没事儿干的乃蛮士兵们围观着这匹瘦马七嘴八舌指手画脚地议论纷纷。由于剧烈奔跑这马背上的鞍子反转过来耷拉到了肚子上。他们左看右看上看下看，不管咋看都觉得这马贼搞笑。

太阳汗指着这匹睁大无辜的眼睛瞅着他的马儿，乐得前仰后合：“你们看，你们看，哈哈哈……难道这就是传说中骠悍强壮的蒙古战马？哈哈哈……瘦得连马鞍子都挂不住了！笑得寡人肚子痛，哈哈……”

有拍马屁的随从赶忙振臂高呼：“铁木真完了！天上只有一个太阳！”

兵士们兴奋地呐喊：“天上只有一个太阳！天上只有一个太阳！天上只有一个太阳！”

这匹误入敌营的羸马使得原本就很轻视蒙古军队的乃蛮人，更加狂妄自大松懈轻敌。

孕妇更衣处

大汗率中军进至撒阿里原野，与部下将领研究作战方略。最后大汗采纳了近侍官朵歹的建议，命令各个营地之间拉开较大距离，布置疑兵一小嘬一小嘬的四处游窜，显得自己的军队布满原野。晚上就更奇怪了，为了节省木头，依照惯例十来个士兵点燃一堆篝火共用。这回却命令每个士兵尽量去收集木材负责照看五堆火。

这种虚张声势的策略起到了立竿见影的效果。乃蛮哨望者站在杭爱山上放眼望去，一个个惊得目瞪口呆，着急麻慌地跑去禀告太阳汗。太阳汗本着实事求是的精神亲自站在高岗上，望见不远处火光一片，且见更远处无数火把向川里移动："哦，主啊，蒙古人营火密密麻麻多如星辰，已经是人山人海了。怎，怎，怎么还在不断增兵？你，你们看！"俗话说兵熊熊一个，将熊熊一窝。老熊兄吓得够呛，当即下令全军连夜撤退。

老熊兄派人去告诉儿子屈出律，让他火速撤退。使者传达："可汗说蒙古战马虽瘦，可营火多如繁星，根据数学原理可推导出敌人必众的结论。据可靠消息透露：那帮家伙简直就不是人！拿枪往他们眼上刺，他们目不转睛；往他们脸上刺，他们不躲避；一听说打仗，就像离弦的箭似的只知道往前冲；手里的弯刀，左劈右砍，运用自如；他们哪里是骑马？那马简直就长在他们的屁股上了；号令一发，人人唱着歌就冲上来了，把杀敌看成是赴宴会一样轻松……"

还是人家初生牛犊不怕虎，屈出律不屑地问："那又怎样？"

使者说："太阳汗说，不如先越过金山。整顿兵马，且战且走，诱敌深入，瞅准机会，突然反击，定能取胜……"

"还没说完？"屈出律怒吼打断，脸色很不好看。

使者哆哆嗦嗦地说："说完了！"心中不禁暗骂：我不过是来传话的小喽啰，跟你既没有杀父之仇又没有欠你钱，更没有同你老婆勾搭起来赠你一顶绿帽子，干嘛阴沉着脸吓唬我？至于吗？没气量没出息的败家子！

屈出律怒气冲冲地骂道："我领着将军们正在谋划怎样分配蒙古俘虏的时候，我的好父亲，那位巾帼英雄太阳汗，却吓破了胆！各位，请不要见怪，我父太阳汗，于孕妇更衣处，牛犊吃草处，都不曾到！"

注意：这儿"孕妇更衣处"不是指大肚子女人换衣服的地方，而是去WC的一种委婉说法，类似"出恭"一词。例如：三国演义中老曹率军南伐，江东诸将开大会讨论是投降呢？还是玩命抵抗？结果绝大多数文臣武将都主张投降，东吴又不是属于我家的干嘛要拼命抗曹，毕竟在谁手下不都是混口饭吃？在这种情形下，孙权坐不住了，于是"权起更衣"，趁机出去放放水、透透气。

此处屈出律这样讲是在挖苦他老爹社会经验少，见识鄙薄，常年呆在深宫后院中，从没离开过孕妇拉屎撒尿的地方。连放牧牛犊吃草的地方都没去过，刚听说敌人来了就吓得想撒腿逃跑，与妇人何异？

使者如实传达了屈出律的话，他爹被气得暴跳如雷，毕竟一个国王在大战即发之际当着群臣的面被自己儿子骂作对战争狗屁不通却只精通孕妇更衣之事，老脸实在挂不住。然而那小兔崽子虽然说得很过分可是基本上是客观事实，太阳汗无奈地叹息说："这么勇敢的屈出律，愿我主耶稣保佑他，能在双方交战的时候也不失其勇就好了！"然后他又对大家说："你们看着，他不听我的话，势必要吃大亏的。等着吧，你们都回去看好自己的防地，明天铁木真就会杀过来了。”

说完，他转身欲走。今天脆弱的心灵受到了严重伤害，他迫不及待地想回去找古儿别速妃好好慰藉一下。想溜，没门！一员大将将他叫住，继续狠狠批斗了一顿。

大异密豁里速别赤冲上前来，一把拽住他的胳膊，指着他的鼻子申斥道：“太阳汗啊太阳汗！你也太……过去（气得都不知道该怎么说你才好了！），你父亲打仗的时候，从来没让敌人看见男儿的脊背、战马的后胯，你正年富力强，还没交手就吓破了胆，早知这样还不如让你老婆古儿别速妃来统帅军队呢！呜呼哀哉！亡国无日矣！”说罢拍着箭筒而去。

这一回太阳汗真的被激怒了：“不要以为你是先君的老臣就可以这么放肆！男儿百年，终有一死；七尺之躯，辛苦一生，谁敢独辟。别以为只有你们才有一腔热血，我也不怕拼一死战！”

于是他在杭爱山聚集部众，渡过鄂尔浑河，列阵于纳忽山察乞儿马兀惕，准备与蒙古人决一死战。

芝麻开花节节高

铁木真命令军队要像进入山桃皮丛一样，分成一小队一小队低姿势向前联络推进；摆成大海一样的阵势，从四面八方进行包围；像凿子钻木材一样，长驱直入直逼其中军。铁木真亲自任先锋，命令弟弟哈撒儿统御中军，斡惕赤斤率军殿后。大汗派出的哨望者将乃蛮哨望者一直驱赶回他们驻扎在纳忽崖前的大中军内。

蒙古军异常凶悍，乃蛮士兵被逼得节节后退。本着孙子兵法“知己知彼，百战不殆”的精髓，太阳汗站在纳忽崖山脚前一面放眼远眺，一面向札木合打听蒙古各支军队情况。

太阳汗面带惊慌地指着：“那几个一路杀来，像狼入羊群一样的，是什么人？”

札木合看到太阳汗惊慌失措的神情，心中鄙薄难耐：哼！这种胆小如鼠的鼠辈居然统领数万将士打仗！他忍不住夸大其辞地说：“那就是我的好安答用人肉喂养的四条猎犬！”

太阳汗煞是不解：“什么？”

札木合冷笑道：“蒙古人狩猎，猎犬是最好的助手，者别、速不台、忽必来、者勒蔑（这四位仁兄即传说中的四獒 ／ 四狗 ／ 四勇）都是虎将，个个额如铜，牙如凿，舌如椎，心如铁、鞭子像环刀，乘风食露水而行，争战之日以人肉为食。如今放开了铁索，垂涎着狂奔而来！”

“快！”太阳汗害怕地：“我们还是离这些不信天主的下等人远一点吧！”太阳汗在侍卫的簇拥下退到了山坡之上。

来到山坡上的太阳汗放眼远眺，发现在他们背后一群人结阵绕行而来，指着他们惊问道：“那是什么人？要干什么？”

札木合瞄了一眼，鄙夷地答道：“从旗色上看是术赤台，他率领的士兵都是专门与敌军敢死队死磕，杀人不眨眼的亡命之徒。他们就是大名鼎鼎的兀鲁兀惕和忙忽惕氏。今天他们大概是心情不爽了，所以才结阵来痛扁你！”

换作是俺，就会这样向太阳汗先生介绍：这就是蒙古人之中身上膻味最大的术赤台先生。你别担心，在你阵亡之后，你的娇妻古儿别速妃就由他来替你精心照顾。

太阳汗又上了马：“愿主饶恕他们这些罪人吧！咱们还是再换个地方吧？”于是他命令中军大营继续向另一座山头转移。

太阳汗不是指挥部队冲锋陷阵而是指挥他们节节后退，但蒙古军却势如破竹步步紧逼。

安全转移到另一座山头之后，太阳汗放眼远眺，又开始提问了：“后面那个如恶鹰捕食，奋锐当先的家伙是谁？”

札木合瞪了太阳汗一眼，答道：“我的好安答自任先锋亲自上阵逮你来了！”

太阳汗不解地问：“他怎么冲杀在最前面？”自己从来都是躲在最后面最安全的地方，铁木真怎么冲杀在最前面？真是不可理喻！刀枪无眼，他难道不怕死吗？莫非脑袋进水了？

札木合斜睨着他，轻鄙地吓唬他说：“我那好安答，浑身上下是生铜铸的，用铁椎刺他都找不到缝隙。”

太阳汗吓得捂住眼睛：“哦，上帝，太可怕了！快，快上山！”

于是乃蛮的阵地像芝麻开花般节节高升。

刚刚站稳阵脚，喜欢提问题的太阳汗又指着后面的人问道：“铁木真后面那个来势汹汹的家伙是谁？”

札木合比幼儿园的小阿姨还有耐心地说：“他是我那好安答的亲弟弟哈撒儿。这哥们儿一顿能吃一头三岁的小牛，身上披三重铠甲，射出的箭隔山都能穿透一二十人！”

太阳汗大骇："他一定是撒旦的后裔！我们还是先撤退吧！"

太阳汗赶忙率众向山坡的更高处撤退。

札木合不屑地瞟了他一眼，诡谲地一笑说："逃吧，你这个老混蛋加胆小鬼，我也该去西夏躲躲了。"他领着自己的部众从另一条路下了山。

欲穷千里目，更上一个坡的太阳汗又犯了问瘾，他好奇地指着一员蒙古猛将不耻下问道："哎，我说小札，那个粗野未开化的家伙又是何人？"沉默了半晌，没人答腔，蓦然回首才发现小札早就率领着札家军溜之大吉了。吙！不就多问了你几个问题吗，不耐烦到逃走，至于吗？一点儿耐性都没有，怪不得斗不过人家铁木真呢！

乃蛮灭亡

眼瞅着蒙古军将乃蛮军包围到了小山上，太阳汗打算继续采用往山上更高处退的特殊战术应对步步紧逼的敌人，可是这一回他发现自己是黔驴技穷了。因为再高的山也不是无限高的，总有个山登绝顶我为峰的时候。退到无处可退之时，太阳汗正准备下达总攻命令，刚刚张开嘴却发现士兵们已经呐喊着发起总攻了。这并不是说乃蛮士兵突然变得士气高涨、英勇无畏了，确切地讲，应该是看到蒙古士兵已经挥着大刀冲上来不得不发起了自卫反击战。

经过一天的浴血激战，铁木真见已经将纳忽崖团团围住，料他也插翅难飞，夜幕降临干脆结阵宿营。乃蛮军士长期生活在相对安定的环境中，哪里见过蒙古人这种彪悍善战的军队，早就吓破了胆，当天晚上大伙儿不约而同地当了逃兵，摸黑下山企图捡一条小命回来。不幸的是，那一晚天公不作美偏偏月黑风高，山路险峻，结果不少士兵一失足成千古恨，滚落壑底，堆垒狼藉，跌碎筋骨，积如烂木，相压而死焉。

第二天一大早，蒙古军又发起了猛烈攻势。

自称英勇无畏的屈出律英勇无畏地率兵逃走了。

太阳汗身上受了多处重伤，爬到难以攀登上的山坡上，准备继续亲自督战。结果那个难以攀登的山坡耗尽了他的精力，他倚山半躺着想要站起来，却心有余而力不足。

当时大异密速别出对大伙说：信不信，我刺激他两句，老小子准能振作起来！

速别出走到太阳汗面前，说道：“可汗啊，大伙儿都在下山，起来，咱们一起冲出重围！”半死不活的太阳汗眨巴着眼睛看着他，一声不吭。

速别出见老小子不理他，亮出了杀手锏：“可汗啊，你的哈敦（老婆）们，尤其是风华绝代的古儿别速妃，全都打扮得花枝招展的，将斡儿朵（寝宫）收拾得干干净净等着你回去呢！”太阳汗眼睛中闪着兴奋的光，可是依旧一动不动地斜躺着。

速别出回头对大伙儿说：“只要老小子还有半点儿力气，总会哼几声或者动一动手指来给点反应的。”然后他振臂高呼道：“现在，赶在老小子升天之前，不如咱们在他面前奋勇杀敌，让他亲眼看到咱们为祖国抛头颅洒热血吧！”说罢挥刀呐喊着冲向蒙古军，身边的士兵顿觉热血贲张，高喊着冲向敌人。

他们怒吼着冲下山坡，拼命杀敌，直至全部英勇殉国。

铁木真很惊奇，高度赞赏了他们的忠贞英勇，感慨道：“太阳汗，有这样的那可儿，还有什么可悲伤的呢？”

就这样，兵强马壮人多势众文化先进看似强大的乃蛮部被蒙古人只用了一天一夜便干掉了。

经过1204年秋的纳忽崖大战，投靠乃蛮部的札答兰、合答斤、山只昆、朵儿边、泰赤乌、弘吉剌等部余众纷纷投降了，只有札木合与蒙元第一逃跑名星蔑儿乞部的脱黑脱阿父子逃到了远方。

走桃花运了

有一位名叫塔塔统阿的畏兀儿人，性聪慧，善言论，深通本国文字，太阳汗尊他为国傅，并封他为掌玺官，掌管金印和钱谷。乃蛮灭亡时，这哥们儿怀揣金印想溜走。蒙古军人瞅见这家伙鬼鬼祟祟的，叫过来一看怀里揣着个宝贝，于是推推搡搡地把他押送去见可汗。

可汗不解地问：“太阳汗的人民和疆土都属于我了，你这老小子怀里揣着个大印想往哪儿跑？”

知识分子回答道：“我也不知道该往哪儿跑。反正只知道这是为臣的职责，我想寻找故主将大印交还给他。”

可汗先称赞了这个文化人是个实在人，忠于所事很好，然后又不解地问：“那么这颗大印到底有什么用途呢？”哎呀，没文化真可怕，看来大汗亟须扫扫盲喽！

塔专家解答道："出纳钱谷，委任人才，一切事皆用之，以为信验耳。"

可汗觉得这个方法不错，就把这个文化人留在了自己身边继续负责掌玺。此后，凡有制旨，始用印章。

可汗又示意塔塔统阿开了一个扫盲班，强令蒙古贵族和高级将领跟着这位有学问的老师学畏兀儿文字。甚至连铁木真四兄弟也当过他的学生。通过开展高层扫盲运动，黄金家族的人就成了有文化、有知识的人。后来，铁木真又拜托塔老师创造了一种用畏兀儿文字拼写蒙古语的文字，也就是元朝人所说的"畏兀儿字书"，此后蒙古族就有了自己的文字。

太阳汗弥留之际对古儿别速妃牵肠挂肚念念不忘，可是人家却不像他那么痴情。老公的死讯刚到，她便立即恳求铁木真汗纳她为妃，并透露自己侍寝的功夫绝对不是一般人能有幸享受得到的。几天之内，又接二连三地催促过好几回。

最后，铁木真忙里偷闲接见了这个红颜祸水。

铁木真边走边问："是太阳汗继承的那个小妈咪吗？差不多是个老太婆了吧？"

者勒蔑还没有回答，古儿别速妃已迎出跪下："臣妾古儿别速妃恭迎可汗！"

铁木真停住，瞅了一眼古儿别速妃，顿时一怔。古儿别速连抛了N个媚眼，妩媚动人地一笑。铁木真没想到太阳汗的小后妈居然这么年轻美貌这么风骚撩人。

者勒蔑笑笑说："离老太婆是远了点儿。"

铁木真哈哈大笑着走到椅子前坐下来："您就是高贵的古儿别速国后？"

性感尤物殷勤笑答："不敢当，臣妾正是古儿别速。"

"你不是说蒙古人一身膻气吗，今天为什么又肯委身于一个浑身油污的蒙古人呢？"大汗挖苦道。

洋妞嫣然一笑："太阳汗无能，愿他的灵魂安息，我理当侍候可汗。"

铁木真哈哈大笑："你说得倒挺干脆。其实我倒不怕增加一个后妃，好似虱子多了不嫌咬，反正已经有一大群老婆了，再增加一个也不是什么大不了的事儿，只怕委屈了国后那高贵的鼻子！"

者勒蔑打趣道："闻惯了可汗身上特有的膻味儿，她的鼻子也许会上瘾呢！"

那可儿们哈哈大笑起来。铁木真摆手："把她先看管起来。"

者勒蔑引领着新寡洋妞退下。她走到门口还不遗余力地冲铁木真回眸媚笑："可汗，看在主的份上，请不要让人家等得太久哟！"

铁木真笑曰："放心好了，我会给你一个满意的答复的。"

铁木真的桃花运来了，真的。

与此同时，大将纳牙阿的帐篷里。人要走运，坐在家里都会有好事儿主动上门来找你。

三姓蔑儿乞部之一（兀洼思·蔑儿乞）首领答亦儿兀孙跟着逃跑专业户脱黑脱阿过了许多年惊险刺激的流亡生活之后，终于厌倦了，打算向铁木真投降。

说实话投降并不难，然而要想在投降之后能过上幸福生活的话，可就不是一件容易的事儿了。大多数敌方降将尤其是敌方首领投降后能保命就不错了，老子的卧榻岂容他人挤一挤凑合睡？大多数投降者都会成为丧失了政治前途的废人。答亦儿兀孙却仍然对自己的未来抱有一线希望。他那非凡自信心的源泉在于自己手中有一个举世无双的秘密武器——倾城倾国的女儿。

于是，老头子向离他最近的蒙古军队投降了，该部队最高长官正是幸运儿纳牙阿。接下来发生的事情是他这辈子遇到的最幸运的一件事儿。

处子之身

纳牙阿喜形于色对答亦儿兀孙说："这是件好事嘛！"

答亦儿兀孙笑道："还靠将军玉成此事。"

纳牙阿笑道："愿意效劳，不过……"

答亦儿兀孙心一紧："怎么？"

纳牙阿一面仔细端详着温婉可人的小美女，一面笑道："现在路上兵荒马乱，你们单独走说不定会被乱军杀掉，倒不如先在俺这儿呆上三天再说……"

三天之后，可汗听说忽兰小姐来了，迫不及待地问："她，人在哪儿？"

纳牙阿将军与答亦儿兀孙父女一齐跪拜："可汗！"

可汗痴迷地看着忽兰半晌不语，忽兰抬头正与他灼热的目光相遇，羞得低下头。

跟出来的也遂妃见状咳了一声。可汗惊醒："啊，快快请起，都起来，都起来。”

三人站起，也遂妃拉忽兰坐到自己身边，亲切地问道：“可汗进入太阳汗的汗廷已经六天了，你们怎么这么晚才来呀？”

没想到这句随口问的寒暄话却差一点儿要了纳牙阿将军的命。

答亦儿兀孙答道：“我父女三天前就已经投到纳牙阿将军帐下，只是在军营中耽搁了三天三夜。”

一直痴情凝视着忽兰的可汗一震：“什么？！”他蓦地站起，虎目圆睁：“纳牙阿，你胆敢私自留她在营中过了三天三夜？”

纳牙阿站起来大声回答：“是！”

可汗大怒：“大胆！你为什么不立刻将她献出来？嗯？”

纳牙阿吓得赶紧跪下：“可汗！”

“来呀，把纳牙阿押下去，令别勒古台（当时这位仁兄是断事官，负责审案刑狱）严加审问！”他指着纳牙阿的鼻子警告道：“如有丝毫差池，我要拿你警示全军！”

侍卫们抓住纳牙阿，往外就拖。

忽兰急切地上前劝阻：“请等一等！”

侍卫们以询问的目光看看可汗，可汗的脸比冬天的冰还冷。侍卫们不再犹豫架出了纳牙阿。

忽兰跪下：“可汗，纳牙阿将军是个对您忠心耿耿的好人！您不应该以怨报德！”

可汗眉梢一扬：“嗯？你为什么这样情急意切地替他说好话？在这漫长的三天三夜里，你们到底都做了些什么？”

睿智的也遂妃见状，凑到忽兰小姐耳畔低语了几句，然后对答亦儿兀孙说：“你的老朋友札合敢不也归顺了，你不去找他叙叙旧吗？”

老家伙深鞠一躬，知趣地退了出去。也遂妃挥挥手示意侍卫们也都退了出去，自己用眼睛鼓励着忽兰也走了出去。

忽兰小姐见屋里只剩下恼羞成怒的可汗和自己两个人了，与这个为自己吃了醋动了怒的男人对视了一眼，霎时飞红了脸。

想到聪慧过人的也遂妃刚刚趴在自己耳边出的主意，不禁羞得恨不能找个洞钻进去。

今天豁出去了！不要脸了！

她猛地闭上眼睛，脸臊得跟个火红火红的小猴子屁股似的，小心肝扑通扑通跳得飞快。她用纤纤素手缓缓解开衣扣，冰清玉洁的粉嫩娇躯呈现在铁木真眼前。

可汗惊呆了，瞪大眼睛，张大嘴巴："你？……"

忽兰小姐满脸是泪，娇羞呢喃："我这天地所赐，父母所生的洁白之身可以证明纳牙阿将军是无罪的！"（忍不住题外一叹：好险哪！）

从此以后，忽兰妃成了可汗最宠爱的妃子。

补充一句，忽兰妃他爹答亦儿兀孙同志在归顺后不久，可汗命令他领着他带来的那点部下随军出征，老爷子向可汗报告说没有驼行李的牲畜，不能随大军同行。于是可汗将他们编入后勤部队中，没想到可汗率领大军前脚刚走，老爷子便领着这帮家伙造反了，他们企图抢走后勤物资，结果被后勤部队痛扁了一顿，老爷子除了后背上挨了几记老拳没捞到别得好处，只得灰头土脸地流窜到薛灵哥河峡谷地带占山为王，靠打劫路人混口饭吃。

可汗居然没有再去追究他老外父的叛变恶行，估计是认为反正小虾米也掀不起什么大风浪来了，就让它自生自灭吧！对忽兰妃也是一如既往地宠信。

审判

就在可汗忙于亲自尝梨试酸甜，亲自下河试深浅，本着一丝不苟的精神用实践检验真理的时候，冤枉的纳牙阿跪在地上，他身后站着几个怯薛军壮汉，别勒古台坐在椅子上，他身后站着来瞧热闹的失吉忽秃忽（诃额仑的四养子之一）。

别勒古台嗔道："小兔崽子，你不去跟着塔老师好好学习天天向上，逃学溜到公堂上来干什么？"

失吉忽秃忽认真地："那点儿小儿科功课？我早就闭着眼睛都能背得滚瓜烂熟了，我要学学你怎么审案。"

别勒古台笑骂："有什么好看的？真是个愣小子！好吧，你搁揪在墙角旮旯里乖乖地听着，可不许捣乱。"他又满脸严肃地转向纳牙阿："老实交代你干了什么对不起可汗的事？说吧，免得受皮肉之苦！"

怯薛军们横眉冷喝："快说！"

纳牙阿高昂着头不服气地说："我没有逮到脱黑脱阿父子（说句公道话，这也不能怨你，脱黑脱阿无愧于蒙元第一逃跑高手，其逃跑造诣已臻于出神入化的境界，估计凌波微步已练就第九层功力），除此之外，我没什么好讲的！”

别勒古台恼了：“还敢嘴硬，皮鞭侍候！”

两个怯薛军上前粗野地扒下纳牙阿的裤子，把鞭子抖得叭叭直响。别勒古台喝道：“老实交代，你对忽兰做了什么？说还是不说？”

纳牙阿瞪了他一眼，别过头去，咬紧牙关，一声不吭。

还挺牛逼！别勒古台气得一掌击案：“打！”

怯薛军士的马鞭子狠狠地抽在纳牙阿的屁股上。

经过一番暴雨般的鞭打。别勒古台又问：“这回你坦白不坦白？”

纳牙阿直瞪着他，大声喊道：“我无话可说！”

还敢执迷不悟？不来点实惠的不知道我的厉害！别勒古台气冲冲地：“再给我打！”

“慢着！”失吉忽秃忽急忙上前拦阻：“三哥，你这样能问出实话吗？”

别勒古台生气地：“你捣什么乱！挺挺地闪到一边凉快去！”

失吉忽秃忽懒得搭理别勒古台，一本正经地对纳牙阿说：“纳牙阿，审判官问你，你应该有一说一有二说二，不要隐瞒，也不要乱讲。这样才能弄清你有罪无罪，有多大的罪，应该受多重的处罚。”

别勒古台愕然，纳牙阿悲愤地喊道：“我没有罪！我只知道一心一意地侍奉可汗，战争中夺得美女好马，从来都献给主人，假如我有二心，甘愿天打五雷轰！”

这时，可汗领着侍卫匆匆走进来。

可汗一摆手：“别勒古台，不要审了。”

他扶起纳牙阿，歉疚地赔笑道：“纳牙阿将军，为了奖励你的一片赤诚，我封你为一万怯薛军的统帅。”

纳牙阿怔住。

随从提醒他：“将军，你已经是万户了！还不快快谢恩！”

纳牙阿一屁股坐到地上呜呜地哭了起来。

可汗抓住他：“将军，都是我不好错怪了你，你可不许记恨我哦！”他挥手捶了纳牙阿两拳。

纳牙阿坐在地上咕哝着：“谁记恨你了？”

众人笑了。好一个呆子！

纳牙阿这时才爬起来跪下谢恩：“谢可汗！”

可汗仰天大笑出门去。

别勒古台对四个怯薛军斥道:“你们还傻愣在这儿干什么?”然后帮纳牙阿提上裤子,回头打了失吉忽秃忽一拳,骂道:“你小子,不愧是母亲的养子,还真行!”

多说一句,这位办事倒挺公道稳妥的失吉忽秃忽兄弟后来取代实在人别勒古台(这哥们儿是挺厚道,可惜脑袋里一根筋,办事儿不活套,倔脾气,认死理,太僵)出任了最高断事官。

好大一块敲门砖

咱们回过头来说说,太阳汗那个口气挺冲结果一开仗就逃得比兔子还快的屈出律太子吧。这位仁兄曾打算在塔米儿河边立阵顽抗,可阵地还没布置好,蒙古追兵已经开到河对岸了。惊弓之鸟屈出律吓得着急麻慌地继续逃命。屈出律舍命的跑,蒙古军玩命的追,一直到阿尔泰山南面的乌伦古河,终于被包围几乎全歼了。据《长春真人西游记》载,后来全真教丘处机道长赶到阿姆河边去与铁木真会面,恰好途经此地,当地人称此地为白骨甸,可见屈出律军死伤有多么惨重。

不过,屈出律狡猾狡猾的,一开战他一面高喊着“兄弟们冲啊!兄弟们给我顶住!为了伟大的祖国光荣地拼吧!”之类的口号激励士兵鼓舞士气,一面看好退路,瞅准时机,弃众逃跑,投奔他叔叔不亦鲁黑汗去了。

与此同时,铁木真率军追堵逃跑大师脱黑脱阿,双方在合剌答勒忽札兀儿(地名挺长)发生了激烈的遭遇战。毫无悬念,逃跑专家大败,率残兵败将窜回撒阿里之野,又一次刷新了自己创造的惊人的逃跑纪录,随即投奔了不亦鲁黑汗。

铁木真深知没有压力就没有动力,为了鞭策逃跑神人不断超越自我再创佳绩,他率军继续追击脱黑脱阿父子。世人皆知你是耀眼夺目的逃跑权威,可谁人知道你成功的背后也有我的功劳啊!

1205年,可汗率军越过阿尔泰山进入兀鲁黑塔黑之地(光听地名就知道是不亦鲁黑汗的地盘)。当时,这哥们儿携鹰牵犬正在河边悠闲地打猎呢,没想到正玩得兴起,一群蒙古骑兵突如天降把他当猎物擒杀了。蒙古军夺了他的领地、帐庐、财物、老婆孩子、畜群,凯旋而归。这一回,“逃圣”脱黑脱阿将其他选手远远甩到了身后,再次打破了自己创造的逃跑纪录。

当蒙古军收捕乃蛮、蔑儿乞部众时,札木合的札答兰氏百姓也大多当了俘虏。札木合在紧要关头带着五个那可儿成功逃走了。

唐努乌梁海地区唐努乌拉山中荒郊野岭处，五个札答兰人一齐动手烤全羊。不远处，札木合在一条小溪边香香地睡着了。

五个那可儿饿得实在是撑不下去了，未经札木合的同意就将他们仅有的一只羱羊给阴谋杀害了。羱羊即盘羊，蒙语称为“兀忽勒扎”，是草原上比较稀有的一种野生动物。五个家伙架起火来一边烧烤盘羊肉一边大吃大嚼。

“要不要先叫醒咱们老大，然后再一起吃！”一个人提议道。

“看他酣睡的样子！这几天的辛苦奔波一定是累坏了！真不忍心叫醒他，就让他多睡会儿吧！咱们把羊腿啦羊排啦这些重点部位留给他就是了！”一个人回头看了一眼睡得正香的札木合提议道。

肉香味把札木合诱醒了。他一睁开眼就看到五个油嘴滑舌的那可儿每人抱着一个香喷喷的羊骨头啃得好快乐啃得好开心。一股无名业火噌的窜了起来，他一轱辘跳起来对那几个馋嘴猫好一顿拳打脚踢，气急败坏地骂道：“你们这帮下流坯！你们自以为是贵族公子哥吗？也配吃珍贵的烤盘羊？(作者按：该言论虽然含有较浓郁的阶级歧视倾向，不过其中保护珍稀动物的观点值得肯定。札哥莫名惊诧：这也受表扬？写书的家伙，你误解我的意思了，我实在是没有任何爱护珍稀动物的意思，只是说这么好的美味除了我之外别人都不配享用而已，哈哈！）几个家伙竟敢背着我偷吃珍贵的烤全羊！我还没死呢，你们有什么资格先吃?！都给我滚！”

五个人被赶到一边儿去。札木合独霸火焰边烤边吃起来。别走开，都给我回来，老老实实地搁揪到旁边观摩我吃！非但不让人家吃，还强迫人家观瞻他狼吞虎咽的吃相。

清清小溪边，五个那可儿一边捧水喝一边商量。

一个不满地说：“因为这个札木合，我们把老婆孩子和大群牛羊都丢了，吃口羊肉他还发这么大脾气！”

又一个说：“他自已都惶惶如丧家之犬了，还这么凶悍霸道！”

一个说：“唉，我们跟他从札答兰部逃到克烈部，又从克烈部逃到乃蛮部，这回又不知道将要逃到什么地方去了？我们就像白毛风里的羊群一样，东撞一头，西撞一头，哪一天是个头儿啊！”

另一个压低声音神秘兮兮地说：“我倒有个主意。”

一个问：“你说。”

那人欲言又止：“我……唉，还是算了吧！”

大伙儿被吊起了胃口，急着催促道："哎呀，这都什么时候了，你还吞吞吐吐的！痛痛快快说出来嘛！"

"咱们老大虽然落魄天涯，其实身价巨亿！"那人顿了顿继续说道："如果咱们把他抓住献给铁木真，那到时候咱们可不只是能免受流离之苦，兴许还能混个百户长、千户长当当呢！"

一个人伸出手："就这么干！"几个人的手搭在一起。然后悄悄地返回来。

吃饱喝足了的札木合悠闲自得地坐在小溪边，哼着小曲儿剔着牙。突然五个那可儿一起扑了上去，摁倒札木合。札木合嘴里骂道："不就是没给你们吃羊肉嘛！你们要干什么？看我不杀了你们！"

一个那可儿狞笑着说："那要看你的好安答是不是先杀了你！"他将一块石头塞进札木合的嘴里。

札木合还在挣扎。几个那可儿把他紧紧捆了起来。

大功告成！五个那可儿做着升官发财的美梦，重新回到火堆旁大口大口嚼起了烤羊排。札木合在地上乱蹬着。

真是风水轮流转哪，刚刚你还很投入地抱着羊腿啃得好开心好快乐，甚至逼我们淌着涎水眼巴巴地观摩你的吃相。现在却恰恰相反了，哈哈哈，姓陈的和姓吴的那两个农民说得太对了：王侯将相宁有种乎？

五位那可儿吃完预备庆功宴之后，躺在大草原上美美地睡了一夜，今晚的夜空好美啊！满天的小星星真顽皮，直眨眼调戏咱。

第二天，五人满怀憧憬地押着他们升官发财的"敲门砖"去求见铁木真。嘿，你还甭说，这个"敲门砖"还真管用，一下子就为这五位仁兄敲开了门。可惜开门之后一看，却不是通往升官发财的金光大道，而是一条通往鬼门关的黄泉小径。

札木合之死

札木合被自己的那可儿五花大绑押送给铁木真，想起来就恨得牙痒痒。老子这辈子活得顶天立地，死亦何憾？不过临死之前，也要让你们这五个卖主求荣的恶仆先上黄泉路给老子开路。于是他想了一个办法，送这五个那可儿先行一步。

他让蒙古兵给他的好安答捎句打油诗，具体内容如下：

乌鸦以至捕鸂鶒矣，

下奴以至擒其罕矣，

我合罕安答其云何也？

黑超以至捕蒲鸭矣，

奴仆以至围擒本主矣，

我圣明安答其云何也？

这首打油诗大意如下：乌鸦捉住了鸂鶒（xī chì，即紫鸳鸯），贱奴捉拿了自己的可汗（这儿采用了比兴手法，先说飞禽再说人），低贱的黑超捕捉了蒲鸭，奴仆竟敢围擒本主，他们不忠于自己的主人还能忠于谁呢？谁能容忍这些卖主求荣的丑类呢？该怎样对付这帮贱人呢？我圣明的好安答你就看着办吧？

当札木合被关押进监狱后，铁木真问那些押送者捉来他之时，他有没有说什么话。人们重复了这首打油诗，铁木真当即会意，替他的好安答送那五个那可儿上了黄泉路。

深夜，结拜过三次的兄弟俩把酒促膝说掏心窝子的话，二人一会儿哭一会儿笑。唉，虽然是敌对关系，可还是想说一句：人生得一知己，足矣！

酒酣耳热之际，札木合心平气和地笑道："杀了我吧！"

铁木真痛苦地低下头不吭气，札木合激动起来："你想想，假如你不杀死我，只会使你白天饮食无味，夜里睡不踏实，总觉得有虱子在你衣领上爬走，有根针藏在你衣服的底衿！"

他语气诚挚地劝道："好安答，你是个成大事的人，不能像个女人！若是换作是我捉住了你，你知道我会怎样处置你吗？"他加重语气说道："我想我会杀掉你！"

铁木真泪眼汪汪地抬起头："可我总是于心不忍！"

"你如果可怜我，只求赐我速死！"

沉默良久，可汗叹息："好安答，你还有什么要求吗？"

札木合平静地说："我只求不流血而死（蒙古萨满教认为人的灵魂存在于血液之中，死亡时只要不流血灵魂就能生天。后来，蒙古人处死有罪的宗室贵族，常常使用这种不出血的特典。有一点儿类似包青天在处死皇亲国戚时特用龙头铡。不过后者仅仅是一个面子问题，而前者却涉及深层的宗教信仰问题）。还希望你把我的尸骨葬在高地，我的灵魂将永远保佑你的万代子孙繁荣昌盛！”

铁木真最后一次用力握紧革命同志的手：“我的好安答，你是久负盛名的英雄，我要亲自送你上路！”

翌日，铁木真送札木合上路了。在好安答的灵魂升天后，他善待了札答兰人。

这次也活逮了曾两次背叛铁木真的阿勒坛伯父和忽察儿堂兄。这俩家伙可怜巴巴地一把鼻涕一把泪哭得相当悲恸，不停地强调一种自然现象——血浓于水，恳求给一次痛改前非的机会，最后痛下决心要活着（这通哭闹的目的、精髓、实质、落脚点）追随可汗为奴为仆（只是一张虚开的空头支票，一种不切实际的低调说法而已）。

铁木真知道江山易改本性难移，大胆假设了一种生理现象——这俩家伙脑袋后面长有反骨，这辈子是没有幡然悔悟浪子回头的指望了，就别在这儿干耗着耽误下辈子重新做人了，不如干脆早解脱早脱胎换骨早洗牌重新来过。念在先祖的份儿上，效仿处置札木合的办法，特赐尸不见红。

一直以来，同这俩家伙肩并肩手挽手走在同一条道路上的答里台叔叔，在上一个十字路口做出了艰难的抉择——与这俩狐朋狗友分手，掉头走了回头路。结果答里台被册封为亲王，在一片草原上颐养天年。

路是你自己选的，请对你自己负责。

第九章

建国称尊

成吉思汗

1206 年春天，铁木真从阿尔泰山前线回到蒙古乞颜部的“根本之地”——斡难河源头。敌人一个个倒下了，现在整个草原全都是我的了。

春风吹拂着金帐前的九脚白毛纛（用九条白马尾制成的旌旗。蒙古人认为九是吉数，白色象征着纯洁。只有在大汗登基或者御驾亲征时才建这种旌旗），四方诸侯和各级那颜欢聚在斡难河源头召开了一次库里台盛会。会上一致推举铁木真为全蒙古的可汗，并向长生天求得尊号——“成吉思汗”。于是将会对整个世界产生深远影响的“也客·蒙古·兀鲁思”（Yeke Mongghol Ulus）即大蒙古国建立了。

“成吉思”这一汗号是和古儿汗（普天下汗）、“达赖汗”（大海汗）、太阳汗（全世界汗）意思相近的词汇。然而具体何意？众说纷纭，尚无定论。

元史大师朱耀廷先生认为“成吉思汗”意即“天可汗”或“天皇帝”；伯希和（法国）、姚从吾、札齐斯钦、黎东方先生则认为“成吉思”可能是“腾吉思”一词的讹传，意思是“海”，也就是说“海内的皇帝”；罗依果（Igor de Rachewiltz）先生认为“成吉思”一词源于突厥语，意即“强健的”、“凶猛的”；也有人说，成吉思汗即位前有五色鸟围着他边飞边叫“成吉思、成吉思”，遂得名。

铁木真坐在宝座上俯瞰着趴在脚下黑压压的人群，情不自禁地流下了泪水。

这泪水为那个曾经任人欺凌无依无靠的小真真而流。从过去那个一无所有的穷小子一步步走到今天万民膜拜的成吉思汗，其中的辛酸苦难，谁能理解？

这泪水为那个冲上前来死死握住脱朵马鞭的察剌合老人而流，为那些为了帮我完成大业抛头颅洒热血的烈士而流！

可汗偷偷擦干泪水，今天我要让你们同我一起分享胜利的喜悦。

他一口气分封了 95 个千户，其中包括 78 位功臣和 10 位驸马（有三位驸马面子很大，分别领有三千户、二千户、五千户。换言之，可汗的这三位女婿共领有 10 个千户）。因此当时实际分封的不足 95 人而只有 88 人，这就是蒙古史上著名的八十八功臣。

可汗又从这 88 位功臣中挑选任命了 4 个万户官。那么这 4 位大腕儿级人物究竟是谁呢？

依照惯例，咱们先来插播一则广告。亲爱的读者朋友们，千万别走开，广告过后更精彩哦！

我们不生产水，我们只是大自然的搬运工。——农夫山泉广告词。

顺便声明一下，目前（请注意这个词）我不研究元史，我只是元史的讲述者。——清隐。

广告过后，欢迎回来。

可汗看看帐外："失吉忽秃忽！"（乖乖，这个嘴上刚长出毛的小子不会被封为万户官吧？）

失吉忽秃忽赶忙乐呵呵地跪拜："臣在！"

"你去宣博尔术、木华黎进帐听封。"（闹了半天是让俺跑腿传话，白白害得俺空欢喜一场！）

失吉忽秃忽把脑袋一别，居然把可汗的话当做耳旁风，站着纹丝不动。

可汗尴尬地催促道："咦？失吉忽秃忽？"

小后生抬起头来直勾勾地盯着可汗，质问道："成吉思汗为什么不先封我呢？难道认为我出力太少吗？"

可汗哈哈大笑。诃额仑赞许地看着义子。群臣都含笑等着看热闹。

小后生一本正经地说："你笑什么？从我还在尿裤子的时候起就跟着你鞍前马后打天下了！你看现在我的胡子都这么多了，从来忠心耿耿为你效力，是不是？"

可汗看看嘴上刚长出绒毛的义弟笑道："嗯，你的胡子？你的胡子是破土出芽了！"众人窃笑。

小后生旁若无人地继续说："诃额仑母亲让我睡在脚下，当儿子养育我。你让我睡在身旁，当弟弟照看我。我办事从未出过丝毫差池。今天建立国家了，你应该怎样封赏我呢？"

可汗微笑道："傻小子，看你猴急猴急的样儿！你不是我的义弟嘛，所以想同诸弟一起封赏，看来你是等不及了？"众人欢笑。

既然这个小弟弟等不及了，就先请博尔术、木华黎二位在帐外多候一会儿，先封赏失吉忽秃忽吧。

大断事官

可汗正色道："好吧，封你为最高断事官，犯九罪而不罚。"

众人吃惊地张大嘴巴。失吉忽秃忽不满意地说："我又不想犯罪，犯九罪而不罚有什么用呢？断事官？不就是别勒古台过去所做的事吗？”

闻言，别勒古台激动得半站起来，指着他笑骂道：“哎，你这个臭小子！”

可汗笑道：“傻小子！最高断事官负责教化百姓、赏功罚罪、断案理财，差不多相当于中原的丞相了！”

几员年轻将领起哄地叫道：“胡丞相，胡丞相（“失吉忽秃忽”别译作“胡土虎”）！

失吉忽秃忽这才叩头谢恩，传来博尔术、木华黎二人进帐听封。

在封赏二位万户之前，咱先简单介绍一下“胡丞相”即将上任的这个新岗位——大断事官。

在1202年可汗灭塔塔儿部之后，曾任命他的异母弟别勒古台出任断事官（蒙语称为“札鲁忽赤”），负责整治外事，审断斗殴、偷盗、诈伪等案件。

1206年大蒙古国建立时，由可汗养弟失吉忽秃忽出任蒙古政府第一个专职官员——“普上断事官”（大断事官）。大断事官是蒙古国最高行政长官，主抓财政和司法，手中的权利不是一般的大。用可汗的话来说，就是：“无论什么人都不能违背你说过的话，你可以审查虚伪奸诈的人，惩治偷盗为贼的人，处死十恶不赦的人，你断了的案子将写在青册文书上，你所书写的札撒法令任何人不得更改。”

总体而言，小胡在这个位置上干得还是比较不错的。他在任期间，蒙古国颁布了户口青册和大札撒令。为了避免出现冤假错案，他还逐步制定了一套审案办法，比如规定：“犯罪者除现行犯外，非自承其罪者不处刑。”也就是说：除了你走霉运在实施犯罪活动之时被逮个正着之外，在被告自己低头认罪之前，均被视为犯罪嫌疑人而已。为了减少屈打成招等冤案发生，他还经常鼓励犯罪嫌疑人说：“不要因为恐惧而招认！”“不要害怕，要说实话！”

后来太宗（窝阔台）派失吉忽秃忽出任中州断事官，主持清查汉地户口和征收赋税的工作，汉人亲切地称他为“胡丞相”。老胡到燕京后，下令教育界和乞讨界也要缴纳赋税，有一个教书先生写诗说：“教学行中要纳银，生徒寥落太清贫。……相将共告胡丞相，免了之时捺杀因。”捺杀因（naì shā yīn）蒙语“很好”的音译。

这首诗大概是说：教育行业不太景气，生源不太好，招不到学生哪还有钱赚？这时候政府还雪上加霜偏偏要我们这些穷教书匠缴纳银子，我们上有老爹娘下有吃奶的孩儿，这往后的日子还怎么过呀？无奈之下我们广大教育工作者只好联名给胡丞相上书，请求免除这个乱收费项目，到那时候可真就

"雅可喜"啦!

我觉得这首诗反映了老胡在群众中的印象还是比较亲民的。

在断事官之下置有若干断事官,为其僚属。此外,那些有封地的诸王、贵戚、功臣们也在自己的属地上设置断事官来管理本部百姓。

从成吉思汗到忽必烈初年,大断事官一直保持着"丞相"的地位一直到至元二年(1265年)设立大宗正府,大断事官始专主宗正府,治蒙古公事并兼理刑名,才不再是全国的行政长官了。

四大万户

下面隆重请出博尔术和木华黎两位万户上台领奖。

二人情绪激动地走进来,跪拜。

颁奖人看见这俩人一阵感慨。兄弟们一起经历了多少苦难多少凶险终于走到了今天的辉煌。颁奖人情不自禁地从高高在上的宝座走下来,紧握住与自己一起玩大的发小的手:"博尔术,记得那一年我才16岁,你也刚刚14岁,帮我一起从泰赤乌人手里夺回了8匹银合马。那8匹银合马就是我一家人赖以生存的最可宝贵的仅有的财产啊!我们少年交友,共同经历了多少危难,君臣之义有如手足之情!"

博尔术激动得哽咽了:"可汗!"

颁奖人又将手搭在木华黎肩上:"还记得吗?王汗突然袭击,我们丢了车杖,散了人马。那天晚上,我合衣而眠,你们两个用毛毡替我遮住了漫天的风雪,我睡得多安稳多温暖哪,可是你们,大雪埋住了膝盖却一步不动一声不哼,冻木了一双脚啊!"可汗泪光闪闪说不下去了。

木华黎流泪道:"可汗,我们只是做了为人臣子所应该做的。您却把我这个奴隶当成了人,此恩此德我就是流尽一腔热血也报答不完哪!"

可汗激动地走回宝座:"不,你们二人自从跟我之后忠心耿耿,知兵善战,英勇无敌,就像我的左膀右臂!博尔术第二千户并任右手万户,管辖西面直至阿尔泰山一带的百姓;木华黎第三千户并任左手万户,管辖东面直至合刺温只敦(大兴安岭)一带的百姓,你们居众将之上,赦九罪而不罚!"

木华黎、博尔术谢恩起立。

四大万户官之三是纳牙阿,封为中军万户,掌管怯薛军。

上榜理由一:忠于所事。连塔里忽台那号糟糕到掉渣的领导都不肯背叛。

上榜理由二：诚实无欺。经过忽兰妃“处女门”事件的考验，证明纳牙阿的确是一位老实敦厚的好同志。

当然了，与他英勇善战，很会用兵打仗等能力也是分不开的。

在揭晓最后一位万户官之前，咱先插叙一条元史小贴士：

四杰：木华黎、博尔术、博尔忽、赤老温

四狗：忽必来、者勒蔑、者别、速不台

成吉思汗十大功臣：四杰＋四狗＋术赤台＋畏答儿

可汗扫了一眼猴急猴急早已按捺不住了的豁儿赤，故意板着脸说：“豁儿赤听封！”

老小子屁颠屁颠地跑出班，拜道：“臣在！”

“你我有约在先，许多人都可以作证，今封你为林木中百姓万户。”

豁儿赤一愣，差点儿没急哭了，委屈地喊道：“可汗！”

可汗强忍住笑，一本正经地问：“哎，豁爱卿，你为什么还不快快谢恩哪？”

俗话说，哑巴吃黄连有苦说不出，好在咱们这哥们儿非但不是哑巴，还很伶牙俐齿呢！

豁儿赤急切地问：“臣不明白，叶尼塞河与贝加尔湖一带的林木中百姓并不属于咱们的管辖范围啊？”（闹了半天可汗给这老小子开了张空头支票哪？）

可汗一面欣赏着豁儿赤委屈的表情，一面解释说：“我这就要派术赤率兵去收复，你所辖的万户是很富足的百姓哦！”

豁儿赤仍旧站着不肯谢恩，有点儿不好意思地提醒说：“还有，可汗好像忘了一件事？”

铁木真笑道：“三十个美女？”

众人笑了。

可汗答复道：“等林木中百姓归附后，你可从中任意挑选！谢恩吧！”

无精打采的老小子有气无力地拜谢：“谢成吉思汗隆恩！”

豁儿赤回班，者勒蔑笑嘻嘻地说：“可汗给豁儿赤的鼻子前边吊了一块羊肉，闻得着吃不着！”有人窃笑。

失吉忽秃忽严肃地咳了一声。众人静下来。

封　赏

锁儿罕失剌、赤老温跪下等候封赏。

可汗关爱地盯着他们，却没有马上开口。侍坐在旁侧的合答安关切地注视着她的父兄。

可汗随口问道:“你们想要什么封赏呢?”

大家一怔，锁儿罕失剌语塞。封赏前几位将领时都是用的陈述句，突然改用疑问句了，大伙儿有点不太适应。

可汗鼓励说:“想要什么封赏但说无妨?你们一家帮我从塔里忽台手里死里逃生，对我有救命之恩!”

老大爷鼓足了勇气:“如果可汗降恩，我想做个自由自在的人。”

“啊，想做答儿罕，还有呢?”

答儿罕（Darqan）自由自在的人。主要享有以下几项特权:

碰到“悍吏之来吾乡，叫嚣乎东西，隳突乎南北，哗然而骇者，虽鸡狗不得宁焉。”的情况，答儿罕可以优哉游哉地哼着小曲儿跷着二郎腿睡大觉，因为他们无需承担任何赋役;

围猎时捕获的野兽，不需要上缴完全归自己所有;打仗时俘获的奴仆、牲畜、财物等一切的一切，不需要上缴完全归自己所有。根据孔圣人教导我们的举一反三法则可以推断出:在马路边捡到的钱，不需要交给警察叔叔完全归自己所有;施工时不小心挖出的文物，不需要上缴国家完全归自己所有……

特许自由放牧，游牧地区可以不受限制;

只要他们乐意，有事不必通报便可以直接进入御前找可汗面谈。

锁儿罕失剌接着说:“我要蔑儿乞地、薛凉格地做我的营地。”

铁木真接着问:“嗯，还有呢?”

老大爷暂时想不到更多的要求了，侧脸看看儿子，赤老温并不看他，他又瞟了一眼女儿。聪慧的合答安女士偷偷伸出一根手指头指了指可汗。老大爷会意:“再有其他封赏全由可汗决定，我，来者不拒。”众人大笑。

可汗笑曰:“好吧，你的营地可以传至第九代子孙（九为吉数）。赤老温可以带弓矢出入大帐，犯九罪而不罚。参加Party时享受宗王待遇。”除此之外，又赏赐了无数绫罗绸缎、宝马良驹。

二人伏地谢恩。

同批被封为答儿罕的同志还有：巴歹和乞失里黑。这二位爷曾经把桑昆与阿勒坛企图偷袭的消息飞马报告给铁木真，也算是可汗的救命恩人。

前面我们提到过可汗曾答应给古儿别速妃安排一个妥善的归宿。咱们这就来兑现诺言。

可汗看了一眼在旁侧侍立的风骚洋妞，叫道："术赤台叔父听封！"

术赤台出班。铁木真赞扬道："您是乞颜部的骄傲。蒙古国的开国元勋，多次立下不赏之功。尤其在班朱尼湖边，你是19个将领之中最年长的一个。我们一起吃野马肉，喝浑浊的湖水。特加封你统领四千兀鲁惕人。古儿别速妃！"

古儿别速妃很意外地应了一声："臣妾在！"起身出班跪下。

可汗说："术赤台叔父，将古儿别速妃赐给你侍奉起居，安度晚年吧！"

娇媚的洋妞大惊失色，心有不甘："可汗！"

"古儿别速，我既不是嫌你无姿色，也不是嫌你无胸怀，而是因为只有你这样才貌出众的女人才配赐给术赤台这样的盖世功臣。特赐你一百人做陪嫁，外带两个司厨。谢恩吧！"

洋女人只得悻悻地谢了恩。

等封赏完众位爱卿之后，可汗高声宣布道："我的兄弟、儿子们和合赤温（铁木真的三弟，不久前光荣战死）的儿子等九人为宗室诸王。诸千户、万户分别由诸王统领。"可见那颜阶级是成吉思汗"黄金家族"统治蒙古人民的支柱。

他顿了一顿，含泪说："我最想说的是，为我们聚集百姓吃尽千辛万苦的是母亲！"

诃额仑鼻子一酸热泪盈眶。孛儿帖却低下了头。

百善孝为先。在历朝历代皇帝登基大典的时候，皇帝大人所作登基感言中专门颂扬、感念母亲功德的似乎仅此一例而已。

"诸子之中年龄最大的是术赤。弟弟之中年龄最小的是帖木格。今封给母亲和帖木格共一万百姓，分给术赤九千百姓。"蒙古人把幼子叫做守灶之人。炉灶在，就有接续的烟火，因此大部分家产都由幼子来继承。

帖木格和术赤伏地谢恩，孛儿帖的眼里含满了泪。

怯薛军

1204年整顿军马时，成吉思汗建立了一支护卫军即怯薛军，作为由大汗直接控制的常备武装。当时这支军队共有80名宿卫和70名护卫、散班。等到建国后分封完千户、万户之后，可汗马上着手将中军护卫从 150 人扩建到 1 万人，包括 1000 名宿卫，1000 名弓箭手，8000 名散班。这一万怯薛军由纳牙阿统领，没有可汗的命令任何人不得调动包括纳牙阿将军。

怯薛（Ke ig）是轮番护卫的意思，怯薛之士则称为怯薛歹（Ke ig－tei）。怯薛歹分为 4 个班，轮番入值，每班包括 250 名宿卫、250 名弓箭手、2000 名散班，每个班上三昼夜然后休息九昼夜。

可汗任命他最信任的那可儿四杰四家世袭担任四怯薛长。博尔忽家族掌第一怯薛，博尔术家族掌第二怯薛，木华黎家族掌第三怯薛，赤老温家族掌第四怯薛。怯薛长是可汗的亲信内臣，元朝称为“大根脚”出身，出任朝廷官职一般为一品大员。

弓箭手和散班负责白天的护卫和后勤工作，等到太阳快下山时，交班给宿卫。天黑后，任何人不准在宫前行走，有人硬闯可以当场击毙。任何人不准吃饱了没事儿干跑到宿卫中间聊天闲侃，不准打听宿卫人数、值守情况等机密信息，否则不仅没收马鞍辔头（看你还怎么使用交通工具——裸马），还要扒光衣服轰得远远的，以免到处乱跑导致泄密。

你要是以为怯薛歹只是负责做好护卫工作而已，那可就大错特错了。事实上怯薛歹尤其是宿卫的权力可不是一般的大，几乎任何事儿他都能插一杠子进去。比方说，从宫女、工匠、猎户、鹰人（专门负责管理猎鹰的人）、骆驼、牛、房车到打仗用的弓箭铠甲，仪仗用的彩旗大鼓，吃饭用的锅碗瓢盆，化妆用的胭脂水粉，鸡毛蒜皮乱七八糟的东西没有一样不是怯薛歹管的。碰到可汗感兴趣的案件时，可能会被派去同大断事官一起审理案件，参与掌管刑罚。偶尔还会被派到地方去带薪出出公差。

因此怯薛军不仅是一支大汗的亲军，而且相当于国家的中枢行政机构。这反映出当时中央机构还很不健全，还未设立分掌兵、刑、户、吏、礼、工部的相应机关。而是由怯薛军代为总揽中央日常的无所不包的最高机关，它在蒙古国政治生活中起着极其重大的作用。

怯薛歹尤其是宿卫可以说是可汗的心腹，是可汗的左膀右臂，是取得宠信升官提拔的最便捷途径。

那么想要成为怯薛歹需要具备哪些条件呢？

家庭出生：必须是万户长、千户长、百户长、牌子（十户长）或者白身人（自由民）的儿子。目的是保证这支队伍的政治可靠性。

另外，可汗还强调指出：万户长、千户长、百户长、牌子（十户长）有权利把你们的儿子送到我这里来当怯薛歹。当然啦，要坚持自愿的原则嘛，不愿意把儿子送来的也没关系啦，可以另选别人来代役嘛。不过，我顺便帮你儿子安排了一个好去处，流放到人们看不见的远方。你不想见寡人，寡人就成全你，彻彻底底的。

于是那颜们都选择了自愿把儿子送到可汗身边当怯薛歹。这总比把儿子送到苏武同志曾经生活过的荒原去放羊要强的多吧（况且人家苏知青早在一千多年前就返乡离开那儿了，去了连个伴儿都没有，只能整天对着羊说话，谁受得了？）。不管咋说，跟在可汗身边闹不好哪天领导心血来潮，封个二、三品的官当当，也算是光耀门楣了。

这些公子哥儿来服兵役时要自备马匹、兵器以及生活用品等一切用度。同时还规定：千户那颜的儿子许带1个弟弟，10个伴当；百户那颜的儿子许带1个弟弟，5个伴当；十户那颜及白身人的儿子许带1个弟弟，3个伴当。

有些看官就纳闷了：这些公子哥儿来服兵役又不是来观光旅游干嘛还要带上个弟弟一起呢？

朱耀廷先生认为：这些怯薛歹的弟弟陪他们哥哥一起来服兵役大概是带有见习性质的，这些“少先队员”作为一支后备力量是未来怯薛歹的接班人。而黎东方先生则猜测说这些“弟弟”大概是公子哥儿家族的“世仆”。

这样在1万怯薛军之外，还有一个由怯薛歹的弟弟和随从们组成的数万人的随从军。

大汗直接掌握着这样一支最强悍的亲兵，就足以制约任何一个在外的诸王和那颜了。同时，各级那颜子弟都被征入护卫军，相当于“质子”。哪个那颜敢图谋不轨，先把他儿子推出去咔嚓了泄愤。那颜们一是没有图谋造反的力量，就算有贼心也没有贼胆，毕竟自己的命根子攥在人家手中。

要想当好怯薛歹还需要有技艺、身强体壮。目的是挑选能征善战的精锐，保证怯薛军的战斗力。

除此之外，最好是长相英俊，至少要长得顺眼。长得奇形怪状的家伙整天在可汗面前转悠来转悠去的，看着也心烦，对不？

作为可汗的贴身亲信怯薛歹的待遇还是蛮不错的。

假如有怯薛歹犯了罪，未经可汗许可任何人都没有权利处罚他们。可汗说：如果怯薛歹作奸犯科了，必须由我亲自来决定怎么处罚。谁敢私自惩处他们，用拳头捶得人家就得吃一顿闷拳，用木棍打得人家就得挨一顿乱棒，用左手打得人家就得打你左手，用右脚踢得人家就得踹你右脚，总之是以牙还牙以眼还眼。

怯薛歹地位崇高，比在外的千户长还高。如果他们同在外的千户那颜发生争执，过错在千户那颜。就连他们的家人地位都比在外的百户长和牌子要高。他们还经常被派到地方去传达旨意，或办理重大事务。一旦从中央外调，多委以重任。

可汗不仅自己重视这支怯薛军还要求子孙也重视这支武装力量。他说：我这一万名怯薛歹是从95千户内选出来的精锐，是我的随身私属。今后居我之位的子孙们，要将这支军队看作是我的遗念，好生抬举，休教怀怨，视之为“福神”。

扎撒

蒙古草原自古流传下来一些“古来的约孙”。“约孙”（yosun）有“道理”、“规矩”、“体例”等意义，说白了就是习惯法。它是在长期历史过程中形成的种种社会习惯或行为规范。后来产生了阶级，出现了贵族和可汗，他们的言论、命令就被当做法令、军法，蒙古人称之为“扎撒”。

1206年建国初期，可汗就命令胡丞相着手制定青册，这是蒙古族正式颁布成文法的开端。一直到1219年，在亲征花剌子模之前，成吉思汗又召开了一次库里台大会，重新规定了训言、约孙和扎撒，并命令将其记录到卷帙上，这就是蒙古族第一部成文法——《扎撒大典》。可汗命宗王大臣每人领回去一部，藏于金匮宝库之中。

咱们现在每逢盛典之时，通常会全体起立，升国旗奏国歌。

当时人家每逢盛典之时，通常会全体起立，捧出《扎撒大典》当众宣读，然后依照上面的规定行事。

到元朝建立以后，管辖的区域大了，民族多了，成吉思汗制定的扎撒也不能适应统治的需要了，但每逢开大会时先诵读大扎撒的这套仪式仍旧奉行不辍。

法律是统治阶级意志的表现。必须强调成吉思汗扎撒明显具有不平等性。他规定一些那颜贵族可以“犯九罪而不罚”，他们对其属下可以“随意处分财产，且得处分其身体”。

老成是一个很念旧情的人，呆着没事干突然触景生情想起一位老朋友。（以下情景纯属虚构，如有雷同热烈握手）好久没见面了，甚是思念，速速召进宫来，寡人要和他（或者是“她”，也不排除是“它”的可能性）好好叙叙旧。过了一会儿，怯薛歹垂头丧气地回来了。

可汗满怀期待地问：“找来了没？”

“不久前，那家伙犯事儿，依照扎撒令问斩了！”怯薛歹低声怯答道。

扫兴！太扫兴了！

为了杜绝这种情况的发生，他还特意规定：“若有违号令者，我认得的，便将拿来；不认得的，就那里典刑了。”

对于宗亲贵戚的处罚更加宽大。初犯，口头警告一下就算了。再犯，依训言处罚。还犯，押到眼睛看不到的蛮荒之地去。请注意不是长期流放到那儿去，而是在那儿小住几日体验一下荒凉冷落的气氛，警示一下觉悟了也就护送回来了。如果再不改的话，戴上镣铐送到监狱里。当然啦，只要在监狱里能萌发悔改念头，知错愿改还不失为一个好同志嘛，那就给他个机会释放了事。如果执迷不悟愣是不改的话，那就把他的七大姑八大姨全都召集起来开个库里台大会商量一下应该怎样处置他。假如讨论结果是：这小子十恶不赦应当就地正法，那就只好处死他了；假如讨论结果是：这小子很有个性，身上有一股子执着不懈的精神，干脆打几下屁股罚点钱放了算了。那就只好当庭释放了。通常情况下，后一种判决结果居多，因为大家都是沾亲带故的亲戚，没有必要硬是往死里整自家人吧！

后来又规定：如果回教徒或神职人员被判处死刑的话，可以付40金币免死赎刑。目的在于增加收入，缓和矛盾。

为了维护统治秩序，扎撒规定：

凡发现及收留逃奴而不交还其主者，处死；

抢劫别人财物的，不但要处死还要将他的老婆孩子和畜产全都没收交给受害者。如果碰上打仗缺兵之时，也可以罚抢劫犯充入八鲁军（敢死队），立上三四次战功之后，可以免罪，但是要没收他的一半财产；

有盗马者，跟现在许多商场处罚小偷的办法相似“偷一罚十”，即在归还原马之外再赔偿九匹毛色相同的马匹。遇上比较穷的小偷（无偿还能力），不用担心！可没其老婆孩子当奴仆。遇上没有老婆孩子的穷酸货，也不用担心！处死他，解解恨也好；

说谎诈骗者，处死（怪不得大多数蒙古人都很实在哩）；

以幻术惑人者，处死（看来靠装神弄鬼来混口饭吃的巫婆神汉们要小心一点儿啦）……

扎撒中还保留了一些落后的习惯和宗教色彩，现在看来比较荒唐。比如：

规定不许洗涤衣物，认为洗后晾晒会激怒长生天，引发雷击。（怪不得古儿别速妃说蒙古人身上有膻味呢）；

不能说食物是不洁的，什么东西都应该吃（发扬吃苦耐劳不挑肥拣瘦的风格是值得肯定的，不过如果食物真的那个了，还闭上眼睛张开血盆大口愣是要坚持消灭，好像也不太好吧！）；

吃食物的时候，一不小心噎住了，二话不说拉出去处刑（妈呀，这条规定真是太可怕了！）；

严禁在水中或灰烬上吐痰、倒污物、撒尿。

立法理由：萨满教认为火种来源于天界，最神圣、最洁净、最亲切，不仅能洗涤一切污秽还能驱赶魔鬼，因此任何宗教仪礼都离不了火，在祭祀时各种祭品都要先献一点给火神。据说，新娘子嫁到夫家的第一件事儿就是先跑到炉灶前给灶火磕个头，把自己主动介绍给夫家的火神。当然了，水神也是挺受人民尊崇的。

（那个一泡尿浇灭火苗，拯救了全市居民，被比利时人引以自豪并誉之为独立精神象征的布鲁塞尔第一公民的于莲小朋友可要小心喽！）；

老子死后，儿子有权利决定除了生母外他老子其他老婆的命运。可以将她们收为自己的老婆以便让她们继续发挥余热。也可以把她们当作礼物送给其他人。反正你想怎样处置就怎样处置呗，这可是一个发挥你想象力的大好机会哦！

第十章

惩治通天巫

蒙力克心怀感激地对老婆孩子们说：“可汗给咱们家的封赏太重，太厚，太高了，你们兄弟七人可要全心全意效忠可汗啊！”

通天巫阔阔出不满地哼道：“算了吧，哪重？哪厚？哪高啊？父亲为大蒙古国立下了汗马功劳却仅仅被封为区区千户而已。那个帖木格有什么功劳却当了万户王爷？还有蔑儿乞人生的杂种（术赤）也分了九千户百姓？！”

（阔阔出同志，你这番话可不是臣子应该讲的啊。俗话说得好：干的好不如长得好，长得好不如生得好。能臣不如驸马，驸马不如皇族，能力 < 帅气 < 血统，没办法啊，人家帖木格是可汗的亲弟弟，他不当万户王爷，舍其予谁？再说人家术赤是嫡长子，作战时又总是身先士卒英勇无畏，分个九千户也不为过吧？说人家是杂种？你有证据吗？这个问题连他爹铁木真都搞不清楚，你有什么资格诋毁人家？）

蒙力克制止道：“不许你胡说！”

他老婆替儿子辩解道：“不是胡说！在铁木真一家最落魄的时候，是谁最后一个离开？（终究是抛弃人家离开了吧？同样是逃兵，五十步笑百步不是很可笑吗？逃得慢不能说明你比别人更忠诚，只能说明你比别人反应迟钝外加腿脚不灵便而已）在十三翼之战的时候是谁网开一面，让铁木真逃出札木合包围的？是谁在他打了败仗的时候率部来投而使他东山再起的？是你父亲！是连自己的老婆孩子都不顾的蒙力克！是谁在十三翼之战中冒死给他送信的？是谁在每次他出征的时候给他选择良辰吉日让他百战百胜的？是谁请示了长生天，让他成为成吉思汗的？是我的儿子通天巫阔阔出！哼，铁木真的一半江山都应该是咱们的。他怎么封赏咱们也不过分！”

蒙力克沉默了。

通天巫阔阔出越发不服气了。谁说干的好不如生得好，能臣斗不过皇亲国戚？老子就不信这个邪！接下来他就干起了专门欺负皇亲国戚的营生。你还别说，这小子闹腾得还挺厉害，在宫廷中掀起了一场血雨腥风，差一点儿把铁木真的亲弟弟哈撒儿送上西天去，甚至把诃额仑太后都气得哭天抢地死去活来。

话说有一天成吉思汗正在忽兰妃的斡儿朵里休息。突然门外传来了一阵嘈杂的争吵声。

“让我进去！”一个声音高叫着。

“可汗在休息！”一个声音为难地解释说。

“我有要紧的事，你给我闪开！”（真横）。

“王爷，王爷！”（好为难）。

紧接着二儿子察合台闯进帐来。

成吉思汗冷冷地问道：“什么事？”

察合台极不服气地问：“我想问问父汗，是不是我的武功不如术赤，是不是我的战功不如术赤？为什么您赐给术赤九千户而我却仅有一千户（差距的确有点忒悬殊了），为什么这次派他去收复林木中部落，却不派我？”

成吉思汗有些不高兴了，问：“说完了吗？”毕竟没有哪位父亲愿意看到自己的儿子们相互之间不团结搞矛盾。

察合台没有注意到父亲脸色阴沉，只顾着继续倾吐自己的不满：“还有，即使他不是蔑儿乞人的血统，难道我就是外族人生的吗！”

相信我，“术赤是否杂种”这一千古谜题，是一个绝对不能触碰的敏感话题，这一命题好似成吉思汗的屁股，那是摸不得的，谁敢摸谁倒霉！

“滚出去！”成吉思汗强压着怒火，冷冷地说。

诉苦正诉到高潮的察合台吓了一跳，傻愣着不动。

成吉思汗龙颜大怒，发动了狮子吼神功：“你快给我滚出去！”

顿时山林震撼，原野颤抖。

忽兰妃推了一把发愣的察合台：“你还不快走！”

察合台这才反应过来，赶忙使了一招金蝉脱壳夺门而逃。

成吉思汗猛地一记铁砂掌狠狠捶到毡床上。然后像风箱一样喘着粗气，像困兽一样来回踱步。

就在可汗火冒三丈没处发泄的时候，倒霉鬼哈撒儿硬闯进来充当了“出气筒”。唉，这倒霉孩子来得真不是时候啊！

通天巫

此时帐外的怯薛军又喊了起来：“王爷，王爷，请您不要进去！”

成吉思汗以为察合台去而复返，停步朝帐外大喊：“别让那个小王八羔子进来！”

可帐帘开处进来的不是察合台而是鼻青脸肿衣服破烂（刚刚挨过打）的

哈撒儿。

哈撒儿冲进来之后一把拉住成吉思汗的手，根本没注意到他哥哥脸上乌云密布，只顾着气喘吁吁地诉苦：“汗兄，通天巫阔阔出兄弟目无宗室，无故抢夺我的猎物，还吊起来殴打了我和部下随从，请汗兄替我做主！”

成吉思汗火上浇油，发作道：“什么？你被别人打了？你不是说过不败于任何有生命的东西吗？还要我替你做什么主？出去——，你这个没用的废物！不要来烦我！”

哈撒儿一怔，像看陌生人似的盯着他哥哥看了好一阵子，然后含着泪委屈地退了出去。

大蒙古国堂堂正正的头号王爷居然被一个外姓千户官任意凌辱？铁木真，你的亲弟弟被人欺负，你非但不帮我做主，反而帮着外人来骂我？哈撒儿气得一晚上睡不着觉，此后宣称生病了，拒绝上朝见他哥。

第三天的时候，受了委屈的王爷正躺在床上生闷气，心中纳闷：我这哥哥咋还不来向我道歉、请我去上朝呢？看你小子能死撑到什么时候？正在此时一队凶神恶煞的怯薛军奉可汗圣旨闯了进来，不由分说愣是赠他一副铁打的枷锁，然后直接将这位王爷押送到了刑场上。

有没有搞错啊，不就是装病三天没去上朝嘛，不至于直接拉出去咔嚓了吧？

没错，这回又是那个专门以欺负王爷为己任的通天巫阔阔出从中作梗的结果。

若想知道阔阔出为什么能够这么嚣张，咱们还得先介绍一下萨满教。

萨满一词源自西伯利亚通古斯语 saman，经由俄语转译成英语 shaman，意即巫师。萨满教是在原始信仰基础上逐渐丰富与发达起来的一种民间信仰活动。一般认为，萨满教起于原始渔猎时代。它曾一度独占了我国北方各民族的古老祭坛，广泛流传于东北到西北边疆地区操阿尔泰语系满、通古斯、蒙古、突厥语族的许多民族中，直至20 世纪 50 年代初鄂伦春、鄂温克、赫哲和达斡尔族仍旧保存着对该教的信仰。

萨满教以万物有灵和灵魂不灭的信念为思想基础，既有自然崇拜、图腾崇拜，也有祖先崇拜的观念。蒙古族萨满教认为长生天（腾格里）是最伟大的神，具有主宰世间万物的神秘力量。此外还有分别负责山川河湖、草木鸟兽、日月星辰、风雨雷电、生老病死、鸡毛蒜皮等形形色色的神灵。

蒙古族萨满教认为宇宙分上、中、下三界。上界为天堂，地处黄金地段、房屋豪华，交通便利，环境宜人，居住条件最佳，居民都是些体面的精英名流——各路天神，上界又可细划出很多层次，诸如9天、33天，99天之类，地位越高、本领越大的神灵居住的层次越高；中界是人和动植物生活的地方；下界是阴间，也分若干层，分别居住着祖宗的灵魂、一般亡灵和大小鬼魂。人类夹在中间，受着神灵福佑和鬼魂作祟的影响。只有巫师萨满能通达上下两界，疏通三界之事。

借助神权制造舆论巩固王权，一直是铁木真的一个重要统治策略。铁木真统一草原建立蒙古帝国与萨满教的支持是密不可分的。

既然萨满教在蒙古国建立初期具有举足轻重的地位，那么当个萨满不失为一个不错的职业选择。

萨满巫师作为长生天的代言人，传达上天的意志（当然也免不了偶尔打着长生天的旗号谋点儿私利），支配部落氏族事务。萨满在蒙古草原上说话是很有分量的，骨灰级铁杆粉丝是一大群一大群的。

在此仅列举两位萨满界成功人士，以飨将来有志于从事此行业的青年朋友们。

专访豁儿赤

有请第一位萨满大师——豁儿赤万户。

“在作正式采访之前，我能问您一个很私人的问题吗？”主持人小心翼翼地问。

“百无禁忌！”豁儿赤做出一副死猪不怕开水烫的表情。

“其实这也是许多观众朋友们很想知道的呢？……”主持人补充说。

还没等她说完，豁儿赤便猜测地问道：“你是不是想问我是否真的娶了三十个老婆？”

“果然未卜先知！不愧是得道大萨满！”主持人眨着一双桃花眼崇拜地盯着豁儿赤。

“我可以很负责任地告诉你，那纯属是谣言！我有三十个老婆，绝对不是真的！”豁大师郑重其事地说。

“不会吧？可是大家都这么说呀？连历史书上都是这样记载的耶！”主持人对他的话提出了质疑。

“其实我在茫茫人海中寻寻觅觅费尽周折千辛万苦到目前为止仅仅找到了二十九个美眉，还剩最后一位那真是众里寻她千百度可却怎么都找不到！”

豁儿赤叹了口气，耸耸肩做无奈状。

“原来传言居然是真的啊！(你真的娶了那么多老婆啊！)”主持人惊得张大嘴巴，足能放下一个鸵鸟蛋。

“真可谓踏破铁鞋无觅处，得来全不费工夫！”豁儿赤托着腮，直勾勾地盯着清丽的主持人欣赏。

主持人羞得飞红了脸，显然乱了方寸。

“你干嘛那么紧张？开玩笑的啦！”老豁欣赏着主持人娇羞的窘态，哈哈大笑，“那好吧，咱们言归正传。”

刚被调戏过的主持人理了理鬓角的碎发，调整了一下情绪，问道：“请问豁大师喜欢萨满这个职业吗？”

“坦白地讲，喜欢得不得了！”

“您能告诉大家为什么吗？”

“因为萨满这行中自有颜如玉，自有黄金屋。”

“愿闻其详。”

“先说说这行中自有颜如玉。毫不夸张地讲，我那钦定三十个老婆就是因为我干萨满这行才捡到的大便宜。”他顿了顿继续说：“具体地说，是我给可汗讲了一个具有神话色彩童话风格预言性质的梦（详情请参考本书 I HAVE A DREAM 一节），博得可汗大悦，他才肯答应赐我三十个合法妻子编制的。”

“会讲好听的故事的人多得要命，为什么偏偏你一讲可汗就龙颜大悦了呢？”主持人眨着一双迷人的眼睛不解地问。

“问得妙，问到点子上了！”豁儿赤先表扬，然后解答道：“其实原因很简单，虽然会讲精彩故事的人多如牛毛，但是我比他们多了一样法宝——顶级萨满从业资格证书。所以如果换个人来讲那个具有神话色彩童话风格预言性质的梦，可能还没等他说完就会被强行架起来送到精神病院去了！而我就不同了，我是长生天的代言人，说出来的话具有神性。”

主持人优雅地微微点了点头。

“后来我又被可汗封为万户，捞了不少钱，算是萨满这行中自有黄金屋吧！爱情事业双丰收，现在想想多亏了我的这份职业，当然了也与我具备忠心耿耿、聪明睿智、英明神武等诸多美德是分不开的。”

“谢谢豁大师对自己职业生涯生动精彩的讲述。我们大家受益匪浅。”

当萨满能够轻松容易地获美得宝、升官发财，你是不是已经心动了呢？

那就快快报名加入到萨满巫师培训班来吧。

好的，既然你已经交足了学费，那我首先想要告诉你一个道理：高收益往往伴随着高风险。想在萨满这一行混饭吃请先做好拼命三郎那种敢玩命不怕死的心理准备。

转眼间，你已经摸爬滚打跟着师傅学徒两年了，在顺利取得萨满从业资格证书之前，你还必须通过一系列严格的考核。其中有一项叫做闯“九道关”。

在举行隆重的萨满毕业考核仪式当天，特邀了许多萨满界著名巫师来当评委，爱凑热闹的民众也成群结队地从四面八方赶来当见证人。提醒你一句，专家的法眼是很毒的，群众的眼睛也是雪亮的，所以那些不学无术妄图浑水摸鱼蒙混过关的哥们儿，力荐你趁早打道回府吧，免得待会儿在众目睽睽之下丢人现眼。至于想要做个弊、要个奸的哥们儿，兄弟劝你趁早死了这条心吧！毕竟法海无涯，回头是岸哪！

有志于取得萨满从业资格的年轻学徒们冲啊，前面等待着你们的就是传说中象征着上升入九重天、下到阴间地狱的“九道关”。

首先，你必须爬过一个梯子，这个梯子的横栏比较特殊，是用刀刃朝上的锋利的马刀做成的。请诸位选手自觉将鞋袜脱掉，壮起胆子向上冲吧！

俗话说“上刀山，下火海”。没错，爬完刀梯等着你的正是一个烈焰炎炎的火池。废话不多说了，学徒同学们请吧！你瞧那烧得通红通红的火炭，怪刺眼的，想必温度低不了！我再重申一次：无论任何时候你们都可以宣布弃权退出！奉劝大家没有金钢钻千万不要揽瓷器活儿啊！当不上萨满没关系，千万别逞强，一不小心把小命白白丢了可不划算！你们还很年轻，下半辈子的道路还很漫长，愣是胡闹蛮干落个残废不值得啊！

穿过了火海，呈现入你眼帘的是一片密密麻麻的犁铧阵，这些犁铧保证都是触毛即断、锃明瓦亮的。快闭上眼睛，小孩子不能看，当心晚上做噩梦。

前面几项赛事场面比较血腥，接下来咱们考验个细腻点儿的技术活——吞针包。请还没放弃的精英们将盘子中插满针线的小包包轻轻地拿起来，张大嘴巴，缓缓地吞下去，对！请坚持住别吐出来，好样的！请大家一起来监督他咽下去！注意：这些学徒不是在变魔术而是甩开膀子实打实得干！

除此之外，还有用舌头深情地舔烧红的烙铁、丢火喷焰等诸多惊险刺激的考核项目必须通过，在此不作一一罗列。

极个别没有被吓死也没有被折腾死的学徒通过了种种考验终于取得了萨

满从业资格。恭喜你们！

不过同时还是要警告你们今后在工作当中一定要慎言谨行哦！否则你们随时都有脑袋搬家的可能性。

可汗新颁布的大札萨令中有一条明文规定：以幻术惑人者，处死。究竟什么叫做“以幻术惑人”呢？最终解释权在可汗。我是这样理解的，只要是你的法术或预言忤逆了可汗的意愿就可被定义为“以幻术惑人”，所以还是小心点儿为妙！

行了，不打击你的就业热情了。只要能取得从业资格，其实干萨满这一行还蛮不错的哦！

专访阔阔出

下面让我们以热烈的掌声请出第二位萨满大师，他就是法术通天的——通天巫阔阔出。

全场欢呼雀跃，群情激荡。

“光是听您的名号便知是一位法术通天的Superstar级萨满了！”主持人恭维说。

“你还挺聪明的嘛！事实上，每次铁木真出兵前都要请我来给他算一卦，占卜一下凶吉。由于我神机妙算总是给他挑选个有利于出征的良辰吉日，所以他才能所向披靡战无不胜。”阔大师顿了顿，又得意洋洋地说：“成吉思汗这个家喻户晓的尊号就是我费尽口舌辛辛苦苦从长生天他老人家那儿讨来的。开始那老先生死活不想给赐名，后来看在我的面子上才勉强给铁木真赐了这么个尊号。”

“那您真是为大蒙古国立下了汗马功劳啊！”主持人客套地说。

“功劳？哼！不客气地说，这个国家半边天下都应该是我们家的！我爷爷（察剌合老人）为了维护铁木真他们母子被脱朵那个奸贼害死了，我爹（蒙力克）为他们家呕心沥血，我们兄弟七人为国家付出了多少心血，到最后只是封了我们一个千户长！”阔大师义愤填膺地抱怨说。

“第一千户长！位居九十五千户之首，那可是无上的荣耀啊！不是还给了很多优惠政策嘛？”主持人怯怯地插嘴道。

“哼！远远不够！”阔大师情绪激动地喊道。

主持人赶忙岔开话题：“听说你连可汗的亲弟弟哈撒儿王爷都敢得罪？”

"哼，他算个甚嘛东西！要不是他妈那个老女人（诃额仑）插手，我早就亲手送他下地狱去了！不仅是他，连铁木真的小弟弟（帖木格）我也一起收拾了！他三弟（合赤温）不久前打仗战死了，算那小子走运，要不然我连他也一起欺负欺负！谁能把我怎么样？我可是伟大长生天的代言人！"阔大师越说越激动。

主持人见苗头不对，照这样发展下去阔大师一冲动起来指不定干出什么过火的事儿呢，于是赶忙打断他，草草收了场。

主持人预感到这是她与这位目中无人的大法师第一次也是最后一次见面。俗话说：好事不灵，坏事灵。这一回，她不幸猜中了。

话说有一天，通天巫在林子里玩灵魂出窍，等他的灵魂从长生天那里回来之后，这哥们儿突然变得像白痴似的呆愣呆愣的一句话都不说。虔诚的信徒们跪在地上诚惶诚恐地等待着将要到来的事情。

过了好一阵子，大法师突然跳了起来，一边跑一边惊慌失措地大喊："啊，可了不得了！出事了！出了大事了，天神告诉我，有一个恶人要谋反了！可怜的百姓又要生灵涂炭啦！"

信徒们亢奋，哭喊，咒骂，祈祷，众人追随着通天巫朝小树林外跑去。

可汗正在同胡丞相探讨研究制定青册，突然大帐外一阵喧哗声响起。

通天巫领着一帮热血沸腾的信徒来到金帐外。他一个人冲进大帐来，他心急火燎地禀报道："成吉思汗，天神向你示警了！闲杂人等一律回避！"

胡丞相以鄙视的目光看了他一眼，走了出去。

成吉思汗急切地问："天神说什么了？"

通天巫肃穆庄重地传达道："你的二弟哈撒儿乃国中勇士，能战善射，几年前就有人传说他要独树一帜。长生天有旨，让我转告可汗，说哈撒儿以为天下是你们共同打出来的，你铁木真做一次国主，他哈撒儿也应做一次国主。"

成吉思汗愕然，疑惑地自语道："不会吧？"

通天巫进谗言道："他连续几天不来朝见，正在自己的营地准备接替你做成吉思汗呢！"

对啊，那小子确实是好几天拒不来朝了。不会真的想要谋反叛乱吧？

成吉思汗越思谋越觉得不对劲儿，怒气冲冲地从大帐里出来对怯薛歹说："上马，跟我去哈撒儿的营地！"然后风风火火地率领众亲兵而去。

可汗的办事效率还是很值得称道的，当天晚上他弟弟就睡在了监狱中。

酷爱欺负你弟弟

翌日太阳公公刚从东山后面探出头来就看到可汗正在草地上公审他弟弟。草地上，怯薛歹众星拱月般围拱着成吉思汗，哈撒儿被架了来，摘掉了冠带，换上了囚服，按倒在勒勒车上绑住了双手做被缚的普罗米修斯状。

可汗厉声下令："打！打他七十鞭子！"

两个怯薛歹站在哈撒儿两旁，抡起鞭子轮番抽打他的脊背。你抽一鞭，我抽一鞭，打着打着打出了节奏感来。正所谓手之所触，肩之所倚，足之所履，膝之所踦，砉然向然，扬鞭騞然，莫不中音。合于《桑林》之舞，乃中《经首》之会。

二位艺术家打得正投入正开心，忽闻一人高喊道："太后驾到！"

成吉思汗一惊，立刻起身迎接上去，并示意两位施刑艺术家先暂停手中正在创作的艺术行为。

诃额仑怒容满面，从白驼车上跳下来，二话不说就直奔哈撒儿而去，赶走那两位意犹未尽的艺术家，解开"被缚的普罗米修斯"，帮他穿好衣帽。

书中暗表：昨夜曲出、阔阔出二养子得知哈撒儿被捕的消息后，立即跑去报告给了太后，太后很担心连夜赶路（估计住的比较远），这才在关键时刻感到现场。

接下来，诃额仑太后的举动与德拉克洛瓦那幅最具浪漫主义色彩的作品——《自由引导人民》中那位坚决有力、朴素美丽，燃烧着战斗热情、宣泄出强烈感染力的女主人公颇有几分相似之处。

六十多岁高龄的太后气得怒不可遏，盘腿而坐，解开衣襟，用颤抖的双手托出双乳放在双膝上，悲愤地说："铁木真，你看见没有？这就是你们两个吃过的奶！你这龇牙吼叫、自食胞衣、自断脐带的东西！哈撒儿有什么罪？你要骨肉相残？！"

众人一齐跪倒，可汗劝道："母亲息怒，母亲息怒！"

"我不能！"诃额仑哭了，"在你小的时候你能吃尽我一个乳（的乳汁），合赤温和帖木格太瘦弱，两个人还不能吃完一个乳（的乳汁），唯有我的哈撒儿能吃完我的两个乳（的乳汁），我多宽慰，多舒畅啊。这么多年，你们长大了，成为可汗和亲王了，不要忘记这是凭你的才智和哈撒儿的孔武善射……他为你鞍前马后呕心沥血讨叛捕亡九死一生才有了今天！现在你是成吉思汗了，就不能容忍他了，这难道是理所应当的吗？！”诃额仑掩面而泣。

可汗流着泪跪着替母亲结好衣襟，认错道：“母亲，听了您的教训，儿子知罪了。我，我不该让您这么大年纪还为儿子操心，伤心。请母亲回去吧！”

儿孙、养子们呜呜地哭成了一片。座中泣下谁最多？哈撒儿老婆孩子。

可汗释放了他弟弟，但是对他的怀疑并未解除，后来背着太后裁减了他的百姓，从原先的四千户降至一千四百户。纸里终究包不住火，太后知道后，心内郁闷，所以早老了。

历史无数次证明：在至高无上的绝对权力面前，亲情通常是苍白无力的。

哈撒儿事件结束后，通天巫阔阔出七兄弟更加嚣张了，继续向“黄金家族”挑战。通过这件事，那颜们清楚地看到通天巫实在是炙手可热的狠角色，连王爷都能随便往鬼门关里送，可见与通天巫作对是不会有好下场的，于是纷纷依附于他。

通天巫兄弟们肆无忌惮地到处抢夺百姓以扩大自己的权势。当贪得无厌的泡沫左扭右摆不断吞食膨胀的时候就预示着他的破灭即将来临了。

等着听响吧，“砰”的一声——大泡沫破裂的声音。

在膨胀的泡沫破裂前，它扭动着笨拙的身子吞吃了可汗最小的弟弟帖木格的许多百姓。

帖木格派使者去讨要百姓，通天巫指使手下人把使者狂扁一顿，还很有创意地将马鞍子绑到他的后背上，让他滚回去给他主子捎句话：你派一个使者来，老子狂扁一个；你派两个使者来，老子狂扁一对。欢迎派送，多多益善！

帖木格不服气，亲自出马要讨个说法。我是堂堂正正的大蒙古国亲王，你能把我怎么着？我就不信，还反了天了你？！

帖木格刚踏进毡包，还没等他开口质询呢，人家通天巫七兄弟就气势汹汹地一拥而上，把他包围在中间，理直气壮地质问：“你小子吃了雄心豹子胆了？竟敢派人来索要百姓？”边说边推推搡搡，“跃跃然有欲打之势”。

被一群凶神恶煞的暴徒围住恐吓了半天，帖木格被迫当众认错：“我知错了，原谅我吧！给我一次改正错误的机会吧！以后再也不敢了，真的！”

“你哪儿做错了？你做的不是很对吗？”通天巫满脸坏笑地说。

“我认识到错了，我真的不应该差人来无理索要已经自愿归顺于你们的百姓。真的，是我不对……”帖木格努力装出一副痛改前非的可怜相。

“你既然知道错了，当伏罪。”

无奈之下，帖木格只好跪下给通天巫磕了个头认了个错并保证今后再也不敢犯这样的错误了。

唉，好汉不吃眼前亏，你们这群灰膈脬给我等着，看我怎么收拾你们！

哭诉

这回通天巫真的是捅了天大的娄子了。帖木格是可汗最小的弟弟，按蒙古风俗他是延续也速该香火的“守灶”之人。因此在分配百姓之时，可汗将他和诃额仑的份额分配到了一起，共计一万户。当时诃额仑太后嫌少，但是没有作声。通天巫抢别人的百姓倒也罢了，偏偏敢在太岁头上动土。他抢夺帖木格的属民可谓一箭三雕，第一当然是欺负了可汗他小弟弟，第二他欺负了可汗他老母亲，第三他欺负了可汗死去的老爹。

犯了这样的大忌，你还气焰嚣张地高昂着头，我倒要看看你的脑袋还能在脖子上拨浪多久？

翌日太阳公公刚从东山后面探出头来就看到了一场好戏。

大帐外传来帖木格的哭声：“汗兄，我没脸见人了！”随着声音，帖木格和一个仆人进帐。那仆人的行头比较有个性，背后驮着个马鞍子。二人不由分说跪在地上开始哭诉。

咦？那哥们儿咋学马儿后背上驮着个马鞍子？可汗以为自己还没睡醒，揉了揉惺忪睡眼，确信是那哥们儿在玩行为艺术而不是自己还在梦中，于是诧异地问：“帖木格，怎么回事？”

帖木格泪如雨下，哭诉道：“汗兄，通天巫阔阔出隐匿了我和母亲许多百姓。我派人去讨要，结果那厮不仅毒打了他一顿还强迫他在身上备上马鞍子罚在地上爬。”说着看了一眼身旁的随从，随从配合地做出满地爬行状。

“不仅如此，他还强迫我跪在地上认错，当众羞辱我！呜呜……”

可汗还没来得及回答，躺在被窝里的孛儿帖夫人顾不上穿衣服，气得“呼”一下坐起来，拉过被角遮住乳房，流着眼泪控诉道：“他们通天巫兄弟几个恶人有什么了不起？蒙力克的儿子们究竟要干什么？！亲王给臣子下跪，这是哪家的规矩？这岂不是上下颠倒、犯上作乱吗？”

帖木格哭哭啼啼地补充道：“他污辱的不单单是我，还有您——成吉思汗！还有年迈的母亲！还有天上的父亲！”

成吉思汗的眼里露出了杀机。

孛儿帖继续用被角儿捂住前胸说："如今大汗还健在，他们就任意欺辱你如桧如松的弟弟们，假如以后您像大树的身躯一样突然倾倒，你这些像飞鸟一样的百姓，他们能听从您那弱小的儿子们的管束吗？他们对您这些能征善战的兄弟们尚且如此，我那四个幼劣的儿子掌权之后，他们能让他们做主吗？你已经给了他们父子至高无上的荣耀，蒙力克为什么还要纵容他那七个豺狼虎豹般的儿子欺辱你的弟弟呢？"

孛儿帖夫人越说越气愤，泪流满面，双手发抖，不知不觉间被角早已滑落床上。

帖木格和那个随从吓得不敢抬头，生怕看到不该看的风景。

可汗下指示了："你给我起来！通天巫兄弟今天会来朝见的，你想怎么处理就怎么处理吧！不过你要记住一条：你是成吉思汗的弟弟！"

折腰

过了一阵子，蒙力克率七个虎头虎脑的儿子走进大帐来，一起施礼："参见成吉思汗！"

可汗气定神闲地坐在炉灶旁，和蔼可亲地说："蒙力克父亲，快请坐下吧，有件事大伙儿商议商议。"

蒙力克挨着可汗坐下。通天巫走到酒局西面，刚刚坐下，帖木格就跳过来一把揪住他的衣领，争强好胜地挑衅道："哎，阔阔出，昨天你强迫我伏罪，今天我要跟你比划比划！"一边说着话，一边揪着他的衣领向门口拖去。通天巫也着实不客气反手揪住帖木格的衣领，两人搏斗起来。

在仓促的搏斗间，通天巫的帽子滚落到了炉灶旁。蒙力克老人对两个年轻人的争斗并不介意，只是若无其事地捡起帽子，用鼻子闻了闻揣进怀里去了。

等一会儿你把那个不自量力的小毛贼好好教训一顿之后，爸爸再把这顶帽子还给你。

俩人正在大帐中切磋摔跤技艺，可汗瞪了他们一眼："干什么？年纪都不小了，还这么气盛！出去，要赛到外边去赛，我不愿意看见你们！"帖木格扭着阔阔出就往外走。

蒙力克关切地喊道："阔阔出！"可汗拍拍老大爷的手："不用理他们。"

可怕的冷场。

突然外边传来一声撕心裂肺的惨叫声。蒙力克吓一哆嗦。

帖木格摆摆手，三个虎背熊腰的大力士撤了下去。他回望了一眼东厢车队旁那个被生生折断腰脊骨的死尸，雄赳赳气昂昂地走回大帐来："那小子不敢跟我较量，竟装死赖在地上不起来！这个通天巫简直就是个球也脔不成的孬种！"

蒙力克一震，他身边的小儿子跑到门口一看失魂落魄地大叫道："四哥死了！"蒙力克闭上眼睛，咬着牙说："当大地还像土块那样大，江海还像小溪一样时，我已经跟随你了。"这话暗指：老子一直提着脑袋替你卖命，你倒好寡恩绝杀，卸磨杀驴。他的六个儿子塞门围灶而立，挽袖攘臂，气势汹汹地逼向铁木真兄弟："你们——"

可汗见势头不妙，站起来咳了一声，用威严的目光扫向蒙力克的儿子们，说："你们都是我的兄弟，我说不服他们，也管不了你们，要斗就斗吧，让我出去。"可汗拨拉开那几个横眉冷对包围着自己的愣小子，走了出去。

可汗一出大帐，一群弓箭手和侍卫们赶忙紧密团结到了他的周围。他看了一眼死尸，命人取来一顶青帐覆盖其上，然后架车起营，移营别处了。

三天后尸体不翼而飞，可汗没有派人追查，只是对部下说："阔阔出以下犯上殴打我弟弟们，又进谗言挑拨是非，捣乱皇室，他的恶行人神共愤，连长生天都忍无可忍了，将他的臭皮囊收了去！"

接着他又把蒙力克叫来警告："连儿子都管教不好，居然妄图跟我齐等？早要知道你是这么一副臭德性的话，只好叫你像札木合、阿勒坛、忽察儿们那样废了。念在赐你'犯九罪而不诛'的特权上，饶你这次，以后最好放老实点儿！"此后，蒙力克家族就老老实实地夹紧尾巴做人，可汗也没有再去为难他们。

屠寄先生曾在《蒙兀儿史记》中对此事作过一段评论，大意如是：阔阔出谗间骨肉，左道惑人，死有余辜。然而借大力士之手折脊杀之，属于耍阴谋诡计，非正刑也。应该光明正大地向全天下宣布其罪行，以警示众人。

我个人认为：其实成吉思汗采取以摔跤较量为名而处死通天巫的这种比较低调做法，一方面是由于当时萨满教巫师在群众中有很强的号召力和影响力不便于搞得动静太大；另一方面他不打算把蒙力克家族斩草除根，所以制造成一次"比赛事故"低调处理也就算了；再一方面，他只是默许处死阔阔出，至于是通过摔跤、拳击、击剑、赛马、登山还是什么其他比赛项目来处死他，那就是帖木格这个导演兼主演需要开动脑筋来具体策划安排的了。也就是说，可汗站在宏观的高度上决定的是他的死活，而帖木格则决定的是他的死法。正刑也好，非正刑也罢，应由帖木格负直接责任，可汗仅负领导责任。

不管怎么说，这次不仅除掉了一个气焰嚣张的萨满，而且铲除了从原始社会以来就一直盛行于部落中的那种巫师代天立言干预政务的制度，君主集权向前迈进了一大步。

第十一章

横征北讨

逃跑巨星陨落

在蒙古大草原以北，西起叶尼塞河，东至贝加尔湖周围，当时还是森林密布。居住在这些地区的部族被称为“林木中百姓”。他们大多尚处于原始社会，住在白桦树皮覆盖的棚屋里，穿着兽皮缝制的衣服，以桦树汁当饮料，靠狩猎和打鱼为生。

蒙古建国前连年征战基本征服了“毡帐里的百姓”（草原游牧民族），但草原北部森林地带的“林木中百姓”还拿着弓箭在针叶林子里上蹿下跳，这对于新建的蒙古国来说是一个潜在的威胁。

（有看官不平道：“人家在深山老林里好好地过着日子，招谁惹谁了，咋就对你蒙古国造成威胁了？”）

（“你要知道，当时蒙古国可是计划西出征讨、南下伐金的。正在前方打的火热，突然背后被林子中的原始人偷袭上一下子，那谁受得了啊？反正背后有这么一群穿着兽皮的野蛮人上蹿下跳的，就是睡不踏实觉！”）

1207年，可汗派长子术赤率右手军北进，任命木华黎的弟弟不合驸马为先锋去讨伐“林木中百姓”。

当时在库苏古尔湖以西、色楞格河北部一带居住着一个狩猎部落——斡亦剌部。这个部落虽然不大一丁点儿，不过还挺爱参与国际活动的，像札木合、王汗、太阳汗曾经领导的反对铁木真的军事联盟他一次都没落下过。

斡亦剌部首领忽都合深知蒙古人的厉害，自知与其抗衡无异于以卵击石，于是等术赤的军队一到，他就立即投降了，并主动热情地非要给蒙古军当向导，在贝加尔湖一带四处奔走招降他的同胞和邻人。众部落皆感觉与蒙古国实力悬殊太甚，亦纷纷投降归附。

术赤兵不血刃就招降了这些地区，带领着以忽都合为首的林木中众酋长，携带着白海青、白骟马、黑貂鼠等名贵土特产，一起到斡难河畔去拜见大汗。可汗龙颜大悦，不仅赏赐给他们许多从中原带回来的绫罗绸缎、金银珠宝，瓷器茶叶，还将小女延安公主和孙女火雷公主分别许配给忽都合的两个儿子做妻子。（同样是兄弟，娶得老婆年龄差距咋就那么大呢？）

在召见“林木中百姓”众酋长时，可汗不断向他们打听脱黑脱阿等人的下落。工夫不负有心人，终于打听到这帮家伙盘踞在也儿的石河畔（今额尔齐斯河）。

1208年，蒙古军以忽都合为向导，偷偷摸摸地来到也儿的石河畔，想要给他的老朋友们一个大惊喜。他们把此地团团包围住，然后发起了突袭，将其家人、财产、畜群洗劫一空。这一次终于将逃跑顶级高手脱黑脱阿大师干掉了。

赞曰：蔑儿乞部首领脱黑脱阿先生一生以逃跑为己任，二十年如一日风雨无阻坚持不懈地愣是把逃跑事业进行到底，创造出一个又一个经典的逃跑壮举。人一辈子逃跑一次，没什么了不起的；最难能可贵的是一辈子都用来逃跑。脱黑脱阿先生将自己毕生精力都毫无保留地奉献给了伟大的逃跑事业，这位逃跑天才凭借着与生俱来的逃跑天赋、出人意料的先进逃跑理论、神出鬼没的逃跑战术、长年累月积累起来的丰富经验、从无数次逃跑实践中练就而成的眼疾手快等得天独厚的优势最终达到了令人难以企及的逃跑巅峰。“独逃乐，与人逃乐，孰乐？”脱黑脱阿先生不仅自己独享逃跑的喜悦，还慷慨地与自己的亲戚朋友一起分享这种独特的快乐。在他的熏陶影响下，他的子孙们也成为颇有建树的逃跑能手。士兵以战死在沙场上为荣，逃跑艺术家以殉职于逃跑的道路上为最大的欣慰。从这点来看，脱黑脱阿大师死得其所，亦可以含笑九泉了。

最后，我们衷心地祝愿脱黑脱阿大师，您走好！

铁车毂令

脱黑脱阿先生离开我们到很远很远的地方去了。在兵荒马乱的逃亡道路上，他的儿子们跳下马想把老人家的尸体一起搬运走，但由于没有充足的时间，只得急匆匆地将他的头颅割下来带走了。就这样，与铁木真玩了二十年捉迷藏游戏的老朋友变成了个断头鬼，身首异处，死无藏身之地，悲惨地结束了自己的一生。

倾情联袂出演本次逃亡活动的还有太阳汗的太子屈出律，跟逃跑大师在一起呆久了他的逃跑本领也达到了相当高的水准。他率兵争先恐后地拼命，抢渡也儿的石河时，大部分士兵都淹死了，其余的也四散而逃。后来，这小子投奔到了垂河（楚河）一带的西辽，还被相中当上了驸马爷。而脱黑脱阿的儿子们则跑到了畏兀儿地区。

1209年春，他们派了个使者去见畏兀儿国王亦都护。亦都护杀掉了这个使者，这帮逃亡者大怒，非要跟人家在襜河河谷里打了一仗，结果战败后继续过着为逃亡事业而奋斗的生活！

1216年，成吉思汗从伐金前线回到蒙古草原，在土拉河的黑林召开会议。当时收到一个情报说蔑儿乞部逃跑专业户继承人忽都等群小在乃蛮边境穷山恶水中重新纠集了一伙人，想要同蒙古国对抗到底。

跟这群家伙玩了几十年的捉迷藏，可汗厌烦了，于是特派速不台率大军去将这些东躲西藏的游击队员斩草除根彻底歼灭。1207年春天，可汗为速不台配备了铁车军。这些车的关键部位都钉有牢固的铁钉，以保证大车在翻山越岭时不致于很快地损坏。出征前还特意当着众将士的面，拉住爱将速不台的手千叮咛万嘱咐说了许多话，这些嘱咐的话就是著名的"铁车敕令"。

大概内容如是：逃跑专业户脱黑脱阿的儿子忽都等臭小子实在是坏透了！这些坏家伙连逃跑都不老实，一边心惊胆战地往前逃一边还要回头放几箭。不过他们的处境已经像带套的野马、中箭的伤鹿，所以捉住他们并不算难。假如他们长了翅膀想往天上飞，那你就要变成海东青将其拿下，假如他们像老鼠一样钻进地洞里，你就要变作铁锹将其掘出来，假如他们如鱼游入大海中，你就要变作网将其捞出来。总而言之，这一回无论如何也不能再让他们溜走了。

"你越高山，涉大河行军万里，一定要爱惜马力，不许让士兵给马儿套上鞍鞦闸环，这样他们就不能放马飞奔了。"

"你要注意节省行粮，途经荒山野岭也不要让士兵无节制的围猎，免得拖延行军的时间。"

"假如有人违背军令，你可以捉起来鞭打。凡是我认识的人，你要把他押来由我处治；我不认识的，可以就地正法。"

可汗特意嘱咐说："假如逮住那帮坏分子的话，由于他们逃跑功夫了得，为了避免押送回来的途中再生出些乱子来，所以立即在那儿咔嚓了了事，免得夜长梦多。"

"爱卿啊，寡人虽然不能与你一起去远征，但我会时时刻刻地挂念着你。我虽看不见你，你却犹如在我眼前；你虽远在天边，犹如在我身畔。你只要这样想一想，就会得到老天的庇护，获得无穷的力量！"

送走了速不台军，可汗还不放心，又派出一支熟悉敌情和地形的后援部队负责支援大军。

经过长途跋涉，等到接近敌人地盘的时候，速不台派裨将率百人先行负责侦查敌情。他让裨将与这百来人化装成逃难的百姓，为了不引起怀疑还为这百来人配备了特殊道具——婴儿。记得N年前在北京求学时，当时有一批贼眉鼠眼的中年村姑总是在海淀图书城附近溜达来溜达去向路人兜售色情光碟，估计是为了麻痹警察叔叔，这些人怀里几乎都揣着个道具——婴幼儿。

一个小不点儿大哭着：俺招谁惹谁了，竟然把俺当道具利用！天下还有比这更郁闷的事儿嘛！崩溃！

这百来人灰头土脸，穿着破烂的衣服，稀里哗啦地跑进了敌人的势力范围，仓促逃难间扔下了不少车帐，还抛弃了几个婴儿（舍不得狠下投资哪能有回报，只是可怜了那几个无辜的小生命）。

逃亡专业户蔑儿乞人果然上当，误以为那百来人跟自己是一伙的。同是天涯逃命人，自己人何必为难自己人。

不料在这帮"难民"之后，速不台率大军发动了突袭，一举全歼蔑儿乞人，除了脱黑脱阿先生的幼子——蔑儿干（意即善射者）。

不过这位名人后裔并不是因为继承了他爹的绝活——逃跑才保住一条小命的。不杀他是因为他身怀另一个绝活——射箭。速不台爱惜人才，没舍得将他就地正法，回师途中经过术赤驻地时，将他献给了术赤。

术赤特意安排了一场射箭比赛，发现这小子果然百步穿杨，百发百中，更绝的是后面的箭能射中前面的箭杆，使两支箭能够同时穿过红心。术赤惊叹不已，派人请求可汗赦免蔑儿干。

很快，可汗就作了答复："敌种之后不可留！你说他的绝技是后面的箭能射中前面的箭杆，使两支箭能够同时穿过红心。也就是说，如果他愿意，就可以用后边的箭射中前面的箭杆，使两支箭同时射穿我的心脏！"

估计可汗读过白居易的那句"野火烧不尽，春风吹又生"。于是一个专业逃跑世家就此绝种。

都是好色惹的祸

建国初，四大万户之一豁儿赤被授权管辖林木中百姓，当时他得到的只是一张空头支票（虚封诸侯），等到招降"林木中百姓"之后，那张支票终于兑现了。众所周知，绝大多数男人都是挺好色的，不过没有豁儿赤兄弟好得那么张狂，好得那么赤裸裸。这位仁兄的这个嗜好不仅给他自己甚至差一点儿给蒙古帝国带来一场灾祸。

话说豁儿赤万户从南征前线回来之后，兴致勃勃地跑到归他管辖的林木中巡视。他委婉地暗示忽都合首领说想要选三十个美女。本着君子成人之美的原则，忽都合很热心地举办了一次篝火PARTY。

营地篝火连成一片，部众围成一大圈，带有浓郁地方特色的乐曲声中穿着各种华丽兽皮的青年男女在跳很原始的舞蹈。

忽都合指着一个正在跳舞的狂野性感美少女，悄悄问豁万户："哎，哎，兄弟，你看那个妞怎么样？"

豁万户一边吃着野果，一边漫不经心地瞟了那妞一眼，摇了摇头，"骚得很，有劲，怕是吃她不消。"

过了一会儿，忽都合又用眼睛瞟了瞟一个羞答答的青涩女孩子："哎，哎，哥们儿，这个娇滴滴的小姑娘不错吧！"

豁儿赤无精打采地打了个呵欠，说道："一路上风吹的我眼睛有点酸疼。"

忽都合看出他不感兴趣的样子："万户，您看这些女人……"

豁万户哈欠连连地说："我累了不如早点歇息吧！"

二人起身走向桦皮棚屋。突然豁儿赤不经意似的问："这儿离塔儿浑夫人的秃麻部还有多远？"

忽都合心领神会："啊，不远，不远。万户真是好眼力，她那里的女子个个都像塔儿浑夫人一样美。"

豁万户两眼放光，又问了他很多关于塔儿浑夫人的情况。

林木中百姓之一——秃麻部的酋长死后，他的妻子塔儿浑夫人负责管理部落事务。这个小寡妇不仅长得很有气质而且办事很有魄力。不知咋的，豁万户就迷恋上人家了。

第二天一大早，豁儿赤就兴冲冲地爬起床，领着护卫军直奔秃麻部而来。塔儿浑夫人率众出寨相迎。豁儿赤下马紧走几步献媚说："塔儿浑夫人，几年不见，您还是那么……啊，身材还是那么丰韵！"

俏寡妇一笑："豁儿赤万户可是显老了。一定是为国操劳的吧？"

豁儿赤干笑几声："啊，我老吗？不，不，我还可以骑烈马开硬弓，一顿能吃一只盘羊羔呢。"

塔儿浑夫人笑道："是吗？万户，请！"

豁万户痴望着俏寡妇妩媚动人的笑靥，心花怒放。又见随从的女子个个标致，狂喜难耐。

俏寡妇见上级领导色迷迷地盯着自己，冷冷一笑，礼节性地请他进了桦皮屋。

刚坐下，俏寡妇试探性地问："万户大人日理万机，怎么有空屈尊光临我们这偏僻小寨？"

中央领导不作答，只是盯着她吃吃地笑。

"噢？想必万户是想要人参、黄芪、天麻、兽皮、兽肉、桦树汁吧？只要您金口一开，小寨一定罄其所有。"

大领导悄无声息地把手搭在俏寡妇的手上，温情脉脉地说："那些东西我都不感兴趣，我嘛，只想要人。"

塔儿浑夫人也不躲避，疑惑地问："要人？万户想必是来扩军的？要多少？小寨一定效劳！"

大领导笑眯眯地凑近俏寡妇，沉醉地嗅着她的香气，低声说："塔儿浑夫人没听说过成吉思汗答应我在国中选三十个美女的口谕吗？"

她点头笑曰："当然听说过，怎么？您还没选齐呢？那可要抓紧哟，万户恐怕有五十多岁了吧？"

豁万户连忙摆手："不，不，我刚四十九岁，其实比塔儿浑夫人也大不了太多。"

塔儿浑夫人不自然地笑了笑："豁儿赤万户的意思是要在小寨的女子里选一选了？"

领导终于咧嘴笑了："你真是个善解人意的可人儿！夫人您自然是首选了，一客不烦二主，其余二十九名，我打算全从塔儿浑夫人的部众里挑选。"

俏寡妇气急而放声大笑曰："万户这么看得起我？"

大领导无视她的气愤，继续深情告白：

难以忘记初次见你
一双迷人的眼睛
在我脑海里
你的身影挥撒不去
握你的双手感觉你的温柔
真的有点透不过气
只怕我自己会爱上你
不敢让自己靠的太近
怕我没什么能够给你
爱你也需要很大的勇气

只怕我自己会爱上你
也许有天会情不自禁
想念只让自己苦了自己
爱上你是我情非得已，
至于你部落里的美女，就如天上的云彩那样多那样美。

塔儿浑夫人站起来，强笑道："好吧，你先休息休息，喝点我们这里人最爱喝的桦树汁，养养精神，我这就把全部落的女子都找来，不要把哪一个漏掉了。"

"太好了！夫人替我想得真周到！"

俏寡妇嫣然一笑走了。豁万户欣赏着她一扭一扭的小蛮腰，乐得合不拢嘴。想到马上就有嫩嫩的青草啃，老牛心里头喜滋滋的。

欲火焚身的大领导期待着即将发生的风流韵事，结果却差点儿被这个笑里藏刀的俏寡妇折腾死。

巾帼女杰

老豁打扮得像新郎官一样，骑在高头大马上，带领几十名随从，得意洋洋地莅临秃麻部的集会地点。

三百名少女穿着节日的盛装，围成一个大圆圈，在广场等候。塔儿浑夫人示意老豁的随从们留在圈外，豁儿赤骑马走进花的海洋内，左顾右盼，眼花缭乱。

俏寡妇问："万户大人，小寨里尽是些山野村姑，您老能从中挑出三十个美女吗？"

老豁像八戒同志似的色形于色，兴奋得两眼放光，连不迭地答道："能，能，别说三十？挑三百个都绰绰有余！"

"您要挑三百？"

"可惜，可惜。"

"可惜什么？"

豁儿赤逗她说："当初我向大汗要求选三百美女就好啦。"

"那有什么，你就选三百吧！"

"不，不，凡是成吉思汗作出的决策，我都坚决维护；凡是成吉思汗的指示，我都始终不渝地遵循。大汗口谕我只能无条件地遵从，还是先选三十个吧。”说着他下了马，从人群里挑人：“一，二，你……三、四，你出来……五、六，你，啊不，还是她吧！……”

老豁长这么大头一次发现原来数数是这么快乐的一件事儿，比数钱还带劲哩！正数到开心处，突然三百少女跳起了狩猎舞蹈，大圈变小圈，一圈套一圈，将美滋滋的老豁围在中心，呈单龙戏群凤之势。

豁儿赤喜不自禁，眉飞色舞，不料少女们甚是生猛，居然一拥而上将他摁倒在地。随从们拉刀欲救，呼啦跳出一大群壮汉包围了他们。

四脚朝天被捆于地上的大领导生气地喊：“塔儿浑夫人，你这是为什么？我可是你们的万户，你们的主宰啊！”

俏寡妇柳眉倒竖：“呸！老色鬼，你长俩眼睛是用来出气的吗？把我们林木中人看成可以随意猎射的獐狍野鹿，随意捕捞的鱼鳖虾蟹了吗？先把这个老色鬼给我关起来，谁让他欺人太甚！”

老豁高喊着威胁说：“塔儿浑，我是大蒙古国的开国元勋，能看上你，是你的殊荣，如果现在放开我，我还可以原谅你，继续做你的新郎，你要是嫁给我，我保证对你像对初生的小羊羔一样，整天把你搂在怀里！哈哈……否则，你要是惹我发了雷霆之怒的话……”部众愣是将他推走了。

忽都合正打算准备一份厚礼恭贺中央领导喜结连理，可汗身边的大红人到咱这穷乡僻壤来一趟不容易，怎能错过这种难得的好机会，怎能不好好献媚巴结？没想到却听说那个不识相的寡妇居然把大领导给送进了洞房（黑洞洞的地穴）。忽都合急忙跑去求情，设法搭救。

塔儿浑夫人笑问：“忽都合大叔都这么大把年纪了，还亲自光临秃麻部，想必是有十分紧要的指教了？”

“听说你把豁儿赤万户关起来了？”

塔儿浑夫人若无其事地说：“有这事儿，怎样？”

“哎呀，你好糊涂啊！豁儿赤是咱们的万户。成吉思汗的大札撒令里规定，以下犯上是要杀头的！”

塔儿浑夫人据理力争：“成吉思汗的大札撒令里，有没有规定夺人妻女该处个什么罪呀？”

“你？唉，话不能这么说，豁万户选美是成吉思汗特批的。成吉思汗的话就是蒙古的法律。再说了，豁儿赤大人在自己的万户中选美，也是合情合理的，怎么说得上是夺人妻女呢？”

“退一步讲，就算你说得有理，可是林木中有几十个部落，分摊下来我们秃麻部也只有一两个名额而已（看来当时也很流行搞摊派），为什么三十个美女都要由我来出？（更过分的是，还要把我也搭进去）”

忽都合说了一句很无耻的话：“这也是秃麻部的光荣嘛！我们部特想献，可人家看不上嘛！”

塔儿浑沉下脸来：“忽都合，我尊重你年高德韶，把你奉为上宾，劝你不要助纣为虐，不要以为我们秃麻部可以任人摆布！”

忽都合也生气了，真是个不开窍的臭娘们儿：“什么叫助纣为虐？难道你把成吉思汗委派的万户当成恶人？我提醒你塔儿浑，小心成吉思汗的铁骑踩平你的小寨！”

塔儿浑哈哈大笑道：“那好，既然你这么关心老色鬼，就到他的洞房里好好陪他去吧！来人，把这个吃里扒外的老不死的也给我关起来！”部众扑上来扭住忽都合就往外拽。

“塔儿浑，我可是成吉思汗的亲家，你这样对待我是会倒大霉的！”

为了维护做女人的最后一点儿尊严而战，我死而无憾！让暴风雨来得更猛烈些吧！

在洞房中百无聊赖的老豁正愁不知该怎样打发漫长的时间，突然大铁门一声闷响给他送来了一个新狱友老朋友。老豁觉得那个俏寡妇对自己还蛮体贴的嘛！怕自己寂寞还特意安排来一个可以陪自己聊聊天吹吹牛的伙伴儿。

平定秃麻部

成吉思汗听说自己的爱将和亲家翁被秃麻部的女酋长关押起来了，立即派中军万户纳牙阿率领五千骑兵为前部，四杰之一博尔忽率领五千骑兵紧随其后发往林木中秃麻部去解救那俩难兄难弟。同时他强调说不要硬来而要用马刀稍稍跟塔儿浑夫人讲讲道理，只要她明白了应当怎么对待朝廷命官就适可而止。

性格耿直的纳牙阿将军不愿意为解救那个发情的老色鬼而去打仗，因此就开始装病。不是我抗旨不去，而是我病了想去也去不了了。总不能强迫人家带病工作吧，太不人道了！可汗也拿他没办法，只好命令博尔忽后队变为前队，去降服秃麻部。

博尔忽捧着这个烫手的山芋，问的第一句话就是：“是有人在大汗面前推荐我的，还是大汗自己想到我的？”

“是大汗自己决定的。”

排除了被小人阴了的可能性之后，博尔忽苦笑道：“为豁儿赤那个花心大萝卜惹下的麻烦去打仗，我真不情愿，不过既然是大汗的命令，我也只好服从了。不过，让豁大叔占了便宜。就像打来一只梅花鹿喂了狗！唉，走吧！”

（看来老豁在同僚中的人缘不大好呀！）

（“才不是哩，他们是眼红嫉妒我的艳福才会这样子的！”）

1207年，博尔忽率兵向贝加尔湖畔的秃麻部进发。秃麻人据险而守在森林中设下了伏兵。蒙古军在深山老林中转悠来转悠去就迷失了方向。博尔忽身为四杰之一，身经百战，实在是没有把这个深山老林中女流之辈领导的原始部落看在眼里。这位仁兄只带了三个骑兵就跑到大军前面探路去了。你还别说，这哥们儿方向感还真不错，直接就走到敌人包围圈里去了。秃麻人一拥而上，把这小子抬死了。等到大军赶来之时，那帮干了坏事儿的原始人早就不知藏到哪里去了。

博尔忽的死讯传到了草原，可汗悲愤交加指天发誓，一定要率军亲征踏平秃麻部给义弟报仇。众将竭力劝阻才改派朵儿伯多黑申（名字挺长的）率兵前往。

这位兄弟一到就放出大话来，要将秃麻部这个女流之辈领导的一群未开化的原始人全都逮回去送到动物园里供人观瞻，并说在哪儿跌倒的就要在哪儿爬起来，为了纪念最崇拜的博尔忽将军，老子还沿着他走过的那条山路前进，照样将你们这帮穷山恶水中的刁民打得落花流水。

秃麻部见新派来的将领如此张狂轻敌，心中窃喜，在博尔忽曾经走过的那条道路上布满埋伏。塔儿浑夫人晚上还特意举办了篝火晚宴来庆祝老天爷给他们派来了这么愚蠢的一位对手。没想到大伙儿正玩到开心处，成百上千名蒙古士兵从天而降不仅抢食了他们的酒肉，强迫她们唱歌跳舞表演节目，最后还给他们安排了一个休息的好地方——洞房（黑洞洞的房间）。

原来这位朵儿伯多黑申将军吸取了博尔忽轻敌冒进的教训，派出大量侦查人员了解地形、敌情等情况。在故意放出狂言麻痹对手之后，他率领军队沿着一条极其难走的小路向后山爬去。他怕士兵们畏难不前，让每人背上十根柳条，传令军中，若有人停滞不前则用柳条鞭打后背。同时还准备了斧、锛、锯、凿等工具，途中遇到挡路的大树，砍倒；遇到阻路的巨石，敲碎。开路登山而上，一直爬到山顶，给正在欢宴的秃麻人一个意外的惊喜。

平定叛乱之后，成吉思汗将一百户秃麻部百姓赐给博尔忽家族做世袭奴隶。顺便插一句，按照黎东方先生的说法，假如将来博尔忽家族子弟去当怯薛歹，他可以随身带一名“弟弟”同往，那么这名“弟弟”就是秃麻人（可参阅本书怯薛军一节）。

事后，成吉思汗又召见了风流爱将、亲家翁和俏寡妇。

可汗扶起忽都合，表扬道：“亲家翁，你不顾个人安危，赶到秃麻部救援豁万户，证明了你是我最忠诚的爱将和亲戚。”

老豁道歉说：“大汗！都是因为我引起了秃麻部的叛乱，牺牲了太后的养子博尔忽，请可汗惩处！”

成吉思汗瞪圆了眼睛：“你是罪在不赦！你知不知道，博尔忽战死的消息到现在我都不知道如何向母后交待！我真后悔曾经答应过你选三十个美女的那句话。”

老豁连连磕头：“大汗，我以后再也不提这件事了！”

“不，我一言九鼎，不会更改的。你就在秃麻部选三十个美女吧！”他转身对大家说：“你们受苦了，我已经准备好了最好的马奶酒给你们压惊！”

可汗看了一眼还捆在马上的塔儿浑夫人。她咬咬牙，抱定宁为玉碎不为瓦全的决心。自己无怨无悔，死又何惧？

没想到可汗却故作吃惊地问：“这是怎么回事？哎呀，怎么把塔儿浑夫人给捆起来了？”说着亲自为她解开绳索。

她跪下，“大汗请杀了我吧！我关押了您的两位大臣，射死了您的异姓兄弟，本该一死！”

成吉思汗哈哈大笑道：“不说这些，今天是喜庆的日子嘛！”

“大汗！”塔儿浑夫人不起来，“我宁愿清白地去死！也不愿屈辱地活着。”

老豁尴尬地耷拉着脑袋。

成吉思汗郑重地承诺说：“啊，我明白你在想什么，你放心好了！”

晚宴时，成吉思汗举碗：“我宣布两件喜事，一件是林木中万户豁儿赤，几经周折终于选中了三十名美女；另一件是由我做主，将塔儿浑夫人许配给我的亲家翁忽都合了，夫人现在你可是我的亲家母了，为了大蒙古国的亲如一家，干了这一碗马奶酒！”

老豁端着酒真不知道自己是应该高兴呢还是应该伤心呢。

忽都合美滋滋地一饮而尽。没白忙活一场，得到了一位俏丽的老婆还不算，还得到了一个强悍的部落，尤其是得到了可汗的赏识。更妙的是那个没吃着羊肉还惹了一身臊的老色鬼再不甘心也没理由怨恨我。

塔儿浑夫人喝了酒，心情极其复杂。

蒙古军平息了北部林木中百姓的叛乱，为南下伐金与西征亚欧赢得了稳定的后方保障。

畏兀儿归附

畏兀儿以族名为国名，人民是今天新疆境内维吾尔族的祖先，也是唐朝回鹘人的苗裔。国土东至伊州（今新疆哈密），西至龟兹（曲先），北至准格尔盆地边缘，南至鄯阐、酒泉。国王称为“亦都护”（意即“神圣陛下”）也称为阿萨兰汗（意即“狮子王”）。

传说畏兀儿人的祖先最早兴起于斡儿寒（今鄂尔浑河）河畔。在河畔有两棵树，一棵是松树，另一棵是柏树。这两棵树的根须纠缠在一起不知道干了什么事情（因为在土中，没人知道），反正树中间隆起一个土丘，有一束神光从天空中照耀在土丘上，土丘就如孕妇的肚子般一天天变大了起来。

大约过了九个月零十天，土丘犹如孕妇分娩从中间裂开一道缝，展现出五间像营帐一样的石屋，每间石屋里坐着一个嘴上挂着一根吸奶管子的小男孩，帐篷上有一张银网笼罩保护着他们。（强烈建议科学家好好研究研究这件事，疑似有外星人参与的迹象。）微风拂过这五个孩子身上，他们很快就强壮起来，走出土丘，被人们交给奶妈照料。

许多年过去了，他们询问自己的父母是谁，人们将这五个孩子带到这两棵树前，他们像孝子对待父母一样跪倒在树前个感谢生育之恩。突然两棵树说话了：“品德高贵的好孩子们，恪守孝道，常回来看看。愿你们长命百岁，名垂千古！”

当地人民很尊重这五个人，崇奉他们为君主。据说为了纪念他们特意建立了由五座小城合起来的一座城，称为“别失八里”。（“别失”：五。“八里”：城。）

在这五个孩子中，第五子品貌秀美，才智出众，最为杰出，而且通晓各族语言文字。大家推举他为“不可汗”。到他的三十多代子孙时，出了一位玉伦可汗。这位仁兄比较强悍，隔三差五就跟唐朝打一仗，打来打去谁也制服不了谁，于是唐朝将金莲公主嫁给玉伦可汗的儿子，和亲息兵了。

唐朝使臣将金莲公主护送到畏兀儿国之后，四处溜达就来到一座名叫天灵山的大山。这位使臣恰好会看风水，他发现畏兀儿国之所以强大是因为有这座福山庇护。于是借口需要福山的石头，当地人也没当回事儿就答应了，使臣用烈火烧山，浇上浓醋，巨石皆碎，用车拉回大唐，国中鸟兽为之悲号。七日后，玉伦可汗猝死，继位者又都很短命。国中灾异屡现，民弗安居，纷纷搬到交州一带，即火州、高昌。

在成吉思汗时代，起先畏兀儿国在西辽的统治下。西辽国王派了一位“少监”来管理畏兀儿国。这家伙作威作福，残酷地剥削压迫当地人民。

畏兀儿人被欺负的实在受不了了，1209年春，在国王亦都护的领导下，冲进西辽少监的别墅，砍掉了他的脑袋，然后推倒了那座房子，将尸体掩埋到了瓦砾之中。

杀死了西辽大臣，这下可捅了马蜂窝了，用不了多久西辽大军就会浩浩荡荡地杀过来。亦都护听说成吉思汗是天下雄主，于是决定立即派使者火速去拜见他，表示愿意归顺蒙古希望得到庇护。还没等使者出发呢，恰好蒙古帝国招降的使者就来了，亦都护将他们奉为上宾好生款待。然后让使者带着一份国书同他们一起去觐见成吉思汗。

由于这份国书写得实在是忒精彩，忍不住在此引述几句。《亲征录》中写道：“臣窃闻皇帝威名，故弃契丹旧好，方将遣使来通诚意，躬自效顺。岂料远辱天使降临，下国譬云开见日，冰泮得水，喜不自胜矣。而今而后，当尽率部众，为仆为子，竭犬马之劳也。”《史集》写得就更抒情了：“（有幸成为您的属民是我们无上荣耀，无比幸福的事儿）在考虑这些事儿的当儿，我仿佛觉得天空中乌云驱散，晴日当空。在灿烂的阳光下，江面上冰封尽消，一江净水。我整个身心情不自禁地欢腾起来……”

没几天，脱黑脱阿的脑袋（真无愧于大师头衔，人都死了，还在逃亡不息，可谓鞠躬尽瘁，死而不已！）就和他的几个儿子一起逃亡到了畏兀儿边境。他们派使者来见亦都护，希望与其通好。几位“逃爷”领着一群身经百逃的残兵败将正坐着等消息呢，你别看这些家伙灰头土脸、衣衫褴褛的，可个个都是久经考验的逃跑高手，哪一个没逃过十次八次？突然城门开了，冲出一大群畏兀儿士兵挥舞着刀枪剑棍呐喊着朝他们奔来。逃跑经验异常丰富的蔑儿乞人一看这架势就从容不迫、游刃有余地发挥出自己的优势逃往别处去了。

随后，亦都护又派了第二批使者带着丰厚的贡品去拜见成吉思汗。可汗大悦，对这两批畏兀儿使者优礼相待，并再次派出使者去慰劳亦都护。

1211年春，亦都护到克鲁伦河行宫去朝见成吉思汗，非要给大汗当第五个儿子。可汗被其忠心感动，答应收他为第五子，并把女儿阿勒阿勒坛嫁给了他。从此，亦都护成为蒙古国贵戚，畏兀儿国备受青睐，宠异冠于诸国。

当时的中国北方，畏兀儿文化水平最高。蒙古国不仅吸收了大量的畏兀儿先进文化，还吸纳了不少畏兀儿人才，推动了蒙古的社会进步。另外，畏兀儿国地处中西交通要道，它的归顺打开了蒙古与西方交往的门户。

一个个强悍的敌人，无一例外地在成吉思汗面前不是倒下去就是跪下来了，然而统一草原的胜利只是万里长征走完了第一步，等在这位世界征服者前面的是一条崎岖而漫长的路。就是在这条充满艰难险阻的道路上，他将会创造出一个又一个令全世界人民震惊的壮举和辉煌。

超大的爱，超大的心，要用两条手臂弯到头的顶点。

手势好像早已成了两人之间约定俗成的默契。

秦冕撑着鼻子，忍俊不禁。片刻，他看女孩的眼神，逐渐柔化了，也愈发迷恋。

他想起了初次见面，她偶然转脸，脸映着光，眼似星。那一瞬间，他心有怦然，因为年轻女孩儿特有的美好。可他绝未设想过今日，他们会有如此交集。

数日前，她主动告白，他看似“草率”的答应，但经过了这些天的权衡和沉积，他终于意识到自己当初的决定多么正确。

一个人到达目前的位置，他应该不会有缺少的东西了，除了一把钥匙，一把能洞悉和开启他内心深处快乐门扉的钥匙，而这一点，她恰巧做到了，原来他的乐趣可以有这么多。她的存在如魔咒一般璀璨而高效，可她又不是虚假的，他需要这样的人待在他身边，成为他精神上的光源。

秦冕甚至开始庆幸，自己在而立之年到来之前，拥有了足够的资本，“买”到了这个女孩，并借此认识了她。

因为在他的生命里，她是独一无二的，他确定。